Bruno Santana

Capoeira de capelo e os intelectuais maloqueiros

Bruno Santana

Capoeira de capelo e os intelectuais maloqueiros

O saber popular da capoeira e o conhecimento cientificamente sistematizado

Novas Edições Acadêmicas

Imprint
Any brand names and product names mentioned in this book are subject to trademark, brand or patent protection and are trademarks or registered trademarks of their respective holders. The use of brand names, product names, common names, trade names, product descriptions etc. even without a particular marking in this work is in no way to be construed to mean that such names may be regarded as unrestricted in respect of trademark and brand protection legislation and could thus be used by anyone.

Cover image: www.ingimage.com

Publisher:
Novas Edições Acadêmicas
is a trademark of
International Book Market Service Ltd., member of OmniScriptum Publishing Group
17 Meldrum Street, Beau Bassin 71504, Mauritius

Printed at: see last page
ISBN: 978-3-639-68241-0

Zugl. / Aprovado/a pela/pelo: Tese Doutorado 2012

Copyright © Bruno Santana
Copyright © 2019 International Book Market Service Ltd., member of OmniScriptum Publishing Group

DEDICATÓRIA

> *Réquiem para um ser querido*
> *Silêncio e Paz.*
> *Foi levado para o País da Vida.*
> *Para que fazer perguntas?*
> *Sua morada, desde agora, é o Descanso,*
> *Sua roupa é a Luz. Para sempre.*
> *Silêncio e Paz.*
> *Que sabemos nós?*
> *Meu Deus, Senhor da História e dono do ontem e do amanhã, em tuas mãos estão as chaves da vida e da morte.*
> *Sem perguntar-nos, levaste-o contigo para a Morada Santa, e nós fechamos nossos olhos, baixamos a fronte e simplesmente dissemos.*
> *Esteja bem. Seja.*
> *Silêncio e Paz.*
> *A música foi submergida nas águas profundas, e todas as nostalgias gravitam sobre as planícies infinitas.*
> *Acabou-se o combate. Para ele já não haverá lágrimas, nem pranto, nem sobressaltos.*
> *O sol brilhará para sempre em seu rosto e uma paz intangível assegurará definitivamente suas fronteiras.*
> *Senhor da Vida e dono de nossos destinos, em tuas mãos depositamos silenciosamente este ser querido que foi embora.*
> *Enquanto, aqui embaixo, entregamos à terra seus despojos mortais transitórios, que sua alma imortal durma para sempre na paz eterna, em teu seio insondável e amoroso, ó Pai de Misericórdia.*
> *Silêncio e Paz.*
> (Frei Inácio Larrañaga)

In memoriam a Lula Bode, um dos principais responsáveis por essa conquista, que sempre se fez e faz presente, apoiando e amparando-me em todos os momentos da minha vida.

1

AGRADECIMENTOS

Agradecer sem cometer nenhuma injustiça em deixar de citar todos aqueles e aquelas que contribuíram e contribuem em nosso processo de formação humana, no sentido mais amplo que esse termo possa ter, sempre foi a tarefa mais difícil, pois teria que escrever um volume muito maior que a própria tese.

Na ocasião da dissertação do mestrado, no limite da minha insensibilidade e dificuldade de sistematização de palavras bonitas, escrevi o seguinte verso:

Tenho vários camaradas
com as mais diferentes caras
Tem uns de cara lisa
Tem outros de cara amarrada
Caras que tem coração
Que nem o discurso mais bem elaborado
Maior poder de sistematização
Nem todo estudo do mundo e pós–graduação
Papel, caneta, internet e toda tecnologia de última geração
Transcreveram, transcreve ou transcreverão
Tudo o que sinto por vocês
Citados ou não.

Porém, agora no doutorado, esse contingente aumentou, e na mesma lógica dialética e contraditória de tentar não cometer nenhuma injustiça ao citar ou deixar de citar essas figuras determinantes do nosso processo de formação humana, buscamos nas palavras do poeta sertanejo Jessier Quirino, quando ao descrever um casal sertanejo, possibilita vislumbrar toda importância, admiração, respeito e amor que cada um de vocês têm em minha vida ou existência material, como preferirem... Amo vocês: "Zé Qualquer e Chica Boa", vocês sabem quem são.

Zé Qualquer e Chica Boa

Empurra a cancela Zé
Abre o curral da verdade
Pra mostrar pra mocidade
Como é que vive um Zé
Sem um conforto sequer
Com sua latas furadas

E a cacimba tão distante
Um Zé arame farpante
Feito de gente e de fé.

O Zé que se aprisiona
Aos cacos velhos da enxada
Que nasce herdeiro do nada
E qualquer lado é seu caminho
Medalhas, são seus espinhos
Quedas de bois são batalhas
Seus braços, duas cangalhas
De taipa e barro é seu ninho.

O Zé metido em gibão
Numa besta atrás dum boi
Por entre as juremas pretas
Por onde o bicho se foi
A poder de grito e ois
Peitando graveto torto
Um dos três vai sair morto
Ou ele, a besta ou o boi.

É cabôco elefantado
Que não tem medo de cruz
Que fita o sol faiscando
Dez mil peixeiras de luz
O Zé que assim se conduz
Nas brenhas deste sertão
O Zé Ninguém, Zé Qualquer
Mas o Qualquer desse Zé
Não é qualquer qualquer não.

É um Qualquer niquelado
Acabestrado num Zé
Não é Zé pra qualquer nome
Nem Qualquer pra qualquer Zé
Diante desses apois
Eu vou dizer quem tu sois
Pode escrever se quiser:

Sois argumento de foice
Sois riacho correntoso
Tu sois carquejo espinhoso
Sois calo de coronel

Sois cor de barro a granel
Sois couro bom que não mofa
Sois um doutor sem farofa
Sem soqueira de anel.
Sois umbuzeiro de estrada
Sois ninho de carcará
Sois folha seca, sois galho
Sois fulô de se cheirar
Sois fruto doce e azedo
Sois raiz que logo cedo
Quer terra pra se enfiar.

No inverno sois caçote
Espelho de céu no chão
Chorrochochó de biqueira
Espuma de cachoeira
Sois lodo, sois timbungão
Sois nuvem quebrando a barra
Violino de cigarra
Afinando a chiação.

Sois bafo de cuscuzeira
Sois caldo de milho quente
Sois a canjica do milho
Sois milho pessoalmente
Tu sois forte no batente
Tu sois como milho assado
Se não for bem mastigado
Sai inteirinho da gente.

Tu desarruma as tristezas
Caçando uma risadinha
Sois doido, doido tu sois
Tu sois um baião-de-dois
Tu sois pirão de farinha
Sois bruto que se ameiga
No amor tu sois manteiga
Numa creamecrackerzinha.

Sois um Zé Qualquer do mato
Provador de amargor
Tu sois urro, sois maciço
Devoto do padre Ciço
Sois matuto rezador
O Zé Qualquer em pessoa
Marido de Chica Boa
O teu verdadeiro amor.

É Francisca Caliméria
Feliciana Qualquer
Chica Boa é apelido
Pode chamar quem quiser
Mas digo as outras pessoas
Não digam que Chica 'É' boa
O cabra que assim caçoa
Vê direitim quem é Zé".

Jessier Quirino

LISTA DE ABREVIATURAS E SIGLAS

APAE – Associação de Pais e Amigos dos Excepcionais
CONFEF – Conselho Federal de Educação Física
CREFs – Conselhos Regionais de Educação Física
EF – Educação Física
EJA – Educação de Jovens e Adultos
ExNEEF – Executiva Nacional dos Estudantes de Educação Física
GTs – Grupos de Trabalhos
IPHAN – Instituto do Patrimônio Histórico e Artístico Nacional
MEEF – Movimento Estudantil de Educação Física
MinC – Ministério da Cultura
ME – Ministério do Esporte
MNCR – Movimento Nacional Contra a Regulamentação do Profissional da Educação Física
MST – Movimento dos Trabalhadores Rurais Sem Terra
NE – Região Nordeste
ONU – Organização das Nações Unidas
OSCIP – Organização da Sociedade Civil de Interesse Público
PCB – Patrimônio Cultural do Brasil
PERI-Capoeira - Curso de formação de educadores populares de capoeira na perspectiva intercultural
PRONSIC – Programa Nacional de Salvaguarda e Incentivo à Capoeira
SEPPIR - Secretaria Especial de Políticas de Promoção da Igualdade Racial
UDESC- Universidade Estadual de Santa Catarina
UFBA – Universidade Federal da Bahia
UFG – Universidade Federal de Goiás
UFPEL – Universidade Federal de Pelotas
UFSC – Universidade Federal de Santa Catarina
UNIVALI- Universidade do Vale do Itajaí
UPE-Universidade de Pernambuco

LISTA DE QUADROS

QUADRO 1 - Quadro do Mangaio - categorias empíricas..... 65
QUADRO 2 - Quadro do Magaio - Camarada 1..................... 85
QUADRO 3 - Quadro do Mangaio - Camarada 2................... 93
QUADRO 4 - Quadro do Mangaio - Camarada 3................... 96
QUADRO 5 - Quadro do Mangaio - Camarada 4................... 103

LISTA DE GRÁFICOS

GRÁFICO 1 -	Camarada 1...	85
GRÁFICO 2 -	Camarada 2...	93
GRÁFICO 3 -	Camarada 3...	96
GRÁFICO 4 -	Camarada 4...	104
GRÁFICO 5 -	Protagonismo nos Cursos...........................	119
GRÁFICO 6 -	Produção Acadêmica...................................	119
GRÁFICO 7 -	Cartas do Peri...	120
GRÁFICO 8 -	Feira de Mangaio..	120

SUMÁRIO

1 **VAMOS DAR O SALVE GALERA, A RODA VAI COMEÇAR!**.. 12
1.1 AGACHANDO NO "PÉ DO BERIMBAU": RELEVÂNCIA E JUSTIFICATIVA DO ESTUDO........ 13
1.2 PEDINDO PROTEÇÃO PARA ENTRAR NO JOGO: PERGUNTA DE PARTIDA........................... 14
1.3 ENTRANDO NO JOGO: PROBLEMA................... 16
1.4 SOLTANDO O JOGO: OBJETIVOS DE PESQUISA... 16
1.5 MALOQUEIRANDO.. 17
1.6 ESQUIVANDO: JUSTIFICATIVA......................... 27
1.7 VOLTA AO MUNDO: CONTEXTUALIZAÇÃO DO ESTUDO.. 28

2 **MANGAIO DE PESQUISA E AS CARTAS DO PERI: AÇÕES, REAÇÕES, CONTRADIÇÕES E AVALIAÇÕES DOS PARTICIPANTES E PROTAGONISTAS**.. 34
2.1 RETOMANDO O JOGO: GOLPES TEÓRICO-METODOLÓGICOS... 35
2.2 JOGAR, TOCAR E CANTAR: CATEGORIZAÇÃO... 51
2.3 O MANGAIO... 65
2.4 AS CARTAS: DO CÁRCERE AO PERI................ 66
2.5 AS CARTAS DO PERI: SALDO DO PERI-CAPOEIRA I E II... 76
2.5.1 Saldo do PERI-Capoeira I e II.......................... 77
2.5.2 O Camarada 1.. 85
2.5.2.1 O protagonismo no curso.................................. 86
2.5.2.2 A Carta do Peri.. 89
2.5.3 O Camarada 2.. 93
2.5.3.1 O protagonismo no curso.................................. 93
2.5.3.2 A Carta do Peri.. 95
2.5.4 O Camarada 3.. 95

	2.5.4.1 O protagonismo no curso............................	96
	2.5.4.2 A Carta do Peri..	98
	2.5.5 O Camarada 4..	**103**
	2.5.5.1 O protagonismo no curso............................	104
	2.5.5.2 A Carta do Peri..	109
	2.6 FEIRA DE MANGAIO..	118
3	**CAPOEIRA DE CAPELO: DA MALOQUEIRAGEM A COLAÇÃO DE GRAU NA REALIDADE DO PERI-CAPOEIRA..**	**121**
	3.1 MALOQUEIRAGENS E MALOQUEIROS............	123
	3.2 A COLAÇÃO DE GRAU.......................................	154
	3.3 A COMISSÃO DE FORMATURA: A CONSTITUIÇÃO DO "PERI-CAPOEIRA"...................	171
	3.4 O PATRONO: O NÚCLEO MOVER (CED/UFSC)..	173
	3.5 A PARANINFA: A CONFRARIA CATARINENSE DE CAPOEIRA...	175
	3.6 A HOMENAGEADA CAPOEIRA! DO PERI AO PERI-CAPOEIRA..	176
	3.7 O CAPELO: CONCEPÇÕES EDUCACIONAIS E METODOLOGIAS NA REALIDADE DO PERI-CAPOEIRA...	178
4	**MALOQUEIRANDO NA UNIVERSIDADE: A CONSTRUÇÃO DO INTELECTUAL MALOQUEIRO..**	**182**
	4.1 A RODA TEM CIÊNCIA, SEU DOUTOR: A FORMAÇÃO DA/NA CAPOEIRA...............................	187
	4.2 PRÁXIS CAPOEIRANA.......................................	191
	4.3 TEM MALOQUEIRO NA RODA: PROCESSO PEDAGÓGICO DA FORMAÇÃO DA PRÁTICA SOCIAL DA CAPOEIRA...	195

	4.4 A CONSTRUÇÃO DO INTELECTUAL MALOQUEIRO..	198
5	ÀS VEZES O CAMINHO MAIS LONGO É O VERDADEIRO ATALHO: CONSIDERAÇÕES PROVISÓRIAS..	214
	REFERÊNCIAS...	222

1 VAMOS DAR O SALVE GALERA, A RODA VAI COMEÇAR!

Hoje eu me encontro tão
Satisfeito em saldar.
Aos amigos de ação
E amizade secular
Todos nós somos parceiros
De facetas e jornadas
Passamos dias inteiros
De cabeças ajustadas.
Caminhamos pelas ruas
Olhamos para as pessoas.
E pelas caretas suas
Percebemos se são boas.
Dia e noite, noite e dia
Jogamos por religião.
E nas horas mais vazias
Cheios nos encontrarão
(Ladainha José Olimpio Ferreira da Silva –Mestre Corisco).

Ao iniciarmos nossa reflexão sobre a empreitada teórico-prática que assumimos como compromisso coletivo com todos aqueles que contribuíram, contribuem e contribuirão para nossa formação humana, no sentido mais amplo que esse conceito possa ter, gostaríamos de evidenciar que a escolha dos títulos, subtítulos e epígrafes não são simples metáforas alegóricas, e sim ações intencionais e deliberadas para nos aproximarmos dos princípios da pesquisa da prática como critério de verdade, contradição e categorização. Aproximamos e aproximaremos os termos do saber popular da capoeira com os termos e conceitos usados na universidade, na perspectiva de articulação entre o saber popular e o conhecimento científico, de maneira que essa ação contribua com o pensamento dialético de pensar pelas contradições e,não apenas, as contradições.

Temos como campo de estudo e discussão as relações entre o saber popular da capoeira e o conhecimento cientificamente sistematizado na área da Educação e Educação Física a partir do contexto do Curso de Formação de Educadores Populares de Capoeira do programa de estudos e relações interculturais, o qual foi denominado de PERI-Capoeira, sendo realizado por duas edições: a primeira em 2005 e a segunda em 2007. O processo de constituição, contextualização e operacionalização deste curso, que serve de delimitação do nosso campo empírico, será aprofundado no decorrer do trabalho. Sendo assim, inspirados pela epígrafe, damos continuidade a nossa saudação e apresentação dessa roda de capoeira, que se caracteriza pelas contradições, interesses e amores que nos motivam a assumir essa empreitada de pesquisa, a qual se configura como um problema de investigação que elegemos como compromisso e contribuição da nossa existência.

1.1 AGACHANDO NO "PÉ DO BERIMBAU": RELEVÂNCIA E JUSTIFICATIVA DO ESTUDO

Esta tese analisa a contradição que emerge entre os saberes populares e o conhecimento científico no campo da prática social da capoeira, no âmbito das reflexões pertinentes ao ensino e à formação de educadores. Essa contradição, ou mote dessa conversa, é concretamente consubstanciada e toma como campo empírico as contradições em torno das práticas educativas do PERI-Capoeira, na perspectiva de contribuir para a elaboração de referenciais epistemológicos, teóricos e pedagógicos, visando à construção da cidadania e emancipação humana socialmente referenciada à luz do Materialismo Histórico Dialético.

Sendo assim, identificamos a discussão de cultura, saber popular, ciência e formação de educadores (as) como uma condição necessária para um avanço na perspectiva de uma "práxis revolucionária[1]". Dessa maneira, criam-se condições para uma nova ordem, na qual se possa vivificar uma experiência de luta, organização e soluções sociopolíticas às questões concretas da vida cotidiana dos educadores (as) populares de capoeira. No caso, os Cursos de Formação de Educadores de Capoeira na Perspectiva Intercultural – PERI-Capoeira[2] I e II, como principal

---

[1] "Buscar a compreensão da essência historicamente construída na capoeiragem é uma atitude científica da qual depende a nossa emancipação como classe social. Portanto, temos que questionar com radicalidade estes falsos problemas colocados em relação ao conhecimento científico e ao conhecimento popular. Trata-se muito mais de acessar o método do pensamento para compreender o real. O que acontece no mundo da pseudoconcreticidade é que 'os fenômenos e as formas fenomênicas das coisas se reproduzem espontaneamente no pensamento comum como realidade, pois é produto natural de práxis cotidiana. O pensamento comum é a forma ideológica do agir humano de todos os dias'. A representação da coisa não constitui uma qualidade natural da coisa e da realidade: é a projeção, na consciência do sujeito, de determinadas condições históricas petrificadas" (TAFFAREL, 2005, p. 85).
[2] A proposta de cursos experimentais de formação de educadores de capoeira na perspectiva intercultural faz parte do projeto de pesquisa *Educação Intercultural: elaboração de Referenciais epistemológicos, teóricos e pedagógicos para práticas educativas escolares e*

campo empírico da nossa tese, serviram como uma ação concreta que aponta avanços e encaminhamentos na direção dessa possível práxis.

Desta forma, nossa tese se compôs na possibilidade de contribuição para a área da Educação sob o enfoque da investigação dos processos de constituição de saberes dos educadores de capoeira, considerando as relações de confronto entre conhecimento científico e saber popular, no contexto dos Cursos de Formação de Educadores de Capoeira na Perspectiva Intercultural – PERI-Capoeira I e II.

1.2 PEDINDO PROTEÇÃO PARA ENTRAR NO JOGO: PERGUNTA DE PARTIDA

O primeiro passo da nossa caminhada rumo à delimitação do problema de pesquisa (QUIVY; CAMPENHOUDT, 1998), após as reflexões acima, pode ser formulado através da seguinte pergunta de partida: quais contribuições a investigação das relações entre o saber popular da capoeira e o conhecimento científico poderá trazer para a compreensão da realidade dos processos de formação de educadores no contexto do PERI-Capoeira? Com base nessa pergunta de partida, elaboramos outras duas questões de pesquisa, a saber:

A realidade do PERI-Capoeira pode contribuir como referência na orientação e na construção de ações referentes à formação de Educadores Populares, em Santa Catarina, visando à construção da cidadania e da emancipação humana socialmente referenciadas?

É possível e/ou viável, a partir do processo de formação de Educadores (as) Populares mais especificamente no contexto do PERI-Capoeira, a constituição do intelectual orgânico da capoeira?

Neste processo de produção do conhecimento, fundamentalmente, buscamos captar as possibilidades da capoeira para a construção de subsídios sócio-político-pedagógicos, com condições de aplicabilidade na Educação Popular, que partilhem dos ideais de formação humana omnilateral, para a emancipação e a cidadania - os quais são eixos norteadores deste projeto de pesquisa.

A partir dos valores construídos no decorrer do nosso processo histórico, fomos esculpindo o problema de pesquisa. Nesse sentido, para Laville e Dionne (1999, p. 94): "são nossos valores, mais que nossos

---

populares, que conta com o apoio do CNPq (Processos 473965/2003-8 e 304741/2003-5), sob a coordenação do Prof° Dr. Reinaldo Matias Fleuri, Professor Titular do Departamento de Estudos Especializados em Educação (EED/CED/UFSC).

conhecimentos, que fazem de nós o que somos. Pois, nossos conhecimentos, quer sejam factuais, conceituais ou teóricos, ganham seu sentido". Uma vez que a validade do saber produzido é imensamente atribuída ao jogo de valores, entende-se que estes influenciam a produção do saber, e sua objetividade depende desse jogo e do controle do pesquisador.

A construção de um problema de pesquisa depende dos conhecimentos que dispomos, se são brutos ou sistematizados, dentre teorias, saberes e conceitos que ganham sentido e significado. Depende, também, de outros valores, como: curiosidade, ceticismo, confiança no procedimento científico e consciência dos seus limites. Sendo assim,

> [...] problema de pesquisa não é, portanto, um problema que se pode 'resolver' pela intuição, pela tradição, pelo senso comum ou até pela simples especulação. Um problema de pesquisa supõe que informações suplementares podem ser obtidas a fim de cercá-lo, compreendê-lo, resolvê-lo ou eventualmente contribuir para a sua resolução (LAVILLE; DIONNE, 1999, p. 94).

Continuando esta reflexão, Saviani (1986) nos alerta que o conceito de problema significa uma necessidade consciente. Problema implica tanto a conscientização de uma necessidade (aspecto subjetivo), como uma situação conscientizadora de necessidade (aspecto objetivo). Quando o homem e a mulher, no papel de pesquisadores, consideram apenas o fenômeno, ou seja, quando tomam como problema aquilo que é apenas a sua manifestação, Saviani, referenciando Kosik, entende que se trata de "pseudo-concreticidade do problema".

Na realidade, um problema não se caracteriza apenas como filosófico, científico, artístico ou religioso, mas a atitude do homem ou mulher, pesquisador ou pesquisadora, é que dará determinada característica (SAVIANI, 1986).

Abraçamos como necessidade concreta de nossa tese o conhecimento e o trato da relação entre o saber popular da capoeira com o conhecimento cientificamente sistematizado na área da Educação e da Educação Física, e a possibilidade da constituição de uma categoria de intelectual forjado na prática social da capoeira. Tal categoria será delimitada no questionamento a seguir.

1.3 ENTRANDO NO JOGO: PROBLEMA

Entrando nessa roda, ousaremos, a partir da ação educativa da capoeira, delimitar o seguinte problema de pesquisa para esta tese: **que contradições emergem/emergiram na relação entre o saber da capoeira e o conhecimento científico na realidade da prática formativa do PERI-Capoeira? A realidade do PERI-Capoeira possibilita ou possibilitou a formação de intelectuais orgânicos da capoeira para o entendimento e superação dessas possíveis contradições? "Capoeiristicamente" falando, de que maneira a realidade do PERI-Capoeira contribuiu e/ou contribui para a articulação entre o saber popular da capoeira e o conhecimento científico da área da Educação e da Educação Física; mais especificamente, o PERI-Capoeira contribuiu e/ou contribui no processo de formação do possível intelectual orgânico forjado na prática social da capoeira?**

1.4 SOLTANDO O JOGO: OBJETIVOS DE PESQUISA

Na tentativa de garantirmos o alcance do que nos propomos nessa tese, temos como objetivo a identificação de elementos de análise que possam contribuir para a reflexão das contradições postas pelo meio sócio-político-cultural entre o saber da capoeira e o conhecimento científico no campo da Educação e da Educação Física. Este objetivo foi buscado através de um recorte específico, advindo das produções científicas dos participantes e protagonistas da realidade do PERI-Capoeira, que iniciaram o curso de pós-graduação em nível de mestrado após a primeira edição do mesmo.Peri Capoeira.

Analisamos as relações entre o saber popular da capoeira e o conhecimento científico nos processos de formação de educadores populares de capoeira nas duas edições do curso PERI-Capoeira a partir das possíveis contradições que emergiram da realidade, visando à contribuição para a consolidação de referenciais para as práticas de educação popular e o conhecimento educacional pertinente a tal formação.

Dentro dos nossos limites e possibilidades, articulamos o saber popular e o conhecimento científico envolvido ao longo da empreitada formativa do PERI-Capoeira, bem como no método de construção e exposição da pesquisa, na perspectiva de contribuir para a reflexão da possível formação do intelectual orgânico forjado na prática social da capoeira.

1.5 MALOQUEIRANDO

Consideramos importante destacar que, no movimento de construção dessa pesquisa, está traçada a ideia de que a ciência e a sabedoria são companheiras, que o saber anda junto com o sabor - alicerce que se constrói no método e na práxis. Dessa maneira, justificamos que os diversos momentos da construção dessa pesquisa foram construídos de forma coletiva e dialética, motivo que nos levou a utilizar a primeira pessoa do plural. Porém, gostaríamos de pedir licença para escrever na primeira pessoa do singular pontualmente na exposição do processo histórico de minha existência, sendo esse processo determinante para a apropriação e a eleição do método de pesquisa.

O processo histórico da minha formação na capoeira, e da construção dessa tese na defesa da categoria de *intelectual maloqueiro*, forjou-se no intuito de construir um novo significado para o termo maloqueiro, pois no contexto pernambucano, mais especificamente recifense, o termo maloqueiro é muito utilizado como um substantivo masculino com o significado de morador de maloca, favela, subúrbio oriundo da classe subalterna específica do contexto popular. A sua representação social, portanto, traduz preconceito e juízo pejorativo, como sinônimo de vagabundo, não trabalhador, transgressor e rebelde - como o próprio malandro carioca ou o capoeira do início do século XX.

Dito isso, iniciarei a discussão de minha maloqueiragem. Nasci e fui educado em um subúrbio marcado pela violência e descaso do governo em relação às políticas públicas (educação, habitação, saneamento básico, etc.), sobretudo nos bairros da periferia, onde se concentra a população empobrecida oriunda da classe trabalhadora, como o bairro chamado Casa Amarela. Pertenço a uma família de descendência indígena e negra, sendo bisneto de José Amaro Ferreira da Silva, negro carpinteiro, e Julia Ferreira de Oliveira, esta uma cabocla parteira, Manoel Joaquim de Santana, mestiço que negociava aves, com outra mestiça, chamada Francisca Maria da Conceição, rendeira e benzedeira. Sou neto de Luiz Joaquim de Santana, mulato boêmio, cantador e tocador de banjo, motorista da Prefeitura da cidade do Recife, e de Zilda Sebastiana de Santana, uma mulata valente, bordadeira, rendeira, mãe de treze filhos. Sou filho de José Luiz da Silva Sobrinho, mais conhecido como "Lula Bode", comerciante branco e boêmio, e Mery Santana da Silva, mulatinha de um metro e meio, a caçula de treze irmãos, braba feito siri, funcionária pública da Prefeitura da cidade do Recife. Nessa família de origem humilde, constituída por trabalhadores, as condições socioeconômicas eram desfavoráveis para a produção dos meios para a subsistência necessária, tendo apenas o suficiente para reproduzir a pura e simples existência. Com muito esforço, Lula Bode e Dona Mery garantiram a minha irmã e a mim uma "boa educação", entendida por eles como priorizar o acesso às instituições de ensino privadas e a outros bens de consumo. Assim, tentavam evitar que sofrêssemos privações tanto quanto as outras crianças da realidade suburbana do bairro Casa Amarela.

Dentro dessa conjuntura, várias foram as manifestações da cultura popular que se fizeram presentes no meu processo de formação e que, desde cedo, chamaram minha atenção. Exemplo disso foram as cirandas e os carnavais na ilha de Itamaracá, as festas juninas, o encanto e fascínio pela festa de vaquejada, as histórias da vida sertaneja, do movimento do cangaço e, claro, a paixão e o amor pela capoeira - as quais propiciaram um rico universo cultural na minha infância e adolescência. Dessa forma, esse repertório cultural foi essencial para a formação humana e para as inquietações que viriam a sustentar o meu processo de constituição como profissional da Educação.

Depois de ter visto a capoeira pela primeira vez na infância, só em 1994 iniciei minha história junto ao grupo "Chapéu de Couro", em Recife. Dois anos depois do ingresso oficial no grupo, ingressei no curso de Educação Física da Universidade de Pernambuco, instituição de ensino superior pública estadual. Durante a vida acadêmica, fui percebendo a diferença entre os saberes tratados na universidade e os tratados fora dos muros da mesma, no mundo da capoeiragem, e entre os processos de educação formal e não formal. Assim, foi dialo(jo)gando[3] com essas realidades distintas e, às vezes, familiares, que surgiram inquietações quanto às diferentes ações educativas e ao confronto entre os saberes populares e o conhecimento científico.

---

[3] Termo criado por esse autor na dissertação de mestrado com o intuito de expressar a complexidade de sistematização do processo histórico da pesquisa, no que tange a sua práxis. Ou seja, o termo significa uma relação de interdependência entre a reflexão teórica e a dimensão prática da capoeira, a qual privilegiamos durante a elaboração da nossa pesquisa de mestrado (SILVA, 2006).

Nesta linha de pensamento e na perspectiva da articulação dos saberes populares com o conhecimento científico, de forma semelhante aos sujeitos da cultura popular, como no caso dos cordelistas, contarei esta historia em forma de cordel[4], que se relaciona com minha trajetória de formação humana e proposta de pesquisa da relação entre os saberes populares e o conhecimento científico.

> Foi numa briga de família
> Onde dois irmãos disputavam por pobreza
> No final da década de oitenta
> Que vi pela primeira vez capoeira
>
> Um nego do beiço de sofá
> Que ajudava as velhinhas
> Que as compras não podia carregar
> E lavava os carros da vizinhança
> Para o pão de cada dia ganhar
>
> Era conhecido por Pelé
> Se pegou com seu irmão Messias
> No tabefe cabeçada e ponta pé
> Na frente do mercadinho
> Por causa de um relógio
> Que o cabra safado pegou por engano
> Pensando que ninguém ia dar fé
>
> Tava feita a confusão
> O barulho foi pesado
> O bandido safado do Messias
> Levou uma meia lua

---

[4] A expressão "cordel" é utilizada pelo autor como forma de evidenciar as contradições, tensões e conflitos que se colocam, ao longo do processo de construção desta proposta de trabalho, entre os saberes populares e o conhecimento científico. Logo, as concepções de ciências predominantes em nossa sociedade (construídas ao longo da história da humanidade) como conhecimentos verdadeiros e válidos, acabam por desconsiderar e colocar num patamar de inferioridade os conhecimentos advindos da cultura popular, negando a construção histórica dos sujeitos. A literatura de cordel é assim chamada pela forma como são vendidos os folhetos, dependurados em barbantes (cordão), nas feiras, mercados, praças e bancas de jornal, principalmente das cidades do interior e nos subúrbios das grandes cidades. Essa denominação foi dada pelos intelectuais e é como aparece em alguns dicionários. O povo se refere à literatura de cordel apenas como *folheto* (CASCUDO, 2005).

Que ficou desacordado

E eu menino buchudo
Que esperava a mãe
Sair para trabalhar
Pra então ganhar o mundo
E poder maloquerar
Antes da pelada
Pude tudo presenciar

Da briga dos capoeiras
Nunca mais me esqueceria
Antes da santa pelada de todos os dias
Com os maloqueiros do mercadinho
De capoeira eu brincaria

Minha mãe não gostou da novidade
E até a pelada proibia
E se desobedecesse ai..., ai..., ai...!
De couro quente eu dormiria

Mas de tanto aperriar a velhinha
Em 94 na capoeira eu entraria
Só levou uns seis anos
Para convencer a bichinha

Assim que o carnaval acabou
Fui treinar capoeira
A culpa foi de meu cumpade Léo
Que pra o barroso me levou
Com Corisco e o chapéu de couro
A minha vida mudou

Ninguém podia imaginar
Capoeira de maloqueiro e marginal
Me fizesse estudar
Foi por causa da danada
Que na universidade fui entrar

Se contar ninguém acredita
Vim parar aqui no sul
Nordestino, pobre e sem dinheiro
No meio de gente tratada e bem nutrida
Onde todo mundo é galego(a) de olho azul

> Agora já um pouco acostumado
> Com o tempo que passou
> Não estou aqui à toa
> Consciente de tudo que já rolou
> Já defendi dissertação de mestre
> Quem sabe defendo tese
> E um dia viro doutor?

Essa reflexão sobre a minha inserção na capoeira abre caminho para a continuidade das argumentações e justificativas sobre a familiarização, pertinência e defesa da categoria de intelectual maloqueiro. Pois, foi nesse contexto cultural pernambucano que fui criado e fui tomando consciência da realidade que estava inserido. Realidade, esta, repleta de contradições, conflitos e desigualdades impostas pelo sistema capitalista cruel, perverso e autofágico de "exploração do homem pelo homem" que insiste em prevalecer em nossa sociedade.

A inserção no curso de Licenciatura Plena em Educação Física foi fundamental, já que comecei a me deparar com a realidade contraditória na qual os saberes populares, presentes ao longo do meu processo histórico de formação humana, entravam em conflito com o conhecimento científico, visto, muitas vezes, como único conhecimento verdadeiro e válido perante outras formas de saberes historicamente deslegitimadas. Dessa maneira, entendo que se constitui um campo de disputa em que se contrapõem o conhecimento científico e os saberes populares. Por isso, busquei, a partir da realidade da capoeira, investigar como se configura tal conjuntura e suas consequências para os processos e reflexões pertinentes ao ensino e à formação de educadores.

Foi a formação na prática social da capoeira, articulada com a formação na Educação Física, que serviu como marco no processo histórico e na possibilidade mais avançada de intervir e articular os saberes populares e o conhecimento científico relacionados à capoeira que ora me proponho a refletir, questionar e pesquisar. Dessa maneira, a categoria da cultura e a prática como critério de verdade aparecem como categorias fundantes dessa empreitada científica. Foi na prática cotidiana de ser capoeira, professor de Educação Física e educador que criamos as condições objetivas para a defesa dessa tese.

Esse contexto da minha formação humana, como capoeira, professor e pesquisador, contribuiu também no processo de familiarização e de estranhamento com o objeto de estudo. Entendemos que uma estratégia que articule esses dois contextos pode contribuir efetivamente para a reflexão e a sistematização de novas propostas que avancem no sentido de articulação e diálogo entre os saberes populares e o conhecimento científico, na perspectiva de mudança e superação no campo científico e desenvolvimento da ciência, no contexto das reflexões sobre o ensino e a formação de educadores.

Sendo assim, a concepção de Educação que orienta e fundamenta a nossa perspectiva específica da Educação Física é cunhada na obra de Saviani (2005). Nessa obra, Saviani traduz educação como o ato de produzir em cada indivíduo singular a humanidade que é forjada histórica e coletivamente pelo conjunto dos seres humanos. Essa definição toma a educação de forma objetiva em sua realidade histórica, e contempla tanto a questão da comunicação e da produção dos seres humanos, quanto o caráter mediador da educação no interior da sociedade.

Considero assim a educação como uma práxis pedagógica possível de intervenção e contribuição nas transformações econômicas, sociais, políticas e culturais do mundo contemporâneo. Dessa maneira, no contexto da discussão sobre a formação de educadores na Educação Física, a cultura se insere de maneira fundamental, sendo categoria das mais importantes e utilizadas por diversas áreas do conhecimento, sem ser exclusiva a nenhuma delas.

Entendo, então, por cultura a maneira pela qual os humanos se humanizam por meio de práticas que criam a existência social, econômica, política, religiosa, intelectual e artística. Ou seja, tudo aquilo que se relaciona à existência de um povo, tais como saberes, conhecimentos, crenças, valores e princípios éticos e morais, meios de produção da existência, e as maneiras como estes se dão na vida social (GONH, 1994; CHAUÍ, 1998; GRAMSCI, 1988).

Ao tratarmos o conceito de cultura, necessitamos nos apropriar e buscar as conexões que existem entre uma formação política, econômica e uma formação cultural, educacional. Ainda, e, talvez o mais difícil, é que entendemos como importante uma formação sensível às relações interpessoais, que são nossos recursos mais imediatos em quaisquer formas de luta.

Dessa maneira, a categoria cultura não é um processo social secundário. Ao contrário, na condição de produtora de significados e valores, a cultura é uma atividade humana primária que estrutura as formas, instituições, relações e, também, os saberes e conhecimentos (WILLIAMS, 1969).

A categoria cultura foi sendo construída como reações de pensamentos e sentimentos a mudanças radicais de condições de subsistência que o modo de produção da vida impôs. A cultura não foi apenas uma resposta aos novos métodos de produção – à nova indústria. Ligava-se também aos novos tipos de relações pessoais e sociais, constituindo um estado ou um hábito mental ou, ainda, um corpo de atividades intelectuais e morais, conformando um modo de vida específico. Essa concepção não é acidental, mas intencional e profundamente importante em qualquer processo de formação (WILLIAMS, 1969).

A categoria cultura ajuda na elucidação de propostas de como realizar a transformação radical da ordem social, não se limitando a discussões teóricas, mas se estendendo ao próprio processo histórico dos sujeitos, como um processo dinâmico, dialético e contraditório. A utilização dessa categoria possibilita trazer a noção de que a cultura pode ser encarada como força produtiva do modo de produção capitalista (WILLIAMS, 1969).

Especificamente no meu trato com a Educação Física, a cultura se caracteriza como uma categoria mais ampla, que abrange as diversas abordagens, propostas e tendências pedagógicas da área, como a cultura corporal, a cultura de movimento, a cultura corporal de movimento e as práticas corporais.Percebo ainda que o conceito de práticas corporais está no cerne das diferentes abordagens mencionadas anteriormente, visto que esta é uma discussão que se encontra em aberto no campo acadêmico da Educação Física.

Sendo assim, referenciado em Silva et al. (2009), entendo práticas corporais como manifestações compostas por técnicas corporais, ou seja, uma forma de linguagem que constitui o acervo daquilo que vem sendo chamado de cultura corporal, cultura de movimento e cultura corporal de movimento.

Essas manifestações que se expressam corporalmente são constituintes da corporalidade humana, e algumas delas vêm sendo tematizadas como conteúdos da disciplina curricular obrigatória da Educação Física. Igualmente, vêm se constituindo como objeto de pesquisa no campo acadêmico da Educação Física e das Ciências dos esportes (SILVA et al., 2009).

Na segunda edição do livro "Metodologia do Ensino de Educação Física" (COLETIVO DE AUTORES, 2009), no posfácio, as considerações de Celi Taffarel, Michele Ortega e Lino Castellani nos ajudam a refletir sobre a necessidade da não separação da base material da produção da vida frente à existência no processo de construção sócio-histórica da cultura, defendido na perspectiva crítico-superadora. Essa perspectiva defende o conceito de cultura corporal como um acervo de conhecimento, construído socialmente e sendo historicamente determinado, a partir de atividades que se concretizam nas múltiplas relações entre experiências ideológicas, políticas, filosóficas e os sentidos artísticos, estéticos, lúdicos, agonistas, competitivos e outros relacionados às necessidades, à realidade e às motivações do ser humano (COLETIVO DE AUTORES, 2009).

Fundamentados na concepção crítico-superadora, defendemos como necessidade para a área da Educação Física uma articulação maior entre a reflexão teórica, a pesquisa-produção de conhecimentos e a formação política de forma concreta e palpável na realidade dos professores de Educação Física.

Assim sendo, percebo que para tal mudança se faz necessário um intenso trabalho de intervenção, no sentido mais amplo, tendo em vista a construção coletiva de saberes e a análise crítica da realidade, levando em consideração as práticas pedagógicas dos sujeitos, seus saberes e suas próprias experiências de vida.

Dito isso, concordamos com Gramsci (1988) quando ressalta a importância da discussão e da reflexão a respeito da **categoria de intelectual orgânico,** pois oferece uma base teórica e esclarece os tipos de condições ideológicas e de práticas necessárias para que os professores intervenham como intelectuais - em contraste com a definição em termos puramente instrumentais ou técnicos de **"intelectual tradicional".** Tal categoria, assim formulada, pode ainda ajudar no processo de tomada de consciência do nosso papel de professores(as) de Educação Física na produção e legitimação de interesses políticos, econômicos e sociais variados, através das pedagogias por nós endossadas e utilizadas.

Nessa discussão, consideramos que é a partir da práxis pedagógica dos(as) Professores (as) de Educação Física - agindo e intervindo como intelectuais orgânicos na busca da elaboração de um novo significado para o senso comum como uma forma de conhecimento inicial, superficial, intuitivo e desarticulado na construção do senso crítico, como outra forma de conhecimento - que se configura a apreensão da realidade na sua totalidade de forma crítica, criativa e autônoma.

Retomemos, portanto, as contribuições da obra Metodologia de Ensino da Educação Física para ratificar a necessidade de elaboração de uma práxis pedagógica e de referenciais epistemológicos, teóricos e pedagógicos visando à construção da cidadania e da emancipação humana.

Essa construção se tornará efetiva a partir da intervenção na realidade pautada em três princípios básicos: da radicalidade (1); da rigorosidade (2) e da totalidade (3). 1) Da radicalidade, no seu sentido filosófico, de ir à raiz, na busca da superação da compreensão superficial e intuitiva da realidade; 2) Da rigorosidade, nos seus aspectos teóricos, filosóficos e científicos como método de análise da realidade; 3) Da totalidade, na superação da visão cartesiana de soma das partes e, sim, no sentido de que a fragmentação das partes não torna possível o entendimento do todo.

Contudo, reforçamos a necessidade de formação de professores(as) de Educação Física com base nas perspectivas críticas da Educação Física, tendo como pressuposto a identificação, o entendimento e o reconhecimento das dimensões ética, estética, política, social e histórica do seu fazer pedagógico.

Para tanto, deveremos ser capazes de compreender a realidade social historicamente determinada na qual está inserida e se dará nossa intervenção, respeitando características regionais e identificando interesses e necessidade reais, a fim de estabelecer processos de construção coletiva do conhecimento que proporcionem aos sujeitos sob nossa responsabilidade pedagógica sua inserção crítica, criativa e autônoma como sujeitos e autores da sua própria história.

Na medida em que se acirravam em mim os questionamentos sobre as relações entre conhecimentos científico e popular na caminhada acadêmica, passei a valer-me da reflexão teórica gramsciana. Neste marco teórico, deparei-me com uma compreensão na qual a realidade é trabalhada a partir de categorias que se elevam do abstrato ao concreto, possibilitando resgatar aspectos daquela realidade vivida na capoeiragem e articulá-la à reflexão e sistematização do conhecimento científico. Essa articulação foi operada por meio de uma análise crítica da realidade e das condições históricas que se apresentam no processo de construção de uma proposta de pesquisa. Neste caso, refiro-me, especificamente, à minha dissertação de mestrado, na qual investiguei a dimensão educativa da capoeira pernambucana no que respeita às representações dos seus mestres (SILVA, 2006).

No escopo dessas reflexões, entendo que a luta pela emancipação política não se coloca apenas no campo econômico, mas também nas condições de subalternidade intelectual, às quais historicamente são submetidas as classes trabalhadoras. Em tal perspectiva, Gramsci faz uma reflexão crítica sobre o real, demonstrando como a realidade social é diversificada, criativa e dinâmica. Debruçando-me na realidade como totalidade, desvendando suas contradições e evidenciando a sua constituição por mediações, processos e estruturas, construí essa pesquisa. Portanto, foi a partir da vivência na capoeira, em conjunto com a apreensão, reflexão e sistematização do conhecimento científico, que tive a oportunidade de estabelecer tais críticas e iniciar o processo de tomada de consciência de classe.

Ciente do processo histórico e do meu papel como sujeito social, oriundo de uma classe oprimida que luta pela sua emancipação, busco, com a inserção na discussão e produção do conhecimento na área da educação, contribuir para a reflexão e o fortalecimento das práticas educativas na capoeira, considerando a possibilidade de estabelecer diálogos entre saberes populares e conhecimento científico historicamente sistematizado.

Nesse sentido, a inserção no curso de Mestrado em Educação Física, do Centro de Desportos da Universidade Federal de Santa Catarina, em 2004, proporcionou transformações teóricas, ideológicas e profissionais, pois tive a oportunidade de descobrir que o novo se faz no ato, agora, na ousadia e na valentia, através dessa acumulação do novo.

Portanto, no amadurecer do nosso caminhar acadêmico, tive e terei como ponto de referência a articulação, a reflexão e a sistematização do conhecimento científico com elementos dos saberes populares. Busco, num diálogo mais profundo de construção da pesquisa e do "fazer ciência", a explicitação do processo histórico e a discussão da construção dos saberes e conhecimentos presentes por todo o meu processo de formação, nos âmbitos da capoeira e da universidade.

Tive a oportunidade de estar presente e participar de um momento histórico ímpar no que diz respeito às produções científicas relacionadas à capoeira no estado de Santa Catarina, não só pelo salto quantitativo e qualitativo das mesmas em nível individual, mas também pelas iniciativas coletivas a que se relacionam.

Reconheço, portanto, a importante contribuição de vários setores da universidade e os seus esforços no sentido de criar espaços e novas lógicas para uma universidade e uma produção científica próximas às classes populares. Sendo assim, essa tese deu-se a partir da possibilidade que projetos como o PERI-Capoeira representam de fornecer o contexto histórico e as condições dadas e construídas para a consolidação da luta assumida, por mim, como sujeito social e profissional da educação. Igualmente, em conjunto com outros setores e parcelas da sociedade, o referido projeto também permitiu vislumbrar condições socio-político-culturais favoráveis para a mudança da conjuntura sócio-educacional, por vezes, excludente, geralmente perceptível no âmbito da prática social da capoeira.

1.6   ESQUIVANDO: JUSTIFICATIVA

Consideramos a proposta de pesquisa relevante e necessária na atual conjuntura da construção do conhecimento referente à capoeira devido à possível contribuição para área da Educação, especificamente no que diz respeito ao ensino e à formação de Educadores (as) Populares. A partir do nosso processo de familiarização e estranhamento com o objeto de estudo, pensamos ser possível contribuir para um salto qualitativo no processo de construção de consciência de classe por parte dos sujeitos envolvidos na ação educativa da capoeira. Pretendemos, portanto, que esse objeto de estudo sirva como um campo fértil para reflexão e sistematização de novas propostas que avancem no sentido da articulação e do diálogo entre os saberes populares e o conhecimento científico, na perspectiva de mudança e superação de concepções acríticas no campo científico, assim como em direção ao desenvolvimento da ciência e do saber.

Outro elemento que nos incentivou a eleger este problema de pesquisa foi o compromisso, dentro dos nossos limites e possibilidades, de preencher lacunas que faltam nas produções acerca da capoeira. A produção científica da capoeira, especificamente na Universidade Federal de Santa Catarina[5] (UFSC), tem se caracterizado como um

---

[5] Produções científicas relacionadas à capoeira, produzidas na UFSC: ANNUNCIATO, D. P., 2006; BRITO, V. A., 2005.; CORTE REAL, M. P., 2006; D'AGOSTINI, A., 2004.; MWEWA, M., 2005.; SILVA, B. E. S., 2006; FILGUEIRAS, J. p., 2007; ARAÚJO, B. C. L. C., 2008; ACORDI, L., 2009 e STOTZ, M., 2010.

marco para o construto socio-político-cultural desta manifestação popular. Isto se deve ao salto quantitativo e qualitativo na produção acadêmica sobre o tema, tendo uma tese de doutorado e cinco dissertações de mestrado concluídas na área da Educação, três dissertações concluídas na área da Educação Física. No entanto, nenhuma dessas pesquisas enfrentou, explicitamente, a relação conflituosa entre os saberes populares e o conhecimento científico, motivo pelo qual nosso trabalho pode apresentar certa colaboração a respeito da temática.

Assim, constitui-se em um campo fértil para investigar e consolidar referenciais teórico-metodológicos e epistemológicos ligados aos processos de construção de saberes de educadores de capoeira no âmbito das citadas relações de confronto entre saberes popular e conhecimento científico, as quais caracterizam campo problemático de interesse para o conhecimento educacional que se debruça sobre os diferentes processos de ensino e formação de educadores.

Ademais, a tarefa acadêmica que abracei se justifica em razão de poder, com esse movimento, viabilizar uma reflexão sobre uma possível reconstrução da análise da história dos saberes, refletindo não só acerca de uma definição e superação desta, mas também a respeito de um possível resgate e/ou contribuição na construção das identidades individuais e coletivas dos sujeitos no campo das práticas sociais, culturais e políticas.

1.7 VOLTA AO MUNDO: CONTEXTUALIZAÇÃO DO ESTUDO

Ainda no que diz respeito à produção científica relacionada à capoeira, algumas atividades na UFSC procuram avançar na perspectiva de articulação entre o saber popular e o conhecimento científico. Surgiu o projeto PERI-Capoeira em 2005, que foi uma iniciativa do Núcleo de Pesquisa em Movimentos Sociais e Educação Intercultural, do Centro de Educação da Universidade Federal de Santa Catarina MOVER/PPGE/CED/UFSC junto com a Confraria Catarinense de Capoeira, instituição de auto-organização que congrega representantes e líderes, pesquisadores e praticantes dos diversos segmentos de capoeira do Estado de Santa Catarina. Esta iniciou suas atividades em 2003, mas só foi oficializada no Cadastro Nacional de Pessoas Jurídicas (CNPJ), sob o número 08.265.344//0001-34, em 07 de junho de 2006. A articulação entre essas duas instituições tornou possível a existência das condições necessárias para a realização de um curso de formação de educadores na perspectiva intercultural da educação (FLEURI et al., 2007; FALCÃO et al., 2009).

O Curso denominado PERI-Capoeira ocorreu em duas edições, a primeira durante o ano de 2005 e a segunda no ano de 2007, tendo como objetivo geral a capacitação de educadores populares de capoeira na perspectiva intercultural visando problematizar e potencializar a dimensão educativa das práticas de capoeira, construir a compreensão dos diferentes sujeitos, contextos e dimensões das relações sociais e educativas no mundo da capoeira e promover redes de interação entre diferentes grupos e perspectivas do mundo da capoeira (FLEURI et al., 2007; FALCÃO et al., 2009).

Em decorrência da realidade do PERI-Capoeira, foi possível também a promoção e formação de educadores para atuação nos espaços educativos, formais e não formais, visando à valorização da cultura afro-brasileira da capoeira e a consolidação de uma rede de educadores de capoeira no Estado de Santa Catarina (FLEURI et al., 2007; FALCÃO et al., 2009).

A partir da criação dessa rede, foram e são realizados eventos integrando diferentes grupos de capoeira, como é o caso do Festival de Cantigas da Confraria Catarinense de Capoeira (2005), das três edições do Mangaio de Capoeira nos anos de 2006, 2007 e 2008, e dos Mosaicos Integrados de Capoeira (MIC), realizados a partir de 2006.

A realização dos Mangaios de Capoeira teve como objetivo promover a integração e o intercâmbio entre as crianças das comunidades do Morro do Mocotó e do Morro do Quilombo, de praticantes de capoeira de diversos grupos, de educadores e pesquisadores no sentido de contribuir com o processo de democratização e socialização do conhecimento produzido em relação a esta manifestação da cultura afro-brasileira. Além disso, o projeto buscou valorizar o resgate da identidade afrodescendente, da consciência de classe (FLEURI et al., 2007; FALCÃO et al., 2009).

Já no caso dos Mosaicos Integrados de Capoeira, tais eventos acontecem anualmente e têm como principal objetivo a promoção e a integração de diversos grupos de Capoeira da cidade de Florianópolis. Por meio deles, visa-se mobilizar expressivo número de praticantes de capoeira, contribuindo para a democratização das relações entre grupos e abrindo possibilidades para novas formas de integração cultural (FLEURI et al., 2007; FALCÃO et al., 2009).

Podemos ainda atribuir à realidade do PERI-Capoeira: os fatos concretos da constituição da rede de educadores populares do Estado de Santa Catarina; a realização das experiências piloto de inserção do ensino da capoeira nas redes escolares municipal e estadual em Santa Catarina; a elaboração de subsídios teórico-metodológicos para a formação e a atuação de educadores populares de capoeira; os processos de elaboração de pesquisas científicas e publicações, e a sistematização de materiais didáticos sobremetodologias de ensino da capoeira para crianças, jovens e adultos, saberes e práticas históricas da capoeira e relações de poder na capoeira e desta com a sociedade (FLEURI et al., 2007; FALCÃO et al., 2009).

Pelo apresentado, o PERI-Capoeira se torna uma referência que exerce um papel fundamental e inovador na mediação das práticas educativas da capoeira no Estado de Santa Catarina. Desse modo, esse projeto pode e deve servir como referência básica e inicial para os outros estados, para demais iniciativas com o mesmo propósito.

Consideramos o PERI-Capoeira como campo privilegiado de investigação e formação, que promove tanto a consolidação dos referenciais que vêm sendo elaborados, quanto para o fortalecimento e empoderamento dos(as) educadores(as) de capoeira, que através do processo de formação realizado passaram a ter uma maior compreensão e capacidade de intervenção em relação aos seus desafios educacionais cotidianos.Ainda, a experiência educacional realizada no contexto do projeto se constitui em uma base e um importante exemplo para as políticas públicas e as ações político-pedagógicas como, dentre outras, as sugeridas pela Lei 10.639/2003, a qual prevê a obrigatoriedade do ensino da "História e da Cultura Afro-brasileira" nos estabelecimentos de ensino fundamental e médio (FLEURI et al., 2007; FALCÃO et al., 2009).

Fundamentalmente, em nossa pesquisa tratamos o PERI-Capoeira como um campo empírico para a investigação e consolidação de referenciais teórico-metodológicos, didático-pedagógicos e epistemológicos para as práticas educativas e de formação. Entretanto, entendemos contribuir, com nosso trabalho, para a superação de pontos limitantes da otimização, consolidação e continuidade dessa realidade, servindo de referência para outras ações dessa natureza.

Após o salve, dando continuidade ao jogo da construção da tese, nossa "ginga" se caracterizou como ponto principal de discussão a ser concretizado: a construção de diálogos em forma de questionamentos e reflexões acerca do processo histórico de elaboração e efetivação dos cursos PERI-Capoeira I e II e a crítica da inserção da base material como condição essencial da produção da vida, sob o foco do método de construção do pensamento e apresentação das ideias do materialismo histórico dialético.

É com inspiração nos produtos dos artesãos populares nordestinos e nas cartas do cárcere de Antonio Gramsci, que denominamos o segundo capítulo de **Mangaio de Pesquisa e as Cartas do PERI: ações, reações, contradições e avaliações dos participantes e protagonistas**. Neste, utilizaremos a técnica do inquérito por meio do instrumento de pesquisa da entrevista semi-estruturada e do questionário para apresentação das estratégias metodológicas dessa tese.

Nesse capítulo realizamos uma discussão e reflexão sobre o conjunto dos dados e a análise de 04 (quatro) dissertações tendo como base categorias fundantes do materialismo histórico dialético que emergem no decorrer do processo dos "movimentos acrobáticos" de pesquisa, articulando com as discussões posteriores que subsidiaram a emersão da categoria de "Intelectual Maloqueiro" e as relações entre o saber popular e o conhecimento científico na formação de professores, mais especificamente no contexto do PERI- Capoeira.

Nessa perspectiva de subsidiar e sistematizar argumentos que possam contribuir para um salto qualitativo da formulação de referenciais teórico-metodológicos que possam sustentar a sistematização da categoria de Intelectual Maloqueiro, priorizamos a interlocução com os sujeitos que participaram efetivamente do curso e suas possíveis ações de protagonismo, assim como as produções científicas que foram decorrentes do curso e a possível continuidade entre as relações entre o saber da capoeira e o conhecimento científico a partir da criação e/ou consolidação do vínculo com a academia.

Por isso, utilizamos o termo *Mangaio de pesquisa* em referência ao produto artesanal que é trocado nas feiras públicas, conhecidas como "Feira de Mangaio", com o objetivo de garantir a subsistência e a valorização dos saberes dos artesãos.

Dando continuidade em nosso "Floreio", realizamos nesse capítulo uma revisão de literatura e analisamos os trabalhos científicos relacionados à capoeira, priorizando a produção do Estado de Santa Catarina a as possíveis contribuições do PERI-Capoeira para uma mudança ou não dessa realidade.

Nessa "volta ao mundo" de pensamentos, consolidamos nosso

entendimento provisório sobre as relações entre o saber popular da capoeira e o conhecimento cientificamente sistematizado a partir das contradições que emergem dos processos de formação de educadores, como no PERI-Capoeira, configurando-se em uma práxis de pesquisa não neutra, caracterizada pela intervenção e pela construção coletiva do conhecimento - e não em uma concepção de pesquisa cuja característica seja a explicação de determinada parte do real ou fenômeno social.

É no terceiro capítulo, intitulado de **Capoeira de Capelo: Da Maloqueiragem a Colação de Grau na Realidade do PERI-Capoeira,** que tratamos da articulação dos âmbitos da capoeira e da academia a partir da discussão do saber como produto da educação popular, ou seja, o saber como diretamente ligado à classe que lhe origina, determinado pelo processo da subsistência pelo trabalho nas diversas dimensões da vida em sociedade.

É no capítulo Capoeira de Capelo: da maloqueiragem a Colação de Grau na Realidade do PERI-Capoeira que fizemos a contextualização do campo empírico no qual fomos sujeitos participantes, juntamente com os demais sujeitos da pesquisa, e que subsidiou o diálogo e a reflexão para o forjamento da categoria do intelectual orgânico da prática social da capoeira, que convencionamos, pelo nosso[6] processo histórico de formação humana, denominar "Intelectual Maloqueiro".

Sendo assim, a necessidade de nosso "Movimento de Chão" pode ser percebida na incursão da delimitação do problema de pesquisa ao entalhe da categoria do Intelectual Maloqueiro, na medida em que se resgatam questionamentos pautados na categoria de intelectual orgânico sistematizada na produção material de Antonio Gramsci, que será discutido no capítulo **Maloqueirando na Universidade e a Construção do Intelectual Maloqueiro.** Esse capítulo buscará refletir, mais especificamente, a respeito da apreensão de técnicas e determinados artifícios presentes na ação da formação na capoeira que não estão diretamente ligados aos instrumentos, burocracias e formalidades da Educação Formal.

É nesse capítulo que aprofundamos o nosso entendimento de saber popular, diferenciando-o do conhecimento científico, historicamente produzido e validado por meio de processos, métodos e critérios aceitos pela ciência/epistemologia - mas ambos se caracterizam

---

[6] Apesar da utilização do verbo na primeira pessoa do plural em consideração ao restante do texto, lembra-se que se refere, essencialmente, ao processo histórico de formação humana do autor deste trabalho, anteriormente descrita.

como imprescindíveis para a formação humana omnilateral.

Dessa forma, em nosso "aperto de mão", que nessa pesquisa se intitula **Às vezes o caminho mais longo é o verdadeiro atalho: considerações provisórias,** faremos a síntese dessas reflexões temporárias. Elas são pautadas no princípio da prática como critério de verdade, que foi, é, e esta sendo um meio revolucionário para a mudança das nossas apropriações de saberes, para a formação humana e a forma de nos relacionarmos com o método de pesquisa e intervirmos na realidade atual.

Esse é o nosso convite! Essa é nossa ousadia! Esse é nosso convite ousado para que você leitor, junto conosco e coletivamente, possa participar dessa práxis investigativa não neutra, na expectativa de acharmos nossos porquês, de contribuir para a descoberta de meios que levem os sujeitos da capoeira a lutar por uma sociedade e por processos de aprendizagens efetivamente de qualidade, públicos e democráticos, porque pensados coletivamente, porque capazes de mudar as rotinas, porque capazes de engendrar lutas. Essa é a concepção de pesquisa que é e está sendo cunhada ao longo do nosso processo de formação humana, acadêmica, científica e social (MEKSENAS, 2002).

2 MANGAIO DE PESQUISA E AS CARTAS DO PERI: AÇÕES, REAÇÕES, CONTRADIÇÕES E AVALIAÇÕES DOS PARTICIPANTES E PROTAGONISTAS

Neste capítulo empregamos o termo "Mangaio" de pesquisa em referência ao produto artesanal que é trocado nas feiras públicas da Região do Nordeste do país, conhecidas como "Feira de Mangaio". Essa feira é realizada com base nas relações de troca dos produtos artesanais, tendo como objetivo garantir a subsistência e a valorização dos saberes dos artesãos que participam desta feira. Pois, como falamos anteriormente, o "artesanato intelectual" (MILLS, 1982) é uma estratégia metodológica através da qual aprendemos a usar a experiência de vida no trabalho de pesquisa, no qual aquela serve como exercício constante de autorreflexão, formulação e sistematização das ideias por meio da imaginação sociológica.

Nessa perspectiva de troca de saberes e conhecimentos, e de valorização da capoeira como prática social oriunda de uma classe social dominada, optamos pelo termo "Mangaio", o qual sintetiza nossas intenções metodológicas no trato da análise e da sistematização dos dados que apresentamos no decorrer deste capítulo.

Já no caso das "Cartas do PERI", o termo faz referência às cartas do cárcere de Antonio Gramsci, as quais tomamos como base para apropriação e sistematização das Cartas do PERI como instrumento de pesquisa. É a partir das Cartas do PERI-Capoeira que propomos uma revisão de literatura dos trabalhos científicos relacionados à capoeira e um diálogo com seus respectivos autores, sujeitos participantes e protagonistas do PERI-Capoeira, que deram continuidade à formação no âmbito da universidade totalizando quatro dissertações de mestrado finalizadas.

Nessa perspectiva, fizemos a triangulação dos dados das produções com os das cartas e da participação e protagonismos nos cursos do PERI a partir dos relatórios dos mesmos, que se caracterizaram como os instrumentos de pesquisa nos quais, confrontando com a categorização que será abordada posteriormente, tratamos, analisamos e apresentamos os dados pautados nas contribuições dos métodos das ciências sociais e humanas numa perspectiva de investigação com base no método do materialismo histórico dialético.

No estudo dos entendimentos sobre a capoeira como prática social da cultura popular e no sentido de práticas político-pedagógicas, buscamos coletar dados sobre a relação entre os saberes da capoeira e os conhecimentos científicos das áreas da Educação e da Educação Física dos sujeitos dessa pesquisa, assim como a intervenção e contribuição do PERI-Capoeira na formação desses sujeitos como possíveis Intelectuais Maloqueiros. Isso permitiu-nos aproximar-se ao máximo da realidade, com o intuito de captar a riqueza da intervenção dos mesmos na realidade do PERI-Capoeira, sem perder de vista uma análise social mais ampla.

Em nossa incursão empírica sobre a articulação entre o saber popular da capoeira e o conhecimento cientifico na categorização do intelectual forjado na prática social da capoeira, apoiaremo-nos nas categorias e na produção intelectual dos nossos companheiros e heróis, que contribuíram com esse processo e deram início ao seu curso de mestrado relacionado à capoeira, posteriormente à primeira edição do I PERI-Capoeira, para a discussão orientadora nos diálogos das cartas do Peri.

Diante desse contexto, para darmos conta dessa luta acadêmica de pesquisa a qual nos propomos, apresentamos nomeadamente os camaradas de pesquisa que compõem esse diálogo de "gladiadores" são: Mestre Bene, Benedito Carlos Libório Caíres Araújo, com a dissertação intitulada A capoeira na sociedade do capital: a docência como mercadoria-chave na transformação da capoeira, em 2008, CED/UFSC; Mestre Kblera, Marcelo Navarro Bakes, mestre em Educação Física, CDS/USFC, com a dissertação intitulada Ritmo & Rebeldia em jogo: só na luta da capoeira se dança?, em 2010; Professor Desenho, Leandro de Oliveira Acordi, com a dissertação Memória e experiência: elementos de formação na capoeira angolana, também em 2010, CED/UFSC, e Canguru Cantador, Marcos Cordeiro Bueno, Mestre em Educação Física, UFPel, em 2012, com a dissertação O fetiche da capoeira patrimônio: Quem quer abrir mão da história da capoeira?. Esses são os camaradas com quem dialo(jo)garemos mais diretamente no capítulo As Cartas do PERI.

2.1 RETOMANDO O JOGO: GOLPES TEÓRICO-METODOLÓGICOS

Refletimos sobre os caminhos teórico-metodológicos da construção desta tese de doutorado, os quais procuram resgatar e articular o processo de produção do conhecimento com a linguagem popular, nossa experiência de vida, a vivência na capoeira e outras experiências das manifestações da cultura popular, a partir do conceito de "artesanato intelectual", de Mills (1982). Este autor traz algumas importantes contribuições e reflexões referentes à produção científica no domínio das Ciências Sociais. Nas discussões de método e teoria, o "artesanato intelectual" pode ser uma estratégia metodológica através da qual o pesquisador aprende a usar a experiência de sua vida no trabalho de pesquisa, no qual aquela servirá como exercício constante de autorreflexão, formulação, criação e visualização das categorias por meio da imaginação sociológica. No decorrer do processo de construção da pesquisa, várias vezes nos deparamos com situações que não estão previstas nos manuais; são essas demandas e necessidades que apelam e possibilitam a contribuição e a utilização dos pensamentos "marginais", os quais viabilizaram a identificação e a elaboração dos conceitos e categorias "maloqueiras" da prática social da capoeira nessa tese (MILLS, 1982).

Mesmo sabendo que a linguagem científica serve como garantia de rigor e, em certa medida, de validade dos objetos de pesquisa e do caráter científico do processo investigativo (BRUYNE et al., 1991), ressaltamos e reforçamos o que foi dito no primeiro parágrafo desse trabalho sobre as metáforas e epígrafes. Nesta tese, dialo(jo)garemos e nos comunicaremos com outras formas de linguagem, referenciadas nos saberes populares, nas artes, na poesia, na música, na literatura popular dos cordéis, dos causos e dos ditos populares. De qualquer forma, ao fazê-lo, procuramos não perder de vista o rigor metodológico e garantir, em outras instâncias, o compromisso com a cientificidade e as exigências acadêmicas.

Dessa maneira, adotamos a dialética como princípio e método investigativo nessa tese, a qual

> [...] requer uma crítica prévia ao domínio estudado, do objeto e do procedimento, uma crítica das reduções e extrapolações, uma determinação do grau de coerência do objeto. É um pensamento que se move no tempo que se inscreve no espaço, que vai da forma lógica,

racional ao conteúdo prático (BRUYNE et al., 1991, p.68).

A dialética teve como pretensão a captação do movimento concreto, natural e sócio-histórico, integrando a lógica do pensamento reflexivo e científico em sua abordagem. Em sua análise, visa "um conjunto que determina o sentido do desenvolvimento histórico (leis da dialética), definindo as relações do geral com o particular em sua concretização" (BRUYNE et al., 1991, p.67).

Lessard-Hébert et al. (1994) consideram que os aspectos metodológicos de uma investigação se organizam e materializam em torno de "quatro pólos, ou instâncias metodológicas, cuja interação constitui o aspecto dinâmico da investigação" (LESSARD-HÉBERT et al., 1994, p.16). Tratam-se dos polos "epistemológico e morfológico", "teórico e técnico". Mas, como nos alerta Bruyne et al. (1991), não há um formalismo único de implementação dos procedimentos dialéticos que, assim, não podem ser isoladamente considerados num só dos polos referidos. Ao referenciar Henry Léfebre, afirma que a dialética não "dá receita de bolo", não oferece esquema de interpretação e não explica, apenas "prepara o terreno", colocando questões para possíveis considerações e construções do conhecimento, o que torna o caminho um tanto quanto "escorregadio" para quem não percebe estes limites, servindo de "armadilha" para os mais desavisados, que se isolam na pura descrição e, mesmo, no dogmatismo (BRUYNE et al., 1991).

O projeto dialético objetiva a materialização das intervenções na realidade, de maneira que a produção do conhecimento também é uma prática social particular. Isso torna primordial a ligação entre teoria e prática, pois se o método dialético se esforça por descobrir eventuais contradições nos próprios fatos que ele estuda, é na prática da própria dialética que será necessário procurar o critério da verdade científica (BRUYNIE et al., 1991, p.72).

Considerando, portanto, a responsabilidade de contextualizar este estudo, voltar-nos-emos para metodologias qualitativas e de fundamentação na sociologia da vida cotidiana. Utilizando a classificação proposta por Pais (1986), partiremos do "paradigma marxista", entendendo que **"a vida cotidiana poderia ser tomada como um múltiplo eixo, por sua vez, identificável enquanto objeto de reflexão, enquanto objeto e barômetro das mudanças sociais, enquanto instrumento de tomada de consciência de classe"** (PAIS, 1986, p.29, grifo nosso). Na perspectiva de captarmos em nosso estudo uma realidade dinâmica, levando em consideração a vida cotidiana que está sujeita a transformações e mudanças, e por reconhecermos o nosso compromisso social com os sujeitos investigados, assumimos a responsabilidade de construir o estudo durante o processo de aproximação ao contexto.

Alguns autores (LESSARD-HEBERT et al., 1994, apud BRUYNE et al., 1991) consideram que os três grandes grupos de técnicas de recolha de dados considerados no âmbito das Ciências Sociais e que podem ser extrapolados para as Ciências Humanas são o **questionário, a observação e a análise documental**.

Neste estudo usaremos o questionário, por ser mais adequado para atender às especificidades desta investigação, e que denominamos de **Cartas do PERI**, em referência às cartas do cárcere de Antonio Gramsci - autor que serve como uma das referências básicas para a elaboração deste trabalho.

Com as cartas, propomos uma análise dos trabalhos científicos relacionados à capoeira oriundos dos sujeitos participantes e protagonistas do PERI-Capoeira que deram continuidade à formação no âmbito da universidade, totalizando quatro dissertações de mestrado, e suas possíveis contribuições à consolidação de um campo empírico de investigação para a formulação de referenciais teórico-metodológicos e didático-pedagógicos para práticas educativas na formação de educadores populares de capoeira.

No início, as cartas tiveram um caráter inteiramente informal, sendo solicitado ao sujeito questionado que falasse de si mesmo, suas preocupações, o que ele deveria saber sobre a instituição ou grupo que dirige ou faz parte, e o que achava que deveria ser mudado em relação a determinados aspectos. As cartas não foram, portanto, simples interrogatórios; procurou-se atentar para as posturas, gestos, entonações, hesitações, alterações de ritmo e outros sinais verbais (LUDKE; ANDRÉ, 1986). Estes elementos foram registrados e analisados com a finalidade de permitir maior compreensão e efetiva validação do que foi dito pelos sujeitos participantes da pesquisa.

Os apontamentos apresentaram-se como possibilidades para um caminho a ser traçado e que, portanto, permanece aberto a diferentes contribuições que porventura possam ser integradas ao estudo e que venham a aprofundar e qualificar a proposta de investigação. Permitiram, igualmente, estabelecer uma ponte com outra técnica de pesquisa utilizada: a observação.

No que diz respeito a essa técnica de pesquisa, é possível considerar diversos tipos de observação. Assim, (BRUYNIE et al., 1991) distinguem-se, fundamentalmente, duas formas: observação direta e sistemática e observação participante, e considera-se a observação participante como tendo vocação tipicamente qualitativa.

Adotamos a observação participante – ou seja, a participação como observador, capoeirista professor, pesquisador e participante dos cursos PERI-Capoeira I e II, através da qual procuramos interagir com o cotidiano dos sujeitos, observando e registrando suas ações e seus depoimentos – como outra das nossas estratégias para a coleta de dados.

Não nos contentaremos com a descrição pura e simples, já que as relações sociais presentes no campo, no qual desenvolvemos a pesquisa, não são distintas daquelas existentes na sociedade mais ampla, as quais são mediadas por relações de poder. Portanto, não nos afastaremos da ética rigorosa com relação aos sujeitos e ao objeto desta investigação. As observações realizadas no campo tiveram uma dinâmica, caracterizaram-se como do tipo não-estruturada, ou seja, os comportamentos a serem observados não foram pré-determinados: observamos e relatamos da forma como ocorreram. Tais observações permitiram uma confirmação da sinceridade de certas respostas que, possivelmente, foram dadas só para "causar boa impressão", além de possibilitar a identificação de comportamentos não intencionais ou inconscientes, e explorar tópicos que os sujeitos não se sentem à vontade para discutir (ALVES;MAZZOTTI, 1998).

As observações incidiram sobre os encontros do curso, reuniões de planejamento, aulas práticas e teóricas, reuniões dos grupos de capoeira, comemorações, exibições, cerimônias de confraternização e eventos de capoeira que surgiram a partir da realidade do PERI-Capoeira, os Mangaios e os Mosaicos integrados de Capoeira, entre outras possibilidades. Serviram, essencialmente, para, de alguma forma, aferir as categorizações diretamente emergentes das **Cartas do PERI**, definindo contornos de eventuais futuras pesquisas.

A análise documental, por vezes designada análise de conteúdo, é muito utilizada, nomeadamente, com "uma função de complementaridade na investigação qualitativa", ou seja, "para triangular os dados obtidos através de uma ou duas outras técnicas" (LESSARD–HÉBERT et al., 1994, p. 144). Na nossa pesquisa, a análise documental teve um caráter determinante, pois recorremos ao acervo dos materiais produzidos no PERI-Capoeira, e às dissertações de mestrado defendidas pelos pesquisadores participantes e protagonistas do PERI-Capoeira, que ingressaram nos cursos de mestrado após a primeira edição do mesmo.

Na análise dos entendimentos a respeito da capoeira como prática cultural e ação humana historicamente construída, buscamos coletar dados sobre os valores, crenças, práticas e comportamentos do grupo trabalhado, a fim de captar a riqueza do cotidiano do mesmo, sem perder de vista uma análise social mais ampla. Para dar conta desta tarefa investigativa, apoiamo-nos no conceito de "categoria" ou categorização sustentada por Minayo, a qual

> Refere-se a um conceito que abrange elementos ou aspectos com características comuns ou que se relacionam entre si. Essa palavra está ligada à ideia de classe ou série. As categorias são empregadas para estabelecer classificações. Nesse sentido, trabalhar com elas significa agrupar elementos, ideias ou expressões em torno de um conceito capaz de abranger tudo isso. Esse tipo de procedimento, de um modo geral, pode ser utilizado em qualquer tipo de análise em pesquisa qualitativa (MINAYO, 2002, p.70).

Segundo a autora, numa incursão empírica, as categorias podem ser estabelecidas antes (fase exploratória da pesquisa), durante e depois do trabalho de campo, a partir da coleta de dados. As categorias estabelecidas antes da coleta de dados são conceitos mais gerais e mais abstratos. Esse tipo requer uma fundamentação teórica sólida por parte do pesquisador. As categorias formuladas a partir da coleta de dados são mais específicas e mais concretas, exigindo do pesquisador um olhar empírico-teórico bastante apurado e centrado no objeto de estudo. Continuando este raciocínio, a eleição de categorias analíticas, após a coleta de dados, exigirá do pesquisador um enorme rigor, visando, assim, extrair desse construto bruto as categorias analíticas para ir, paulatinamente, formando o objeto sem perder de vista os objetivos, a pergunta de partida e as questões norteadoras ou hipóteses formuladas no início da pesquisa.

A "empreitada" de formular categorias a partir dos dados coletados não foi simples. Por vezes, esta tarefa se tornou uma ação complexa, que só pôde ser superada com apoio em fundamentação teórica, persistente reflexão, criatividade e experiência do pesquisador.

Contudo, a articulação das categorias específicas, formuladas a partir do campo e/ou referidas na bibliografia, com as categorias gerais, requer sucessivos "mergulhos" e aprofundamentos, sobretudo nas relações entre a base teórica do pesquisador e os resultados investigados (MINAYO, 2002).

Ao abordarmos a relação entre saber popular e conhecimento científico, tivemos que refletir sobre a problemática que envolve a concepção de ciência hegemônica (construída no contexto da consolidação do sistema colonial mundial), a qual considera a si própria o único conhecimento verdadeiro e válido - desconsiderando e colocando num patamar de inferioridade os conhecimentos populares e negando a construção histórica dos sujeitos.

Neste sentido, refletimos de forma original se o processo educativo da capoeira contribuiu para repensarmos o próprio conceito de conhecimento científico e de universidade, ressignificando-os e trazendo-lhes uma função social, de compromisso político com os saberes populares, que coloque no seu centro a vida e o ser humano em sua totalidade.

Em nosso processo de pesquisa da formação de educadores(as) de capoeira, priorizamos as estratégias e os instrumentos de investigação anteriormente citados. Dessa forma, buscamos refletir, investigar e questionar a realidade das duas edições do curso PERI-Capoeira e as problemáticas referentes à prática pedagógica dos educadores(as) de capoeira do Estado de Santa Catarina como possibilidades do campo empírico no qual emergiram as categorias empíricas no processo de investigação.

Dessa maneira, a dinâmica da investigação proposta nos exigiu um processo dialético de ação-reflexão-ação, que envolveu o diálogo, a participação ativa e a tomada de decisões. Sendo assim, consideramos que as estratégias e instrumentos propostos nos aproximaram dos conflitos, dos hábitos, dos usos costumeiros, das tradições, e das rotinas burocráticas: enfim, da realidade dos educadores(as) populares de capoeira, a fim de refletir, questionar e vislumbrarmos uma possível superação, avanço e salto qualitativo no processo de construção de nossa emancipação humana como educadores(as) populares de capoeira (FLEURI et al., 2007).

Propusemos essa temática a ser debatida, refletida e investigada, considerando significativa, dentro do contexto sócio-político-cultural atual, ao procurar desvincular a capoeira de uma prática social descontextualizada das condições objetivas e do processo das relações de produção humana, que são determinadas historicamente. Assim, acreditamos que a relevância social e teórica e a originalidade desse estudo se encontram na possibilidade de preencher lacunas nos estudos referentes à práxis educativa da capoeira, na medida em que se constitui em uma possível contribuição na produção de conhecimento referente ao processo de formação de educadores, de maneira restrita à área da Educação Física e, no sentido mais amplo, ao campo da Educação.

Dessa maneira, Konder contribui para esse processo ao evidenciar que:

> Todos os homens, no curso de suas vidas, adotam e utilizam determinadas formas de representação da realidade, determinadas maneiras particulares de encarar o mundo e a vida. Com base nessas maneiras de avaliar as coisas, os seres humanos criam suas escalas de valores: convencem-se do que devem esperar da vida, do como devem viver e de quais são os objetivos que devem perseguir com prioridade em suas respectivas existências (KONDER, 1998 p. 62).

É a partir do conceito marxista de ideologia que tentamos dizer de forma consciente que esse processo ocorre de maneira subjetiva e objetiva concomitantemente. A nossa inquietação e preocupação com a problemática da relação entre o saber popular e o conhecimento cientificamente sistematizado que conseguintemente originou a delimitação desse problema de pesquisa não decorreu de uma necessidade individual meramente teórica para dar conta da tarefa acadêmica do curso de doutoramento. Ela surgiu na concreticidade da nossa formação humana, a partir da contradição que se evidenciou no início de nossa formação acadêmica.

Especificamente no ano de 1998, ao nos encontrarmos no meio do curso de graduação em licenciatura plena em Educação Física, pela Universidade do estado de Pernambuco (UPE), fomos convidados pelos camaradas do Diretório Acadêmico a realizar atividades de extensão relacionadas à capoeira. Porém, pelo contexto da nossa formação na manifestação cultural de luta da capoeira, não teríamos habilitação necessária (graduação). Eu já tinha iniciado minha formação na capoeira desde 1994, antes de entrar na graduação em Educação Física, mas pelos critérios e exigências da formação na capoeira não tinha a autorização do nosso mestre, nem o respaldo e reconhecimento da comunidade da capoeira. Entretanto, por outro lado, pelo fato de estar no curso de graduação em Educação Física, era-nos incentivado e garantida a legalidade para a realização e o desenvolvimento de atividades de extensão universitária relacionados à capoeira.

Esse fato concreto foi o que desencadeou e orientou toda a nossa tentativa de compreensão e articulação entre os saberes populares e o conhecimento cientificamente sistematizado. Com a aproximação e a identificação com o método do materialismo histórico dialético, essa contradição foi ganhando mais sentido e profundidade, para elegermos como problema de investigação nessa tese aprofundarmos tal discussão, especialmente no capítulo que trata da emersão da categoria do Intelectual Maloqueiro.

Essa síntese inicial se concretizou com a defesa da monografia de conclusão de curso de graduação em Educação Física, intitulada "Capoeira na Universidade: elitização da capoeira e/ou popularização da universidade". Esta tinha como campo empírico de pesquisa a análise da concepção de capoeira presente no currículo do curso de licenciatura em Educação Física da Universidade de Pernambuco e do projeto de extensão da Universidade Católica de Pernambuco.

Com as contribuições e apropriações do método e do pensamento de Karl Marx, conscientizamo-nos da categoria fundante do trabalho como processo em que o ser humano, com sua ação intencional, impulsiona, regula, controla seu intercâmbio material com a natureza, ao mesmo tempo que modifica sua própria natureza. Dessa maneira, identificamos que a racionalidade/intencionalidade do trabalho pode permear, embora não esgote, o conjunto de relações sociais na troca com os outros seres sociais (MARX, 1982).

Na medida em que avançávamos na busca pela apropriação do saber sobre o método do materialismo histórico dialético, outras contradições se apresentavam de maneira mais profunda e vigorosa nos âmbitos epistemológico, ético-político e pedagógico. Sendo assim, ao entendermos e concordarmos com Marx na sua afirmação de que o ser humano é um ser da práxis, caracterizado como um ser em transformação e que essa transformação é produzida e determinada pelo trabalho e pela prática social, a nossa opção foi se consolidando na busca da prática como critério da verdade.

Dessa maneira, nossa intervenção também apresenta certo salto qualitativo, caracterizando, assim, uma mudança em nossa práxis;

porém, hoje podemos identificar alguns equívocos que cometemos. A partir da reflexão de Ivo Tonet e Sergio Lessa (2008, p.11), no livro "A Introdução à Filosofia de Marx", constatamos que:

> Quando as questões filosóficas recebem um encaminhamento político, tal como fez o estalinismo ou como fazem hoje as filosofias mais conservadoras, o resultado é sempre uma filosofia de baixo nível. As respostas alcançadas se perdem rapidamente à medida que a conjuntura política se altera. Como a filosofia é uma reflexão sobre a historia e o destino humanos, ela não deve se limitar ao aspecto imediatamente político e, por isso toda e qualquer redução da filosofia à política leva a uma filosofia ruim e a uma prática política pior ainda.

Tal reflexão ajuda-nos a reconhecer que nosso entendimento no início do processo de formação humana, acadêmica, sociopolítica, era uma postura reduzida e ingênua, visto que nossa fundamentação filosófica na capoeira defendia uma posição sectária entre o saber da capoeira e o conhecimento cientifico da área da Educação Física. Defendíamos a ideia que o professor de Educação Física não tinha qualificação e formação para tratar a capoeira nas suas aulas, já que esse, quando tratava a capoeira nas aulas de Educação Física, reduzia a mesma a um conteúdo descontextualizado, desconsiderando todo seu construto socio-político-cultural.

Entendemos que Marx defende que o educador e o educando educam-se juntos na práxis revolucionária, por intermédio do mundo que transformam. Essa práxis deve ser entendida como trabalho, cujo fundamento é a transformação do mundo. Sendo assim, Marx (1982, s. p.) explicita que:

> a maneira pela qual os indivíduos manifestam sua vida reflete muito exatamente o que são. O que eles são coincide, portanto, com a sua produção, tanto com o que produzem quanto com a maneira pela qual produzem.

O que os indivíduos são, depende, portanto, das condições materiais de sua produção. Dito isso, no momento histórico que nos encontrávamos no início da formação acadêmica na área da Educação

Física, a forma e as condições dadas para a produção de nossa vida eram baseadas no saber popular das manifestações da cultura afro-brasileira no contexto nordestino, mais especificamente a capoeira ou, como diria Gramsci, eram pautadas no "senso comum".

Nesse sentido as contribuições dos conhecimentos científicos da área da Educação Física foram fundamentais para a mudança na forma e nas condições para produção de nossa vida. Dessa forma, a compreensão e a apropriação do método do materialismo histórico dialético começaria a se concretizar a partir da busca da produção do conhecimento de maneira a romper com a lógica meramente mecânica - como no método analítico e linear do racionalismo - para buscar essa compreensão e apropriação no confronto com a realidade. Esse processo não seria nada fácil de romper, pois exigiria a negação da leitura burocrática de gabinete para a superação da busca do entendimento na teoria histórico-dialética de se pensar pelas contradições.

A partir da afirmativa de Marx no entendimento do trabalho com "caráter formativo", e na defesa do trabalho como princípio educativo por Gramsci, a produção e a transmissão dos conhecimentos e capacidades técnicas e científicas são indispensáveis na compreensão do processo de produção da vida. Ou seja, os seres humanos podem ser caracterizados pelo produto de seu trabalho e pelas condições dessa produção. Diferentemente da concepção burguesa, que está baseada no entendimento do trabalho na escola como reduzido a uma espécie de bricolagem, no qual os trabalhos manuais são encarados como brincadeira, relegando os mesmos a um nível de inferioridade em relação às atividades teóricas do ensino.

Entendemos que Marx associa ou propõe uma integração entre o ensino e o trabalho, explicando a existência de uma unidade indissociável entre o ato produtivo e o ato educativo, entre a educação e a produção material como um meio determinante para a emancipação do ser humano. O trabalhador só pode estudar trabalhando; em nosso caso, a "capoeira" só pode estudar "capoeirando", constituídos dessa forma uma estratégia para sair da alienação crescente, imposta pela especialização precoce reservada unicamente à classe trabalhadora no modo de produção do capital (MARX, 1982).

Nesse sentido, a lógica da organização social pautada na divisão da sociedade em classes antagônicas faz com que a acumulação da riqueza e o desenvolvimento científico desenvolvam ao mesmo tempo uma crescente miséria e ignorância; ou seja, é destinada à classe trabalhadora unicamente a faculdade da especialização, em detrimento de todas as outras potencialidades humanas. Nessa esteira,

> Com a divisão social do trabalho, surge também o homem dividido, alienado, unilateral. Com o aumento no tempo de trabalho necessário para sua auto-reprodução e para criação de mais valia, o trabalhador não dispõe de tempo livre para o pleno desenvolvimento de suas potencialidades. Nessas relações de trabalho inexistem condições para a educação e, portanto, para o pleno desenvolvimento humano, privilegiado de uma minoria que se beneficia do trabalho da maioria (GADOTTI, 2010, p. 136).

A apropriação dessas críticas faz com que amadureçamos no sentido de romper com a posição anterior de sectarismo entre os saberes da capoeira com o conhecimento científico, identificando, assim, uma necessidade concreta de refletir a partir dessa contradição para uma possível contribuição ao campo da Educação e, mais especificamente, da Educação Física.

Sendo assim, entendemos que a divisão social do trabalho coaduna-se com a divisão social do conhecimento; então, fomos buscar em Gramsci as relações entre o **Homo Faber X Homo Saber**, encontrando a sua contribuição para o entendimento das categorias de intelectuais, na discussão sobre a cultura e no trabalho como princípio educativo.

Na medida em que vamos buscando coerência na nossa práxis, essa busca se intensifica de sentidos, significados e relevâncias acadêmicas e sociais, o que aconteceu mediante a nossa que com a inserção no Curso de Formação de Educadores Populares de Capoeira (PERI-Capoeira) e as apropriações possíveis no curso de mestrado em Educação Física, na área de concentração da teoria e prática pedagógica na Universidade Federal de Santa Catarina.

Essas apropriações podem ser sistematizadas por meio das contribuições de Reinaldo Matias Fleuri (2001), na sua tese de doutorado, que aborda a educação popular na Universidade com o argumento do limiar existente entre a universidade e a educação popular estar caracterizado pelas atividades de extensão universitária. Nesse limiar, confrontam-se, de um lado, o projeto da burguesia que precisa cooptar e domar a classe trabalhadora e, de outro lado, a luta da classe trabalhadora pela apropriação do saber científico e técnico necessário à construção do poder popular. Tal peleja confere particular relevância e atualidade ao tema e ao problema aqui delimitado.

Dando continuidade ao nosso processo de formação humana e acadêmica, que se propõe a investigar e articular os saberes populares da/na Capoeira com os conhecimentos científicos sistematizados da área da Educação Física, embarcou-se na viagem da escrita da dissertação de mestrado, pautada no método do materialismo histórico dialético. Nesse momento, ousamos, a partir da representação social dos mestres de capoeira enquanto educadores não formais, delimitar o seguinte problema de pesquisa: articular o saber popular e o conhecimento científico envolvido ao longo da empreitada educativa, na perspectiva de contribuir para a reflexão e discussão da prática pedagógica dos mestres na educação formal e não formal.

Na dissertação, acreditamos ter contribuído para reflexão de problemas postos pelo meio sócio-político-cultural através de um recorte específico, advindo do vasto e complexo mundo da capoeira. A nossa intenção de pesquisa teve como tarefa investigativa a busca das representações sociais, assim como os possíveis sentidos e significados atribuídos à palavra "mestre" na capoeira, em especial, junto aos capoeiristas de Pernambuco.

Neste processo de produção do conhecimento, fundamentalmente, captamos as representações dos mestres de capoeira, identificando elementos empíricos que nos ajudam a refletir, criticamente, a respeito das posturas e do papel desses mestres no âmbito da construção desses saberes na vida cotidiana das rodas de capoeira pernambucana. Portanto, defendemos que foi de suma importância enveredar por essa questão, ainda pouco investigada, à luz do que pensam, dizem e fazem os educadores populares da capoeira, considerando a postura e o papel sócio-político-pedagógico e cultural que estes assumem na construção de suas práticas pedagógicas.

Como tratamos anteriormente, à medida que avançamos na reflexão do método eleito para nossa empreitada investigativa, nossa práxis exige uma maior aproximação, coerência e, por que não, ousadia! Dessa maneira, como diria Antonio Gramsci as contradições que surgem no âmbito do pensamento só serão superadas no concreto da vida real, e não na pura teorização do pensador (GRAMSCI, 2005).

Entendemos a necessidade da distinção entre o método da pesquisa e a apresentação da mesma para uma maior compreensão dos sujeitos que se apropriarão das contribuições da mesma; porém, consideramos relevante e pertinente a não fragmentação da discussão do método.

Na perspectiva de contemplar as diferentes realidades na qual se inserem, a da prática social da capoeira e da formação acadêmica, a apresentação e a redação da tese fazem analogia ao nosso processo de formação humana e vivência na roda de capoeira. Isso, porque acreditamos que a filosofia, a mandinga e a malícia, e a "ciência" da vivência na capoeira, só poderão ser agarradas, absorvidas e entendidas em sua inteireza se surgirem de dentro para fora, através das empreitadas da emoção, obtidas pelas oportunidades vividas e compartilhadas pela experiência concreta, ímpar, de se acocorar no "pé" do berimbau no constante diálogo de ataques, esquivas e contra-ataques - entrelaçados de movimentos ritmados e ritualizados que acontecem dentro da roda humana.

Por essas razões, ousaremos, com todas nossas dificuldades e limitações, nessa proposta de exposição da pesquisa como uma possibilidade coerente e capaz de dar conta de contribuir para reflexão da contradição que se apresenta na relação entre o saber da capoeira com o conhecimento científico no contexto do PERI-Capoeira. Marx expressa que:

> É mister, sem dúvida, distinguir, formalmente, o método de exposição do método de pesquisa. A investigação tem de apoderar-se da matéria, em seus pormenores, de analisar suas diferentes formas de desenvolvimento, e de perquirir a conexão íntima que há entre elas. Só depois de concluído esse trabalho, é que se pode descrever, adequadamente, o movimento real. Se isto se consegue, ficará espelhada, no plano ideal, a vida da realidade pesquisada, o que pode dar a impressão de uma construção a priori (1982, p.16).

Nessa discussão, Fleuri, assim como Marx, defende a distinção entre o método de pesquisa e o método de exposição quando marca como ponto de partida do trabalho teórico de uma pesquisa a prática concreta na qual se insere. Ao apresentarmos o caminho traçado em nossa pesquisas, procuramos identificar suas principais contradições, verificando como elas aparecem ou podem ser superadas. Neste sentido, a teoria indica uma direção concreta da prática, mas a verdade e a validade desta orientação verificam-se na própria prática (FLEURI, 2001).

Sendo assim, o processo investigativo procura explicitar as contradições da realidade tomando a prática como ponto de partida, finalidade e critério de verdade da teoria, incorporando, dessa maneira, em sua metodologia, os princípios da concepção histórico-dialética. Isso fica evidente quando o autor sistematiza na metodologia do seu trabalho quatro dimensões e a exposição da pesquisa (FLEURI, 2001).

A dimensão dos "**fatos**" é delimitada a partir da leitura de documentos primários e complementada por entrevistas dos demais sujeitos participantes do processo da pesquisa. A dimensão "**ideológica**", por sua vez, refere-se à forma como os vários sujeitos da pesquisa interpretam suas práticas. A dimensão que o autor denominou "**lógico-epistemológica**" relaciona-se à compreensão das contradições emergentes no processo de construção da sua pesquisa. Por fim, a quarta dimensão, como sendo a dimensão "**ético-política**", refere-se aos objetivos perseguidos pela prática dos grupos e das classes sociais, cujo confronto concreto determina o sentido histórico da prática social.

Já no que diz respeito à síntese de exposição da pesquisa, o autor a define não como uma construção a priori, mas como o registro de uma compreensão, tratando-se de uma tentativa de recuperação do saber elaborado coletivamente com a intencionalidade de favorecimento na apropriação e compreensão pelos próprios autores na condução das suas respectivas práticas.

Nessa discussão entre método de elaboração e método de exposição da pesquisa, consideramos Marx como o fundador da pesquisa qualitativa porque, segundo Triviños (1987), ele foi o primeiro a definir com precisão o campo social como território preferencial da investigação qualitativa, na expectativa de compreender a realidade social não só como uma coletividade humana capitalista, mas também como uma sociedade que têm possibilidades de alcançar um nível real diferente, mais justo e humano ao que temos e conhecemos na atualidade. Em primeiro lugar, ensina-nos que devemos expressar com clareza o que queremos pesquisar e, em seguida, explicar o porquê da escolha desse fenômeno material.

Entendemos que ao tratar essa ideia o autor aponta a necessidade de uma delimitação clara e específica do objeto de estudo de maneira coerente com o método eleito, no caso, o materialismo histórico-dialético. Em nosso trabalho, consideramos uma maior necessidade de cercar o objeto, que pode ser caracterizado a partir da eleição dos sujeitos que foram orgânicos na construção do Peri-Capoeira e que iniciaram ou deram continuidade ao seu vínculo com a universidade e a produção do conhecimento científico. A partir dessa delimitação, podemos eleger como foco de nossa análise a produção desses sujeitos e a intervenção dos mesmos na "comunidade capoeirana" tendo como ferramenta importantíssima as Cartas do PERI.

Dessa maneira, ao elegermos o método materialista dialético, este se apresenta constituído de duas grandes etapas: o método de pesquisa e o método de exposição.

O momento do método de pesquisa está constituído, em geral, pelo processo que representa a escolha do fenômeno material que será estudado. De acordo com a teoria marxista, a eleição do fenômeno material a ser investigado que se realiza dentro de um mundo de fenômenos materiais, significa, num primeiro momento, a delimitação do objeto que se deseja investigar (TRIVINÕS, 1987).

Esse momento que define o fenômeno material representa a primeira etapa do primeiro momento, que se denomina concreto sensível, o qual se apresenta diante de sua capacidade de conhecimento, e que está constituído pela experiência, em geral, que o pesquisador tem do fenômeno material.

Especificamente em nosso contexto, o fato de ser e ter uma formação na capoeira e também ter sido protagonista do curso PERI-Capoeira, ou seja, ter participado efetivamente na construção, planejamento e operacionalização das duas edições do curso PERI-Capoeira, na condição de membro Confraria Catarinense de Capoeira e pesquisador da capoeira com a pesquisa de mestrado em andamento ter sido convidado a compor a equipe do MOVER, ofereceu um leque de possibilidades para abstração desse fenômeno para uma posterior análise, que se caracterizou como uma segunda fase.

No segundo momento do método de pesquisa, a fase da análise configurou-se pela imersão no fenômeno material que se encontrava diante de nós, e somente através do processo de abstração foi possível penetrar no fenômeno material e começar a distinguir suas partes.

Usamos a análise para distinguir as partes de um todo material. Através da análise, decompomos o fenômeno material em seus elementos, em suas partes - o que poderíamos chamar também de exercício de familiarização e estranhamento com o objeto.

A segunda etapa do método materialista dialético se caracteriza como método de exposição, que também poderia ser chamado de concreto lógico, que se organiza em duas etapas: Organização, reorganização e planejamento de todos os materiais reunidos; exposição propriamente dita dos materiais, que é o relatório da síntese escrita do concreto lógico. O concreto lógico, segundo Marx é:

> O concreto é concreto por ser a síntese de múltiplas determinações, logo, unidade da diversidade. É por isso que ele é para o pensamento um processo de síntese, um resultado, e não um ponto de partida, apesar de ser o verdadeiro ponto de partida e, portanto igualmente o ponto de partida da observação imediata e da representação. O primeiro passo reduziu a plenitude da representação a uma determinação abstrata; pelo segundo, as determinações abstratas conduzem à reprodução do concreto pela via do pensamento. Por isso Hegel caiu na ilusão de conceber o real como resultado do pensamento, que se concentra em si mesmo, se aprofunda em si mesmo e se movimenta por si mesmo, enquanto que o método consiste em elevar-se do abstrato ao concreto e para o pensamento precisamente a maneira de se apropriar do concreto (1982, p. 218-219).

2.2 JOGAR, TOCAR E CANTAR: CATEGORIZAÇÃO

Consideramos que se faz necessário uma profunda compreensão da teoria do conhecimento, da lógica, da dialética, de suas leis e categorias, que nos permita problematizar, delimitar problemas, questões científicas, categorias e estabelecer o caminho lógico para as possíveis respostas. É indispensável entender o que se busca para encontrar o que se precisa, pois, caso contrário, a não utilização de categorias, a não compreensão da lógica e da teoria do conhecimento pode comprometer a qualidade do processo de produção da pesquisa que se faz ao pesquisar.

Na discussão sobre a categorização dessa pesquisa, concordamos com Marx (1982) quando alerta que o movimento das categorias surge como um ato de produção do real; as categorias expressam aspectos fundamentais das relações dos seres humanos entre si e com a natureza, e são construídas através do processo de produção do conhecimento e da prática social. Dessa maneira, evidenciamos como emergiram as categorias de jogador, tocador e cantador - dimensões que compuseram o Intelectual Maloqueiro no decorrer desse trabalho de pesquisa.

Particularmente, a delimitação das categorias de jogador, tocador e cantador apresenta-se como possível resolução do problema da correlação entre o particular e o geral na realidade objetiva e na consciência (CHEPTULIN, 1982). Isso porque, como diria Gramsci (2005), as contradições que surgem no plano do pensamento só serão superadas no processo da vida real, e não na pura reflexão do pensador.

Uma vez que o conhecimento aumenta sem cessar, modificando-se quantitativa e qualitativamente, o campo lógico se enriquece com um novo conteúdo, incorporando novos elementos, transformando-se e reorganizando-se interiormente. Sendo assim, a teoria do conhecimento do materialismo histórico dialético, a partir do processo de categorização, estuda o movimento do conhecimento humano no sentido da verdade, desmembrando deste formas e leis em cuja observância o pensamento atinge a verdade objetiva (KOPNIN, 1978).

É na experiência conjunta do conhecimento com a atividade prática, no caso a capoeira, que constituímos a base pautada na dialética para criar as categorias. É essa função que desempenham as categorias na dialética materialista; ou seja, com seu próprio conteúdo, as categorias determinam o movimento do pensamento (KOPNIN, 1978, p. 30).

Dessa forma, pensamos que o pensamento precisa de algum apoio em seu movimento; esse apoio lógico é criado precisamente pela experiência antecedente com o conhecimento, que se fixa nas categorias da dialética materialista pelo processo de abstração, análise e síntese. Esse processo é que vai desencadear a fundamentação para as categorias de jogador, tocador e cantador.

Dito isso, entendemos que as categorias são estágios determinados do desenvolvimento do conhecimento social, em direção à intelecção de formas universais determinadas do ser, ligações e propriedades universais da realidade, refletidas pelas categorias filosóficas correspondentes. Portanto, as categorias filosóficas são graus do desenvolvimento do conhecimento; suas relações refletem leis universais determinadas do ser, exprimem a lei do funcionamento e do desenvolvimento do conhecimento (CHEPTULIN, 1982).

Sendo assim, as categorias servem de critério de seleção e organização da teoria e dos fatos a serem investigados, a partir da finalidade da pesquisa, fornecendo-lhe o princípio de sistematização que vai conferir sentido, cientificidade, rigor e importância a ela. A utilização das categorias, nesse sentido, configura-se um procedimento metodológico rigoroso, científico, que conduz a investigação à produção de conhecimento objetivo, permitindo avançar, para além das aparências fenomênicas, em direção à progressiva e histórica compreensão da realidade (KOSIK, 1976).

Dessa forma, Kuenzer (1998) divide as categorias em dois possíveis grupos: o grupo das categorias metodológicas e o grupo das categorias de conteúdo, que especificaremos a seguir:

1) Categorias metodológicas: são as que dão suporte à pesquisa, as categorias do próprio método dialético, as quais deverão fornecer embasamento à relação pesquisador-objeto de pesquisa durante todo o desenrolar do trabalho, iluminando todos os procedimentos. São elas: práxis, totalidade, contradição e mediação. Correspondem às leis objetivas e, portanto universais, no sentido de que permitem investigar qualquer objeto, em qualquer realidade.

2) Categorias de conteúdo: são recortes particulares que são sempre definidos a partir do objeto e da finalidade da investigação enquanto particular, fazendo a mediação entre o universal e o concreto.

Em síntese, Kuenzer afirma que a metodologia se define através da expressão das leis universais (categorias metodológicas) e sua aplicação ao particular (as categorias de conteúdo).

Semelhante a essa sistematização, Minayo (2004) distingue as categorias também em dois grupos distintos: o grupo das categorias analíticas e o grupo das categorias empíricas. As categorias analíticas são aquelas que retêm as relações sociais fundamentais e podem ser consideradas referências para o conhecimento do objeto nos seus aspectos gerais. As categorias empíricas, por sua vez, são aquelas construídas com a finalidade operacional, visando ao trabalho de campo, à fase empírica ou a partir do trabalho de campo. Elas têm a propriedade de conseguir apreender as determinações e as especificidades que se expressam na realidade empírica.

Sentimos a necessidade de aprofundarmos a discussão conceitual das categorias, de forma consistente e coerente, na medida em que ela servirá como base na teoria do conhecimento historicamente acumulada, sob a luz do materialismo histórico dialético, para reger as leis e a confecção das categorias de jogador, tocador e cantador empregadas nesse trabalho.

As categorias de jogador, tocador e cantador que emergem nesta pesquisa se constituíram a partir do princípio de articulação dos saberes da capoeira com os conhecimentos científicos do método do materialismo histórico e, portanto, servindo de subsídio para uma ação concreta na tarefa acadêmica de responder a pergunta do problema de pesquisa. Igualmente, referidas categorias auxiliaram na discussão com os sujeitos participantes e protagonistas do curso de formação de educadores populares de capoeira que deram continuidade ao seu processo de formação como possíveis Intelectuais Maloqueiros.

Neste sentido, esse processo de categorização se configura como "passos", de modo a captar o concreto pensado no qual poderá, criticamente, servir como estratégia e instrumento de compreensão e questionamento acerca do recorte específico desse estudo sobre a capoeira. Os dados serão tratados e apresentados com destaques e grifos para as categorias, expressões e palavras-chave no intuito de realizar, posteriormente, a análise propriamente dita entre as produções acadêmicas dos participantes e protagonistas e as "Cartas do PERI", as quais serviram como roteiro do instrumento de pesquisa da entrevistas semi-estruturadas.

Nessa empreitada de pesquisa que vai do concreto sensível ao concreto pensado, passando pelo processo de categorização, podemos afirmar que o ponto mais elementar da concepção do conhecimento presente no materialismo histórico dialético é a assertiva da independência da existência da matéria em relação ao sujeito cognoscente, ou seja, a matéria existe independente da consciência ou do pensamento do sujeito sobre ela. Porém, tal afirmativa não pode desconsiderar a práxis, como ação teórico-prática, que transforma o sujeito e o objeto articulados por uma relação de reciprocidade, de modo que essa afirmativa elementar deve ser apreendida histórica e dialeticamente (MARTINS, 2008).

Diante disso, a assertiva da independência da existência da matéria em relação ao sujeito cognoscente não é suficiente para responder aos questionamentos dos processos de produção de pesquisa que se pautam no materialismo histórico dialético, o qual concebe o sujeito captando aquilo que transcorre à sua realidade, da qual o sujeito faz parte como elemento integrante e ativo.

Na tentativa de compreender o seu método, delimitamos a investigação de uma situação dada. No caso, investigamos os cursos de formação de educadores populares de capoeira PERI-Capoeira de maneira escrupulosa e rigorosa. Tivemos como ponto de partida confrontar e comparar não apenas os conhecimentos e saberes defendidos e produzidos nos referidos cursos, mas também o fato de alguns participantes terem dado continuidade ao seu processo de formação como Intelectuais Maloqueiros dentro de suas condições objetivas e como resultado da conscientização nesse processo. Por entendermos o movimento social da produção de conhecimento pautado no materialismo histórico dialético como um processo rigoroso de investigação que necessita captar todos os detalhes constituintes e constitutivos do objeto, buscamos em Kosik (1976) e Marx (2002) três passos fundantes para o avanço pelo caminho dialético: os passos da abstração, da análise e da síntese.

Para Kosik (1976), o percurso da rigorosidade cientifica se dá pelos seguintes passos:

1) Minuciosa apropriação da matéria, pleno domínio do material, nele incluídos todos os detalhes históricos;

2) Análise de cada forma de desenvolvimento do próprio material;

3) Investigação da coerência interna, isto é, determinação da unidade das várias formas de desenvolvimento (KOSIK, 1976, p.31).

Nessa perspectiva, Marx aponta na Contribuição Crítica à Economia Política três passos determinantes que devemos percorrer para se alcançar um conhecimento minucioso e ao mesmo tempo abrangente do objeto estudado, isto é, para se captar a realidade, sendo eles:

a) A tomada de consciência das partes da totalidade a ser conhecida, abstraindo-as do todo;

b) O conhecimento detalhado dessas partes pelo processo de análise;

c) A superação da visão analítica, buscando conhecer a mediação que se estabelece entre as partes com o todo, e deste para as partes, de tal maneira que seja capaz de produzir da realidade uma síntese, que se produz no pensamento: o concreto, o real, com todos os seus movimentos, suas determinações e ricas significações, tornando-se um concreto pensado.

Dessa maneira, as categorias de jogador, tocador e cantador emergiram a partir da analogia entre o processo de produção do conhecimento com a dinâmica da prática social da roda de capoeira, na qual, a partir dessa analogia, as categorias de jogador, cantador e tocador corresponderiam aos momentos de abstração, análise e síntese, respectivamente.

No processo de emersão das categorias no contexto da analogia com a roda de capoeira, temos o indicativo do início das rodas como prática ordinária, no período histórico como final da década de 10 do século passado. Quando do advento das escolas de capoeira, da degeneralização da capoeira frente ao modo de produção capital a partir da ressignificação das forças produtivas, as rodas permaneceram como espaços não apenas do jogo, mas também do aprendizado. Afinal, quando se joga também se aprende e, além disso, alguns mestres e/ou Intelectuais Maloqueiros ainda mantêm a estratégia de promover a construção do saber durante o ritual.

Dessa forma, a estratégia de realização das rodas se tornou característica da capoeira, contribuindo como uma expressão ritual que combina música, luta, dança e engendra uma série de significados simbólicos, os quais são a síntese de todo o processo que se realiza na formação, na organização, nas aulas e nos princípios aprendidos: enfim, no processo de formação na capoeira.

Dito isso, defendemos que da mesma forma que no âmbito acadêmico, também no âmbito da capoeira o movimento social da produção do conhecimento caracteriza-se como um processo rigoroso de investigação que necessita captar todos os detalhes constituintes e constitutivos do objeto. Nesse sentido, propomos e defendemos que o caminho do movimento social da produção dos saberes no âmbito da capoeira se assemelha ao âmbito da academia pela correlação entre as categorias analíticas e as categorias de conteúdo Abstração - Jogador, Análise -Tocador e Síntese - Cantador.

Na discussão da categoria de jogador, no processo do movimento social de produção do conhecimento, o exercício de abstração tem o significado de composição do método que decompõe o todo para poder reproduzir espiritualmente a estrutura da coisa e, portanto, compreender a coisa. Quando o sujeito cognoscente se depara com uma realidade a ser conhecida, ela se apresenta a ele como uma totalidade da qual ele não tem consciência das partes. É um todo que se apresenta como uma representação caótica, uma visão da totalidade do fenômeno sem a consciência das partes que o compõem. No âmbito da capoeira, o sujeito se depara com a realidade da mesma, mas não tem consciência da sua totalidade, apenas se apegando à dimensão do jogo (KOSIK, 1976, p. 14).

Logo, temos a necessidade de abstrair dessa totalidade empírica, entendendo os seus aspectos parciais. Dizemos abstrair porque, de fato, as partes não existem isoladamente no interior de uma realidade qualquer; pensá-las separadamente é só um primeiro passo do processo do materialismo histórico dialético, que resultará em uma visão abrangente do movimento que dá origem e desenvolve a realidade a ser conhecida em sua totalidade.

Assim sendo, a abstração torna-se um mecanismo utilizado no processo de produção do conhecimento pelo modelo epistemológico marxiano. Entretanto, temos que fazer uso dela cientes dos limites e possibilidades, isto é, sabendo da sua insuficiência para dar conta da complexa rede de determinações que compõe a totalidade da realidade, em seu dinamismo concreto, a qual, no âmbito da capoeira, faz com que o sujeito se dê conta que existem outras partes ou dimensões na realidade da capoeira para além do jogo.

No decorrer do processo do movimento de produção da pesquisa, a abstração torna-se um momento necessário, mas não suficiente. Pois é a partir da abstração que se torna possível analisar cada parte da totalidade, ou seja, isolar as partes para conhecer os seus detalhes constitutivos, caracterizando-se o segundo momento de todo esse processo. Esse processo coincide, no contexto da formação na capoeira, com o momento em que o sujeito começa a se conscientizar da importância e da necessidade de se apropriar de outras dimensões - como no caso da musicalidade.

Dessa maneira, a análise é um dos requisitos básicos para a delimitação e a busca de soluções postas nos problemas de investigação cientifica. Configurado-se como uma operação que consiste em decompor um todo, objeto ou fenômeno, em seus elementos constituintes, a fim de compreender o lugar que eles ocupam e o papel que desempenham no todo (BAZARIAN, 1994, p. 108).

Entretanto, a abstração das partes do todo e sua análise também não são suficientes para dar conta do que de fato existe na realidade, que é muito mais rica de significações do que se pode ter por meio dessas análises isoladas das partes, por análises formais dos fenômenos concretos. No âmbito da formação da capoeira, percebe-se quando o sujeito cognoscente busca a apropriação não só da dimensão do jogo, mas também da dimensão da musicalidade como constituintes do todo que se pretende compreender, assumindo um papel não mais de só jogar na roda, mas também um protagonismo maior, contribuindo na realização da roda ao tocar um instrumento.

A partir do método do materialismo histórico dialético, entendemos que a totalidade mantém entre as partes relações recíprocas. Porém, o modelo analítico não consegue captá-la como uma unidade do diverso, principalmente porque se limita muito ao fazer inferências utilizando como recurso a relação de causa e efeito entre os fenômenos.

Por isso, o método do materialismo histórico dialético aponta um novo momento a ser percorrido para se captar da realidade um conhecimento mais abrangente e profundo: o momento da síntese. É nesse momento que se procura ter do todo uma compreensão mais próxima possível do real, tornando-o da forma como se apresenta à vista do sujeito cognoscente, o que exige do mesmo uma clareza dos elementos constitutivos que vão da gênese ao desenvolvimento desse todo (MARTINS, 2008).

Se no momento da análise das partes, que foram abstraídas da totalidade, já se teve a possibilidade de captar as suas determinações mais simples, o que procuramos no momento da síntese é vertermos o olhar dos sujeitos da pesquisa ao processo de mediação, que se estabelece entre as partes, das partes com a totalidade, como resultado de uma contradição dialética. Operação, esta, que, ao inverso da análise, consiste em recompor o todo, objeto ou fenômeno, a partir dos seus elementos constituintes para compreendê-lo em sua totalidade. Na analogia com a capoeira, esse momento se caracteriza quando o sujeito cognoscente assume a responsabilidade e compromisso de sintetizar as diferentes dimensões do jogo e da musicalidade mediando e conduzindo a roda, de modo que atue na figura do cantador. Dessa maneira, o que se passa a ter com a síntese é uma nova visão da realidade, segundo a qual o todo não é mais simples elemento empírico, não é mais um todo caótico, e sim uma totalidade articulada entre seus nexos constituintes e constitutivos: um todo concreto.

Se anteriormente a totalidade podia ser concebida como um "todo caótico", uma realidade empírica que se representa sem que se tenha consciência de suas partes, agora, após o momento da síntese, as determinações mais complexas da totalidade não escapam ao processo da abstração, da análise.

Em nosso entendimento, o materialismo histórico dialético se sustenta como um método que propõe elevar do abstrato ao concreto, o que não é senão a maneira de proceder do pensamento para se apropriar do concreto, para reproduzi-lo como concreto pensado. Mas é válido ressaltar que este não é de modo nenhum o processo de gênese do próprio concreto, e sim um entendimento de se construir o concreto pensado, de tal forma que ele possa produzir uma representação mais coerente possível daquilo que temos identificado como realidade.

Propomos que essa possível formulação da representação do real- que é feita por um árduo e comprometido processo que passa pela abstração do que empiricamente se apresenta de forma desorganizada, avança para a análise das suas partes constituintes, decompondo o todo caótico, até chegar à síntese, quando se volta o olhar sobre a totalidade da realidade, mas tendo consciência de suas articulações internas, de suas contradições, de suas determinações e das mediações que aí se estabelecem - produza no pensamento uma representação daquilo que é a realidade do processo de construção do entendimento das contradições que emergem na prática formativa da realidade do PERI-Capoeira e sua possível superação.

A partir da proposta da categorização de jogador, tocador e cantador como uma relação direta com os momentos da pesquisa, poderemos ter o entendimento desse objeto analisado, isto é, da realidade em seu processo de gênese, desenvolvimento e transformação, que acaba se tornando um novo ponto de partida ao conhecimento. E, por isso, podemos defender que o método e a categorização usada é um processo que nos leva do empírico ao concreto pensado, mediado pelos movimentos heurísticos de abstração, análise e síntese.

> À razão como reprodutora mental da realidade nada escapa. A ela é possível reproduzir em pensamento, isto é, conhecer todos os fenômenos que se apresentam à sua vista. Partindo dos dados que lhe são apresentados aos sentidos e avançando pelo caminho dialético da abstração, da análise e da síntese, fazendo uso de todos os recursos e técnicas de captação do objeto disponíveis, a razão tem capacidade de produzir uma visão abrangente da realidade, que demonstre o movimento real em sua gênese e desenvolvimento, bem como os seus detalhes constitutivos, os seus limites e as suas

possibilidades (MARTINS, 2008, p. 140).

Podemos defender que a epistemologia marxiana sistematizada no materialismo histórico dialético é uma teoria do conhecimento, pois busca analisar e compreender o objeto recorrendo-se a ele mesmo, sem qualquer recurso ao que possa transcendê-lo, a não ser aos nexos que ele estabelece com outros objetos e com o contexto, que lhe são determinantes. Diz Bazarian que:

> Quanto à teoria materialista dialética, ela baseia-se nos seguintes princípios fundamentais: 1) O mundo é, em sua essência, material e desenvolve-se segundo as leis do movimento da matéria, que passa de uma forma para outra. 2) A matéria é anterior à consciência, e esta nada mais é que o produto da matéria altamente organizada. 3) O mundo material e suas leis são cognoscíveis e nossas sensações, representações e conceitos são reflexos das coisas que existem independentemente da nossa consciência (BAZARIAN, 1994, p.68).

Dessa forma, percebemos que o conhecimento mantém com a realidade essa vinculação tão profunda cujo resultado se aproxima do que de fato existe na realidade, sem nunca dominá-la, elucidá-la, ou desvelá-la de forma completa, definitivamente. Em verdade, pode-se dizer que a realidade é sempre mais rica do que a ideia que construímos dela.

Por reconhecermos a dinâmica da realidade, alertamos para a impossibilidade de querer dominar o objeto em todos os seus detalhes constitutivos com um método universal, válido para todos os momentos e contextos econômicos, sociais, políticos e culturais (MARTINS, 2008).

Sendo assim, identificamos como objetivo do método estabelecer um caminho para se apropriar do objeto em sua gênese e desenvolvimento; e este objeto não é estanque, desenvolve-se em um fluxo histórico-social constante, que lhe modifica quantitativa e qualitativamente. Entendemos que não se sustenta a defesa de um método único de captação de suas características, aleijando em sua origem a dialética (MARTINS, 2008).

Dessa maneira, defendemos que o método deve se adequar

conforme variam os objetos no interior do dinamismo, dos conflitos e das contradições que marcam a realidade concreta na qual ele se encontra inserido. Porém, o que garante ao materialismo histórico dialético sua validade enquanto método mais habilitado para desvelar a concretude da realidade é a sua lógica concreta, que faz com que seu "modus operandi" dê conta de uma integração entre conteúdo, forma, objeto, contexto estudado e o método de conhecimento para captá-lo em sua totalidade (MARTINS, 2008).

Então, se o objeto varia em seu conteúdo e forma, também se transformando quantitativa e qualitativamente no devir histórico, pautados na dialética identificamos a necessidade de alterar também o caminho a ser percorrido para que possamos captar as alterações sofridas, uma vez que "indubitavelmente, o pensamento e o ser são diversos, mas formam ao mesmo tempo uma unidade" (MARX, 2002, p. 141).

Dito isso, afirmamos que para captar o objeto, para analisá-lo e compreendê-lo na sua inteireza, devemos utilizar todos os recursos metodológicos, técnicas e instrumentos disponíveis, sabendo-se que provavelmente outros mais precisos e eficazes serão desenvolvidos pelo avanço da ciência e da tecnologia. O homem é capaz de, com o desenvolvimento da ciência, forjar outras realidades.

Logo, concordamos com Martins (2008) quando conceitua a ciência no materialismo histórico dialético como:

> Um processo produtor de conhecimentos, uma vez que procura sistematicamente apreender a concretude real em sua gênese e desenvolvimento, em sua totalidade, desvendando as suas estruturas internas e relações mediatizadas, conflitivas e contraditórias, que produzem a realidade como um movimento constante em direção a algo sempre novo e aberto, isto é, não determinado a priori. Em decorrência dessa sua forma original de desvelamento do real, a ciência marxista originária avança para além dos limites de sua identificação propriamente epistemológica, ganhando característica de um instrumento através do qual os homens podem bem conhecer as coisas e os fenômenos que os cercam e, também e principalmente, intervir no processo constituinte da realidade, imprimindo-lhe outros contornos e

> direções. Por conseguinte, a questão da cientificidade no âmbito da teoria marxiana não se restringe a bem compreender a realidade em sua totalidade – sua dimensão eminentemente epistemológica – mas também capacitar o homem para que possa protagonizar o processo de construção do seu próprio destino – sua dimensão axiológica, isto, é, sua dimensão eminentemente ético-política. Em outras palavras, pode-se dizer que a cientificidade é discutida pelo materialismo histórico dialético nos limites de uma ação desveladora do real, ao mesmo tempo em que se consolida como uma força com a capacidade de intervir nele e, em certa medida, determinar-lhes seus contornos característicos, assim como também fazem outras forças histórico-sociais (MARTINS, 2008. p. 154).

A partir de nossa apropriação e proposta de trabalho, no sentido mais amplo que esse conceito possa ter, consideramos que toda a vida social é essencialmente prática; como nada está à margem da atividade humana para o materialismo histórico dialético, a práxis torna-se um elemento fundante do seu materialismo, do seu historicismo e da sua dialética, confrontando-se como uma ciência profundamente diferente das anteriores e também daquelas nas quais se inspirou.

Dessa forma, o conceito de práxis tem uma significado bem diferente em relação às demais práticas, sendo uma atividade teórico-prática que transforma o mundo natural e social, isto é, uma atividade que movimenta as dimensões subjetivas e objetivas da humanidade, originando as transformações materiais produzidas sejam feitas de forma consciente.

> Somente no contexto social é que o subjetivismo e o objetivismo, o espiritualismo e o materialismo, a atividade e a passividade, deixam de ser e de existir como contradições. A resolução das contradições teóricas somente é provável por intermédio dos meios práticos, por meio da energia prática do homem. Por isso, a sua resolução não constitui de modo algum apenas um problema de conhecimento, mas é um problema real da vida, que a filosofia não conseguiu resolver, justamente porque a considerou só como

problema puramente teórico (MARX, 2002, p.145).

Podemos ter a concepção de práxis como finalidade do conhecimento porque o conhecimento produzido pela ação teórico-prática do sujeito orienta a sua intervenção, servindo como guia da ação; molda a atividade humana, particularmente a atividade revolucionária. Mas, enfatizamos, a práxis não é uma simples opção, algo feito pela vontade individual de um sujeito pesquisador que resolveu optar por um dos elementos disponíveis no mundo da teoria do conhecimento.

No caso, a práxis como critério de verdade, assume o papel de fundamento e finalidade do conhecimento, é uma necessidade lógica, um imperativo epistemológico que se impõe ao sujeito pesquisador. Já que é com a práxis que a humanidade produz todo o mundo natural e social, já que "toda vida é essencialmente prática", sem a práxis não existiria o conhecimento, uma vez que nem sequer existiria a realidade a ser conhecida porque os objetos sobre os quais os sujeitos se debruçam para conhecer são também produtos da atividade humana (LEFEBVRE, 2002, p.157).

Contudo, para darmos conta desta proposta que visa relacionar diretamente as categorias analíticas da abstração, análise e síntese do método do materialismo histórico dialético com as categorias empíricas de jogador, tocador e cantador, apoiamo-nos no conceito de "categoria" sustentado por Minayo.

Segundo a autora, numa incursão empírica, as categorias podem ser estabelecidas antes, durante e depois do trabalho de campo. As categorias estabelecidas antes da coleta de dados são conceitos mais gerais e mais abstratos. Esse tipo requer uma fundamentação teórica sólida por parte do pesquisador. As categorias formuladas a partir da coleta de dados são mais específicas e mais concretas, exigindo do pesquisador um olhar empírico-teórico bastante apurado e centrado no objeto de estudo. Continuando este raciocínio, a eleição das categorias analíticas e empíricas, antes da coleta de dados, exigem dos pesquisadores um enorme rigor, visando, assim, extrair desse construto bruto as bases para a delimitação e a orientação, no caso dessa pesquisa, para os diálogos das Cartas do PERI para fase de sínteses deste processo, de modo a, paulatinamente, construir o objeto sem perder de vista o problema de pesquisa.

A "empreitada" de sistematizar os dados e as discussões coletados a partir das categorias delimitadas a priori não foi simples.

Contudo, a articulação das categorias específicas, formuladas a partir do campo e/ou referidas na bibliografia, com as categorias gerais, (referentes à educação formal, não formal e cultural), exigiu sucessivos "mergulhos" e aprofundamentos, sobretudo nas relações entre a base teórica do pesquisador e os dados colhidos (MINAYO, 2002).

Assim, na tese, a delimitação das categorias empíricas foi realizada a partir do recorte dos conteúdos que dizem respeito ao processo formativo no âmbito da capoeira pelas representações do jogador, tocador e catador, como já evidenciamos anteriormente, servirá como referência para a sistematização do instrumento de pesquisa das entrevistas semiestruturadas que denominamos Cartas do PERI, com inspiração nas cartas do cárcere de Antonio Gramsci, ao longo de todo o processo desta pesquisa.

Categorias analíticas	Breve caracterização	Categorias empíricas correspondentes
Abstração	No âmbito da capoeira, o sujeito se depara com a realidade da mesma, mas não tem consciência da sua totalidade, apenas se apegando à dimensão do jogo. No decorrer do processo, a abstração torna-se um momento necessário, mas não suficiente, pois é a partir dela que se torna possível analisar cada parte da totalidade, ou seja, isolar as partes para conhecer os seus detalhes constitutivos, caracterizando o segundo momento de todo esse processo.	Jogador
Análise	No âmbito da formação da capoeira, percebe-se quando o sujeito cognoscente busca a apropriação não só da dimensão do jogo, mas também da dimensão da musicalidade como constituintes do todo que se pretende compreender, assumindo um papel não mais de só jogar na roda, mas também um protagonismo maior, contribuindo na realização da roda ao tocar um instrumento. Aponta-se, então, um novo momento a ser percorrido para se captar da realidade um conhecimento mais abrangente e profundo.	Tocador

Síntese	Na analogia com a capoeira, esse momento se caracteriza quando o sujeito cognoscente assume a responsabilidade e o compromisso de sintetizar as diferentes dimensões do jogo e da musicalidade mediando e conduzindo a roda na figura do cantador. Com a síntese, passa-se a ter uma nova visão da realidade, segundo a qual o todo não é mais simples elemento empírico, não é mais um todo caótico, e sim uma totalidade articulada entre seus nexos constituintes e constitutivos: um todo concreto.	Cantador 

Contudo, atendendo à delimitação do campo de pesquisa aos condicionantes e limitações já citados, as categorias analíticas e empíricas explicitadas e descritas no quadro a seguir auxiliam na orientação para os diálogos e a estruturação das descrições e da análise das Cartas do PERI.

No Quadro I, reproduzimos, de forma resumida, a já citada descrição das categorias de jogador, tocador e cantador que foram alvo da nossa reflexão e síntese nesse processo de categorização.

2.3 O MANGAIO

A partir da análise das contribuições dos camaradas participantes e protagonistas dos cursos PERI-Capoeira I e II no processo de elaboração integral desse processo de pesquisa, é possível afirmar que o que chamamos de MANGAIO de pesquisa enseja valores e características que contribuem para o entendimento crítico das relações sociais presentes nesse processo de pesquisa, que foram construídos historicamente pelo coletivo que tornou possível, por ações concretas, a materialização da realidade dos Cursos PERI-Capoeira I e II.

Dessa maneira, defendemos que o potencial investigativo desse trabalho reside, preponderantemente, no fato de que foram as práticas cotidianas da prática social da capoeira e da formação acadêmica, sob a luz do método do materialismo histórico dialético, que se configuraram nas condições objetivas para a construção desse produto artesanal de pesquisa, com os aspectos relevantes dos instrumentos de pesquisa e do processo de sistematização, e a apresentação de análise de dados que são materializados de forma crítica, criativa e autônoma.

O Mangaio de pesquisa se configura como um processo de triangulação dos dados da pesquisa, de maneira que contribui e reflete na desconstrução dos velhos paradigmas dogmatizados das metodologias de pesquisa, apontando outras possibilidades de maior criatividade, alegria e satisfação, sem perda da rigorosidade cientifica exigida.

A triangulação do Mangaio se configura como o confrotamento dos dados colhidos dos relatórios dos cursos PERI-Capoeira I e II, das 04 (quatro) dissertações de mestrados provenientes da primeira edição do curso PERI-Capoeira e do instrumento de pesquisa as Cartas do PERI.

Nos relatórios do PERI, demos ênfase nos itens das concepções educacionais e metodológicas, da estrutura do curso e dos resultados gerais e análises que possibilitaram a sistematização do protagonismo nos cursos do PERI-Capoeira I e II. Nas dissertações, analisamos o trato e referência à realidade dos cursos PERI-Capoeira I e II em todo o processo de elaboração das mesmas pelos seus autores, se de maneira direta e/ou indireta.E no caso das cartas, a ênfase foi nas perguntas problematizadoras que fomentaram o diálogo dialético desse instrumento de pesquisa.

Todos esses dados também foram triangulados e confrontados com as categorias empíricas de jogador, tocador e cantador, categorias estas que compõem a categoria de Intelectual Maloqueiro e que foram tratadas no item anterior, dando origem ao que chamamos de quadro do Mangaio, que será apresentado completo, preenchido e configurado como gráfico posteriormente no item Feira de Mangaio: apresentação do tratamento dos dados da pesquisa.

Categoria Empírica	Protagonismo nos Cursos		Produção Acadêmica		Cartas do PERI				
	PERI-Capoeira I	PERI-Capoeira II	Direta	Indireta	1	2	3	4	5
Jogador									
Tocador									
Cantador									

Quadro 1 - Quadro do Mangaio - categorias empíricas

2.4 AS CARTAS: DO CÁRCERE AO PERI

A enorme utilização do pensamento gramsciano tem causado uma sistemática traição do seu estilo sóbrio e sereno, do seu ritmo brando e cadenciado, da sua astúcia decisiva e perspicaz - como a de um bom capoeira. Antonio Gramsci como referência político-filosófica é fruto da contradição entre exclusão, condenação e silenciamento por parte de seus perseguidores e, depois, valorização de seus pensamentos por diversos pesquisadores e intelectuais.

Dessa maneira, o combinado do pensamento de Gramsci pode ser usado com muita coerência, mas também pode se traduzir na mania equivocada de buscar sempre algo a mais ou diferente do que havia pensado e escrito o pensador. A estratégia e a tática do uso dos seus pensamentos para o atendimento às próprias finalidades pode muitas vezes causar uma banalização teórica e/ou, como o próprio, batizou um "suicídio político".

Em nossa pesquisa, o estilo e o ritmo do pensamento gramsciniano não é entendido e adotado como objeto, mas sim como método de estudo. Não se trata, neste caso, de tentar uma atualização das suas categorias, mas de revisitá-las na sua dinâmica interna, apropriando-se delas ou tornando-as disponíveis como ferramentas para uma análise do existente.Para tanto, avaliamos como pertinente apresentar resumidamente alguns marcos do processo histórico da formação humana e da existência do pensador.

Antonio Gramsci, nascido em 189,1 na Sardenha, filho de camponeses pobres, Francesco Gramsci e Giuseppina Marcias, em 1911 desloca-se para Turim onde estabelece um vínculo mais que político, um vínculo "pessoal existencial" com os operários de Turim. Em 1915, dirige o jornal "Avanti!", da seção socialista de Turim.

Em agosto de 1917, os operários de Turim, que se manifestaram em protesto, pegam em armas para confrontar o militarismo italiano. Foram derrotados com aproximadamente 500 mortos e mais de 2000 feridos. Nesse mesmo ano, Gramsci foi eleito secretário da seção regional do Partido Socialista (GRAMSCI, 2005).

Cria, então, os "Conselhos de Fábrica", fundando em 1º de maio de 1919 o jornal do mesmo. Tornou-se o dirigente máximo do Partido Comunista Italiano em 1921, partido este que o mesmo ajudara a criar.

O então deputado Gramsci, em 16 de maio de 1924, pronuncia um discurso contra o presidente do Conselho de Ministros, Benito Mussolini, denunciando manobras fascistas no sentido de implantar no país uma ditadura.

Ao oitavo dia do mês de novembro de 1926, Gramsci foi preso por ordem de Benito Mussolini a fim de "impedir esse celebro de funcionar", vivendo quase onze anos na prisão em meio a sofrimentos, insalubridade carcerária, guerra de nervos e tuberculose.

Sabendo da fragilidade da saúde do seu adversário, Mussolini sugere que Gramsci lhe formule um pedido de clemência, que o mesmo seria atendido. Ao refletir sobre a manobra de Mussolini, Gramsci descarta tal possibilidade: "o que me propõe é o meu suicídio político; e eu não tenho a menor intenção de fazê-lo". Morreu em 27 de abril de 1937, poucos dias após sua libertação por Mussolini, a fim de evitar que sua morte abalasse o prestígio do seu Governo/ditadura.

O dramático processo histórico do pensador italiano Antonio Gramsci concorre com sua própria produção, enquanto jovem e militante do partido comunista italiano que foi preso pelo regime ditatorial e fascista de Benito Mussolini. Porém, pela tentativa de sua extinção e esquecimento pelo seu isolamento, o presidiário conseguiu, então, estabelecer uma rede de comunicação não apenas com o restrito mundo concedido pelas duras leis penais, mas principalmente com interlocutores, ancestrais, contemporâneos e futuros.

Dessa maneira, mediado pelas geniais cartas do cárcere, conseguiu estabelecer um diálogo "*fur ewig*" (dialogo permanente) com seus camaradas e companheiros que se identificavam na caçada de caminhos corajosos para um novo mundo que rompesse com a dominação do capitalismo. Percebemos como uma das singularidades de Gramsci o fato do mesmo ter "escapado" ileso da derrocada do comunismo, pois suas análises sobre o sociometabolismo do capital, assim como dos fenômenos mais recorrentes na história contemporânea, continuam sendo válidas e utilizadas nas mais diversas trincheiras dessa luta pela superação do modo capital.

Sendo assim, alguns dos temas centrais do pensamento de Gramsci são resgatados de forma original e inovadora por diversos pensadores contemporâneos, sendo considerado por vários um dos mais essenciais pensadores marxistas desde Lênin. As condições objetivas para a elaboração e o reconhecimento do pensamento de Gramsci se deu pela sua vivência orgânica e intensa da crise do liberalismo italiano e da ascensão e consolidação do poder fascista, bem como a ruptura representada pela Revolução de 1917 e das ilusões que esta despertara sobre a iminente "revolução mundial" anticapitalista, cujo ato inaugural teria sido marcado, precisamente, pela revolução soviética.

Dessa forma, Antonio Gramsci desempenha um papel decisivo na elaboração da filosofia marxista, que ele aprofundou e enriqueceu, ao mesmo tempo em que restaurou o sentido original, pela dura crítica às tendências mecanicista e unilateral que ameaçava o seu propósito transformador e revolucionário.Como Lênin, sua elaboração buscou e busca articular a reflexão filosófica à ação política, tornando-a instrumento organizador, questionador e emancipatório da prática social.

Todo o "passado cultural", escreve Gramsci, aparece "dialetizado" no contraste entre a Cultura Alta e a cultura popular que, especificamente, poderíamos traduzir como conhecimento cientifico e saber popular da capoeira, que desemboca em um presente interpretado e orientado pelo materialismo histórico dialético e sua intervenção na realidade para a superação dessa contradição, pautado no conceito de práxis como "progresso intelectual de massa", e não apenas reduzidos a grupos intelectuais.

Dessa forma, entendemos que se faz necessária a construção de um novo significado desse processo para comportar a superação da ideia de "senso comum" e saber popular da capoeira como sendo apenas o "espírito popular criativo". Nessa superação, será possível derrubar a fragmentação e a hierarquização entre o conhecimento cientifico e o saber popular, necessitando-se a valorização e a superação da matriz popular do processo revolucionário. Pois para Gramsci não se colocava a questão de estabelecer a consciência, direção e/ou reconhecimento interno ou externo ao povo: a questão estava no esvaziamento em nível conceitual e epistemológico dessa construção.

Assim sendo, percebemos que a dificuldade é colocar, no centro de interseção ou de desdobramento de uma rede articulada e móvel de conceitos, o comprometimento com a superação desse antagonismo e hierarquização entre o saber popular da capoeira e o conhecimento cientificamente sistematizado na universidade. O povo não deve ser entendido como uma noção sociológica, como indicador direto de uma realidade social dada, mas como uma categoria dinâmica que atua e, por sua vez, transforma-se como resultado da afirmação da teoria e da prática, do discurso e da ação.

Neste sentido, podemos dizer, especificamente, que uma ação como a do PERI-Capoeira deve estar orientada a superar esse dualismo maniqueísta, ultrapassar a dicotomia entre o saber popular da capoeira e o conhecimento cientifico, entendendo o conceito de "popular" como uma realidade estruturalmente contraditória e provisória que se inscreve em um referencial teórico do materialismo histórico dialético, o qual se pauta na prática como critério de verdade e pelos princípios da radicalidade, rigorosidade e totalidade. Gramsci rompe com a visão maniqueísta e dicotômica sobre saber popular e conhecimento científico e procura questionar permanentemente as tradições dogmáticas dentro e fora do marxismo. O autor não abandona a estrutura como base econômica da sociedade que condiciona a superestrutura, ou seja, o modo de produzir a vida material condiciona o processo da vida social, política e intelectual. Porém, amplia o conceito de superestrutura, dando aos seus fenômenos importância decisiva para a análise do desenvolvimento das sociedades capitalistas da Europa ocidental. Gramsci não rompe com o princípio básico de que a produção e reprodução da vida material determina a produção e reprodução das relações sociais historicamente construídas.

Esta postura e compreensão de Gramsci foi e continua sendo determinante para os objetivos que o mesmo se propôs como pensador e de sua posição em face da questão da função social dos intelectuais e da cultura como categoria fundante do materialismo histórico dialético, suscitadas tanto pela realidade nacional italiana quanto pelo estágio em que se encontrava, naquele momento, a luta dos trabalhadores pela hegemonia do processo político. Tal comprometimento, quer ideológico, quer militante, distingue-o do intelectual tradicional, para quem o pensar filosófico busca inserir a compreensão de mundo num sistema coerente de reflexões que basta a si mesmo.

Dessa maneira, para Gramsci é a reflexão da práxis que possibilita a conscientização de que a superação das contradições do pensamento só possam acontecer no processo real da vida, e não no puro e simples campo ideológico dos intelectuais. Por isso mesmo, na sua concepção, o materialismo histórico dialético só se materializará plenamente quando os trabalhadores, com sua consciência de classe, obtiverem a hegemonia política, social e cultural: só dessa forma, pela superação das contradições, a sociedade capitalista tenderá a desaparecer.

Na visão gramsciana, cada classe social gera seus intelectuais "orgânicos", cuja função é elaborar a ideologia dessa classe e difundi-la na massa para assim formá-la conforme os seus interesses. Sendo assim, deve a classe dos trabalhadores combater as ideologias da classe burguesa e produzir uma nova cultura. Competirá a essa intelectualidade revolucionária elaborar uma nova visão de mundo e levá-la às massa populares, de maneira que possibilite refletir e pôr em prática as ideologias de classe a que estão vinculados, no combate às ideologias modernas burguesas, a classe operária constituir seu próprio grupo de intelectuais.

Temos consciência que essa hercúlea tarefa está naturalmente vinculada à conquista de hegemonia política, social e cultural, pois envolve uma série de problemas já discutidos por Gramsci, em seus cadernos do cárcere, a partir do conceito de "senso comum", que ele define como "filosofia das multidões". Na construção de Gramsci, o traço fundamental do "senso comum" é seu caráter incoerente, permeável à influencia da religião, criando assim obstáculos à penetração das novas ideias.

Por isso, entendemos que, ao se elaborar um grupo social que busca a hegemonia, elabora-se também um "contra senso comum", ou "bom senso": uma filosofia homogênea. É fundamental que esse "bom senso" seja pautado na superação da dicotomia, do antagonismo e da hierarquização entre o saber popular e o conhecimento cientifico, para que se materializem as condições objetivas necessárias para a superação dessas ideologias modernas burguesas, pois defendemos que esse "Bom Senso" popular terá a solidez e a energia de uma força material.

Essa luta foi iniciada por Gramsci, já que foram as Cartas do Cárcere, publicadas em 1947 (antes dos cadernos), que revelaram ao mundo intelectual a riqueza de ideias, sentimentos e pensamentos próprios de Gramsci. Foram as cartas que deram origem à produção dos Cadernos do Cárcere, que revelaram uma impressionante análise crítica do mundo contemporâneo nas suas mais complexas e contraditórias facetas, com um rigor metodológico do materialismo histórico dialético que serve de exemplo para as mais diversas pesquisas que se fundamentam nesse método.

Em janeiro de 1929, Gramsci, ao receber a permissão de escrever na cela, torna possível a gênese da sua produção intelectual, que vai lhe conferir a condição de referência político-cientifica. A produção das cartas e, posteriormente, dos cadernos se revelaram uma espantosa compreensão da realidade, servindo como instrumento de pesquisa e ferramenta de transcrição e/ou tradução direta de uma iluminante experiência de vida e de pensamento fundamentados no método do materialismo histórico dialético.

> Tais surpreendentes cadernos e cartas, de edição póstuma, é que garantiram para seu autor o estatuto de clássico da política (e da literatura) do século passado, mas é evidente que não nasceram do nada, na circunstância desfavorável do cárcere, ao contrário, cadernos e cartas tinham conexões profundas do ponto de vista da forma mental dialógica do autor, como o modo de ser e agir no período pré-carcerário" (GRAMSCI, 2005, p. 09).

Levando em consideração a extraordinária riqueza do panorama psicológico e social das cartas, poder-se-ia pensar em uma espécie de divisão ideal entre as cartas e os cadernos, com suas modalidades de estilo de escrita diferenciados: no caso das cartas, mais fluida e dialógica, e mais argumentativo e interiorizado no caso dos cadernos - mas que se complementam, contribuindo na composição de uma produção em comum.

Dessa maneira, entendemos as cartas como uma obra prima "acidental e inevitável", pois apesar de toda repressão do contexto do cárcere dentro do regime fascista italiano, Gramsci, com invencível compromisso a não redução de uma escrita "epistolográfica" elabora um profundo "baralho" teórico com a sua produção das cartas e cadernos do cárcere, no qual, certamente pode se acompanhar, além dos acontecimentos miúdos da rotina prisional, que lentamente levaram o autor à morte, na escrita de suas cartas e posteriormente dos cadernos possibilita a utilização destes como referência e instrumento de pesquisa fundamentado no método do materialismo histórico dialético. Nesse sentido,

> [...] em linhas gerais, a operação de (re)lançamento de Gramsci, feita significativamente através de uma editora de porte nacional, como a Einaudi, e não pela editora do Partido Comunista, teve um êxito imediato, que superou as melhores expectativas dos seus promotores. Naquele mesmo ano de 1947, por exemplo, as cartas recebiam o importante Prêmio Viareggio, consagrando um raro escritor até então desconhecido, ou conhecido de poucos, capaz de entrelaçar sua trágica experiência individual com alguns dos temas ético-políticos mais relevantes do século XX. Esta consagração, de resto, não se limitaria aos meios intelectuais, mas iria adquirir

crescente reconhecimento popular, com a sucessão de edições naquele mesmo ano e nos seguintes (GRAMSCI, 2005, p. 13).

Na introdução da obra "As Cartas do Cárcere", uma passagem demonstra que a contribuição delas (as cartas) estão para além do método do materialismo histórico dialético, ou seja, são para toda humanidade.

> Na nota de abertura, não assinada, os organizadores assinalaram - com boa dose de verdade - alguns dos critérios que nortearam a primeira edição das cartas, compostas de 218 textos: dizia-se, corretamente, que se tratava não de todas as cartas escritas nos anos de prisão, mas de uma "escolha amplíssima", "mais que suficiente para dar um quadro dos dolorosos infortúnios do autor, da sua tempera de homem e de militante revolucionário, dos seus interesses intelectuais e espirituais, da sua ampla e profunda humanidade (COUTINHO, 1996, p. 18).

Dessa forma, as cartas do cárcere superam o que se pode esperar de uma correspondência "convencionalmente" carcerária, pois na sua escrita, além da tragédia política e existencial do autor, elucida vários conceitos e conteúdos fundantes da teoria marxista. As cartas do cárcere fazem vislumbrar e inspiram as Cartas do PERI como um instrumento de pesquisa que dá liberdade ao cárcere da escrita solitária, dolorosa, da tese, possibilitando e contribuindo a construção da mesma a partir da interlocução dialética com os nossos camaradas do PERI-Capoeira.

Sendo assim, da mesma maneira que as cartas do cárcere nos transmitem a concepção de que o "comunismo" antes ou além de uma deliberada opção política e/ou filosófica pode representar a transcrição, a tradução ideal de uma consciência histórica de pertencimento à "unidade de gênero humano", o que o próprio Gramsci vai chamar de "consciência de classe". Podemos subtrair desta contribuição inestimável do presidiário além dos elementos fundamentais para o aprofundamento das nossas questões de investigação, elementos para reflexão e análise dos participantes e protagonistas do PERI-Capoeira na concepção de uma possível consciência de classe específica da capoeira, que torna possível a constituição e formação do **Intelectual Maloqueiro,** que fuja do "romantismo" ou risco do idealismo.

Segue, então, a carta sistematizada como o documento que serviu para a orientação de interlocução e diálogo dialético para análise e sistematização dos dados dessa pesquisa.

> Vimos através desta carta expor o nosso convite na participação e contribuição em nossa pesquisa de doutoramento.
> Esta pesquisa tem como objetivo buscar elementos de análise oriundos das contradições postas entre o saber da capoeira e o conhecimento científico no campo da Educação e da Educação Física, através de um recorte específico, advindo dos questionários com os autores das produções científicas dos participantes e protagonistas do PERI-Capoeira que deram início aos processo de formação em nível de mestrado e depois da primeira edição do Peri- Capoeira.
> A partir das possíveis contradições entre o saber da capoeira e o conhecimento científico que emergiram da realidade do PERI-Capoeira, estamos investigamos a consolidação de referenciais para as práticas de educação popular e o conhecimento educacional pertinente a tal formação e a possível formação do intelectual orgânico forjado na prática social da capoeira, para o qual nos valeremos da técnica do inquérito pelo instrumento de pesquisa da entrevista semi estruturada e questionário.
> Dessa maneira, estamos convidando e ressaltando a sua fundamental participação como protagonista do PERI-Capoeira e autor de um estudo que serve de referência referencia no campo de produções científicas cientificas no campo da capoeira do estado de Santa Catarina. Sendo assim, estamos encaminhando esse e-mail para pedir sua colaboração como nossa pesquisa na medida em que possa pudesse responder à problematização e ao questionário a seguir, e para que pudéssemos agendar uma entrevista.
> Segue a problematização, e as perguntas:
> Entendemos que na produção de Marx, ele defende que o educador e o educando educam-se juntos na práxis, por intermédio do mundo que

transformam. Essa práxis deve ser entendida como trabalho, cujo fundamento do trabalho é a transformação do mundo. Dessa forma, Sendo assim Marx explicita que "a maneira pela qual os indivíduos manifestam sua vida reflete muito exatamente o que são. O que eles são coincide, portanto, com coma sua produção, tanto com o que produzem quanto com a maneira pela qual produzem. O que os indivíduos são, depende portanto, das condições materiais de sua produção.

Entendemos que Marx associa ou propõe uma integração entre o ensino e o trabalho, explicando a existência de uma unidade indissociável entre o ato produtivo e o ato educativo, entre a educação e a produção material como um meio determinante para a emancipação do ser humano. O Trabalhador só pode estudar trabalhando, em nosso caso, o "capoeira" só pode estudar "capoeirando", constituídos dessa forma uma estratégia para sair da alienação crescente, imposta pela especialização precoce reservada unicamente à classe trabalhadora no modo de produção capital.

Na medida em que vamos buscando coerência na nossa práxis, essa busca se intensifica de sentido, significados e relevâncias acadêmica e social, especialmente que com a inserção no Curso de Formação de Educadores Populares de Capoeira (PERI Capoeira) e as apropriações possíveis da formação acadêmica.

Dito isso, sistematizamos algumas perguntas a serem respondidas e consideradas no trato da Educação Popular na Universidade, no qual confrontam-se, de um lado, o projeto da burguesia que precisa cooptar e domesticar a classe trabalhadora e, de outro lado, a luta desta por se apropriar do saber científico e técnico necessário à construção do poder popular. Tal peleja confere particular relevância e atualidade ao tema e ao problema aqui focalizados.

Qual a importância da investigação e das possibilidades que o do trato das relações entre o saber popular da capoeira e o conhecimento

científico poderá trazer para a realidade dos processos de formação de educadores no contexto do PERI-Capoeira?
Que contradições emergem/emergiram na relação entre o saber da capoeira e o conhecimento cientifico na realidade da prática formativa do Peri-Capoeira?
O PERI-Capoeira contribuiu e/ ou contribui para a articulação entre o saber popular da capoeira e o conhecimento científico da área da Educação e da Educação Física?
A realidade do PERI-Capoeira pode contribuir como referência na orientação e construção de ações referentes à formação de Educadores Populares, em Santa Catarina, visando à construção da cidadania e da emancipação humana socialmente referenciadas?
É possível e/ou viável, a partir processo de formação do Educadores(as) Populares, mais especificamente no contexto do PERI-Capoeira, a constituição do intelectual orgânico forjado na prática social da capoeira?
Na oportunidade renovamos os nossos votos de elevado apreço, consideração ao tempo em que nos colocamos ao seu inteiro dispor.
Saudações Maloqueiras,
Bruno Santana.
Grupo de Capoeira Chapéu de Couro
MOVER/Educação Intercultural e Movimentos Sociais

2.5 AS CARTAS DO PERI: SALDO DO PERI-CAPOEIRA I E II

Apresentaremos agora as respostas das Cartas do PERI enviadas pelos companheiros e camaradas participantes e protagonistas dos cursos, juntamente com as análises dos Cursos PERI-Capoeira I e II e o trato e a referência da realidade desses cursos nas respectivas dissertações dos nossos companheiros e camaradas.

Para tanto, adotaremos o seguinte formato da apresentação: inicialmente, apresentaremos os sujeitos, o quadro do Mangaio preenchido e o gráfico, o protagonismo dos sujeitos nos cursos, suas produções/dissertações; logo em seguida, ressaltaremos as respostas às

problematizações da carta. Seguiremos a cronologia das produções, ou seja, seguiremos a ordem cronológica da conclusão dos cursos de mestrado do mais antigo para o mais recente dos respectivos companheiros e camaradas participantes dessa pesquisa. São os seguintes, dispostos na seguinte ordem:
Camarada 1 - Mestre Bené (ARAÚJO, 2008).
Camarada 2 - Professor Desenho (ACORDI, 2009).
Camarada 3 - Mestre Kblera (STOTZ, 2010).
Camarada 4- Professor Canguru (BUENO, 2012).

Neste sentido, não poderíamos nos furtar a confrontar as informações e as posições dos nossos camaradas apresentadas nas cartas com os resultados gerais das análises presentes nos relatórios das duas edições do curso PERI-Capoeira I e II. Tal confronto será utilizado como fonte de informações importantes e pertinentes que condensam subsídios educativos, conflitos e contradições, empreendidos durante todo o processo de realização das duas edições dos cursos em 2005 e 2007.

2.5.1 Saldos do PERI-Capoeira I e II

Para realização e obtenção dos resultados da avaliação geral presentes nos relatórios, partiu-se dos registros escritos e audiovisuais do conjunto de avaliações realizadas durante as reuniões de planejamento e dos encontros-oficinas. Em síntese, as análises e resultados existentes nas avaliações durante o decorrer de todo o processo de concretização das duas versões do PERI-Capoeira são sustentadas, discutidas e apresentadas pelos seguintes eixos temáticos:
1. Relações de saber e poder nos cursos do PERI-Capoeira;
2. Avanços e desafios metodológicos, e
3. A formação da rede de educadores(as) e perspectivas de ações futuras.

No que diz respeito ao eixo temático das relações de saber e poder na avaliação dos cursos PERI-Capoeira, podemos afirmar que no inicio houve tensionamento, disputas e relações de força estabelecidas entre os cursistas educadores de capoeira, constituídas a partir da prática social da capoeira, podendo a mesma ser concebida como um "campo de poder" marcado por emaranhadas relações de disputas e articulações (CORTE REAL, 2006).

Tais relações podem comumente descambar em manifestações explícitas de violência e confronto físico nas rodas de capoeira. Internamente, a prática social da capoeira, as dimensões de jogo e da dança, articulam-se com a dimensão da luta, mantendo sempre um delicado liminar com a possibilidade do confronto iminente. Estabelece-se, dessa forma, uma relação dialética entre confronto-cooperação, presente especialmente nas relações educativas.

Essa relação dialética entre confronto-cooperação é amparada por um conjunto de saberes da capoeira, que são ratificados por relações educacionais, claramente hierarquizadas, que classificam, hierarquizam e articulam os sujeitos da ação. Assim, a luta, em suas diferentes facetas, vem a se constituir como um dos principais aparelhos de agenciamento de saberes na capoeira.

Podemos evidenciar que nos cursos PERI-Capoeira I e II essa relação dialética entre confronto-cooperação se estabeleceu também na diferença objetivada no âmbito da capoeira e no âmbito da universidade. No início, alguns cursistas assumiram uma postura contestadora, irônica e de resistência a respeito das tarefas de organização e produção didática por fazer juízo de que se trataria de uma proposta pensada numa lógica elitizadora, uma vez que era realizado num ambiente até hoje considerado elitizado - no caso, a universidade. Vários cursistas cultivavam essa impressão, pois nunca tinham tido acesso à mesma. A partir desse momento, passaram a ficar mais explícitas as diferenças e as interpolações hierárquicas entre sujeitos provenientes de realidades distintas - da universidade e da capoeira - de modo que esses aspectos ganharam significativa relevância e foram tratados ao longo das oficinas-encontros das duas edições do curso.

Para tratar essa relação dialética de confronto-cooperação, uma das estratégias adotadas no PERI-Capoeira foi a organização de uma equipe coordenadora do processo educativo com a participação efetiva de sujeitos de diferentes níveis hierárquicos, tanto no âmbito da capoeira (professores, contramestres e mestres) quanto no da universidade (doutores, mestres e graduandos). Os diversos papéis e tarefas de planejamento e execução das atividades pedagógicas eram assumidas voluntariamente, de acordo com a disponibilidade e competência, manifestada ou em formação por diferentes membros da equipe, independente de suas autoridades institucionais. Essas reuniões do grupo de coordenação eram abertas a todos os cursistas; assim, nas decisões que dirigiam a condução do processo pedagógico interferiam contribuições de diferentes pessoas, independentemente de seus respectivos estatutos no mundo universitário ou capoeirano.

A estratégia de promover o protagonismo de educandos-educadores de diferentes níveis hierárquicos, tanto no âmbito da capoeira, quanto no da universidade, em seu próprio processo de formação, ascendeu e orientou a construção e a execução de todas as atividades pedagógicas e didáticas. As oficinas-encontros, organizadas sistematicamente, articulavam diferentes atividades segundo os objetivos propostos. Para cada atividade do processo pedagógico programava-se uma reformulação estratégica, tática do espaço físico, dos equipamentos, das metodologias e dinâmicas, dos recursos didáticos, das linguagens e dos procedimentos discursivos, das mediações e papéis a serem desempenhados. As diferentes tarefas, desde as de coordenação, observação e avaliação, eram programadas e assumidas de comum acordo, de modo voluntário, pelos diferentes protagonistas do curso.

A estrutura organizativa da avaliação empregada nas duas edições do curso PERI-Capoeira, no que diz respeito ao eixo temático dos avanços e desafios metodológicos, pode ser percebida pela simultaneidade do trato com os conflitos e o salto qualitativo das propostas e possibilidades de superação dos confrontos no processo de investigação temática, pelos procedimentos da investigação-ação educacional, na pedagogia da alternância e na concepção intercultural, como horizonte epistemológico e postura político-pedagógica de convivência com as diferenças inerentes a duas realidades: do mundo universitário e do mundo capoeirano.

Sustentamos essa afirmação pelo fato de que - ao longo do processo de investigação temática vivido nas duas edições do curso, determinado pelas questões investigativas - foi se constituindo uma organização didática, que permitiu aos protagonistas elaborarem um grande repertório de produções e artefatos culturais, como dramatizações, debates, elaboração de textos e cantigas de capoeira. Esses produtores foram utilizados para reflexão, discussão e análises dos seus temas de investigação, configurando-se como uma forma concreta de apropriação dos saberes e conhecimentos tratados. Esses materiais serviram e servem como recursos didático-pedagógicos na prática pedagógica dos sujeitos protagonistas e como fonte de dados para estudos, pois foram registrados e catalogados por escrito e por meio audiovisual no acervo do Núcleo Mover, de modo que se encontram disponíveis publicamente.

Essa afirmativa pode ser conferida nas passagens do relatório final do curso PERI-Capoeira I de 2007, na página 74 e no texto "Experiência do PERI-Capoeira", de 2009, no livro "Práticas Corporais no Contexto Contemporâneo: (In) tensas experiências", nas páginas 252 e 253, respectivamente.

> O processo de investigação temática apontou para uma perspectiva de organização e produção didática, evidenciada na medida em que o desenvolvimento da programação do curso e a definição dos conteúdos pedagógicos foram paulatinamente sendo definidos, em função das questões de pesquisa ligadas à compreensão dessas temáticas investigativas (FALCÃO, 2009, p. 252).
>
> Cada uma das temáticas investigadas necessitou de um conjunto de reflexões e de teorizações para as suas análises. Essas reflexões foram sustentadas pelos conteúdos programáticos, que iam sendo definidos para cada um dos encontros pedagógicos, a partir das avaliações feitas ao final de cada encontro e nas reuniões de planejamento que os antecediam. Nesse sentido, foi trabalhada uma série de textos com finalidades didáticas, os quais visavam contribuir, durante o curso, para o estudo de questões ligadas à definição de conceituações, como cultura, educação popular, problema de pesquisa (FLEURI, 2005); definição de metodologias trabalhadas no curso, como investigação-ação e investigação temática (CORTE REAL; FLEURI, 2005); além de textos que procuraram precisar a definição de práticas culturais comuns aos cenários de capoeira, como, por exemplo, a puxada de rede e o samba de roda (FALCÃO; STOTZ, 2005). Esses textos foram produzidos por ocasião da realização do I PERI-Capoeira (FALCÃO, 2009, p. 253).

Na análise da realidade das duas edições do curso PERI-Capoeira, pudemos verificar que no decorrer do processo o tensionamento e a resistência às tarefas de organização e produção didática foram se diluindo e foram, até mesmo, superadas. Verificou-se a vontade dos cursistas em colaborarem com o andamento do curso a partir do seu processo histórico, de suas próprias experiências e aprendizagens da/na capoeira; experiências, estas, delimitadas, basicamente, nos saberes e conhecimentos obtidos ao longo do processo de formação, intervenção e atuação efetiva na capoeira, por meio de viagens e da convivência com mestres de capoeira.

Dessa forma, os avanços e os desafios metodológicos apontavam para uma nova etapa de curso que tentaria se operacionalizar, verificando-se a viabilidade da estruturação temática efetivada no PERI-Capoeira, a qual se constituiria na formação, fortalecimento e consolidação de uma rede de educadores populares de capoeira, que possibilitasse a continuidade da elaboração dos referenciais didático-pedagógicos e teórico-metodológicos para as práticas educativas interculturais.

Sendo assim, a formação dessa rede justificaria na prática a proposta da interculturalidade como uma ação política-cultural-educacional e como horizonte epistemológico, visando à teorização de novos desafios que possam emergir nos cenários de capoeira em um novo estágio do curso. A formação da rede de educadores(as) e as perspectivas de ações futuras vêm caracterizando-se, para além de um eixo do processo avaliativo, como uma expectativa e esperança de materialização do embrião do desafio do PERI-Capoeira, de modo a servir de referência para as políticas públicas relativas à capoeira em nível nacional.

Considerando que existe equívoco histórico a respeito da rivalidade no "campo da capoeira" - em função de diferentes interesses em jogo, em relação à conquista de espaço, poder e saber por parte dos seus praticantes, como evidencia (CORTE REAL, 2006) -, não se pode negar que a realidade do PERI-Capoeira representa uma ação formidável que, a partir das condições objetivas do advento da Confraria Catarinense de Capoeira (Triplo-C) - juntamente com o processo de formulação dos referenciais para as práticas educativas interculturais, no âmbito do Programa de Educação e Relações Interculturais, realizado pelo Núcleo Mover/CED/UFSC, articulados na iniciativa da realização do mesmo -, desencadeou um inédito-viável em termos da consolidação de condições institucionais como uma ação efetiva e concreta na superação desse equívoco.

Como podemos identificar na análise do segundo parágrafo do subitem 6.3, referente à formação da rede de educadores(as) e perspectivas de ações futuras, na página 70 do relatório do PERI-Capoeira I de 2007:

> A proposta político-pedagógica e a orientação epistemológica inerente à interculturalidade exigiram ao PERI-Capoeira a criação de um contexto dialógico e relacional, que permitisse se enfrentar, de maneira crítica e coletiva, os conflitos subjacentes ao mundo da capoeira. A partir do surgimento da Confraria Catarinense de Capoeira, como entidade que congrega capoeiristas e suas respectivas entidades de pertença, chamadas grupos de capoeira, os próprios agentes educadores de capoeira vinham demonstrando a necessidade de superar ou minimizar possíveis antagonismos, em prol de ações e projetos coletivos de capoeira. Diante do entendimento de caráter pedagógico-epistemológico intercultural, previamente proposto pelo Núcleo Mover como característica fundamental do PERI, e vista a necessidade prática, que vinha sendo apontada pelo Triplo-C para organização de espaços coletivos para os(as) capoeiristas do estado, um desafio assumido como objetivo do curso foi a consolidação de uma rede de interação entre educadores(as) de capoeira (FLEURI et al., 2007, p.70).

Nesse sentido, defendemos que o comprometimento assumido por partes dos cursistas em compor e participar dessa rede, iniciada com o surgimento da Confraria Catarinense de Capoeira em 2003 e fortalecida com a ação sócio-educativa-intercultural do PERI-Capoeira, representou um dos resultados mais evidentes dessa realidade. Esse resultado só foi possível pelos esforços coletivos empreendidos pelos cursistas, que adotaram a postura político-pedagógica de abertura e diálogo para com as diferenças inerentes ao mundo da capoeira frente ao mundo universitário. Essa postura permitiu a realização de uma série de ações que partiram da realidade do PERI-Capoeira, indo além dela, materializada nos demais eventos coletivos de capoeira, que têm contribuído para fomentar e manter ativa essa rede de educadores(as) de capoeira.

Estamos nos referindo a eventos como cerimônias de graduação e formatura de capoeira, que representam a mudança nos diferentes níveis hierárquicos da capoeira. Igualmente, as palestras sobre temas afins à capoeira, chamadas, no âmbito da Confraria Catarinense de Capoeira, de papoeiras[7], bem como as próprias rodas de capoeira. Dentre os eventos realizados pelos sujeitos protagonistas que mantêm vínculos com a Confraria Catarinense de Capoeira, a partir do período de realização dos Cursos PERI-Capoeira I e II, destacamos os seguintes: Os Mosaicos Integrados de Capoeira, Os Mangaios de Capoeira e a primeira e única edição do Festival Catarinense de Cantigas de Capoeira, em 2005.

Dentre esses eventos que consolidaram a rede de educadores(as) populares de capoeira, o único que mantém sua realização é o Mosaico Integrado de Capoeira. Porém, todos os eventos já realizados foram evidenciados nos momentos de reflexão, avaliação e deliberação, apontando para a pertinência da continuidade no trabalho de fortalecimento dessa rede de educadores(as) populares de capoeira, e do grande interesse na realização de novas edições do Curso PERI-Capoeira.

Hoje, apesar de grande dificuldade, essa rede vem heroicamente se sustentando de forma autônoma por poucos educadores(as) populares de capoeira que mantêm o costume de visitar uns aos outros, participar de rodas de capoeira promovidas pelos ex-colegas de curso. A própria Confraria Catarinense de Capoeira vem tendo certa dificuldade para manter suas ações, como as suas reuniões periódicas, palestras e eventos acima referidos, pela dispersão e abandono dos seus confrades, dificultando a promoção e a articulação entre esses(as) educadores(as) populares de capoeira que compõem a rede.

Dessa maneira, o que contribui de forma determinante para a sustentação dessa rede é o vínculo de amizade que alguns(as) educadores (as) populares de capoeira participantes do curso preservam, juntamente com o costume de visitar mutuamente os espaços de ensino uns dos outros, assim como a prática de capoeira sob a responsabilidade pedagógica desses amigos.

Vale salientar que alguns grupos e praticantes de capoeira que vieram a compor essa rede não participaram dos cursos PERI-Capoeira I e II, por vários e diferentes motivos, como: rivalidades entre grupos e a hierarquização exacerbada e as relações de poder internas aos grupos de

---

[7] Termo criado pela Confraria Catarinense de Capoeira relacionado a encontros de conversa, "bate-papos" entre os capoeiras, sobre temas diversos referentes à capoeiragem.

capoeira, subjacentes e advindas do próprio "campo da capoeira", ou simplesmente por não terem conhecimento dessa prática. Porém, a postura político-pedagógica de abertura e diálogo para com as diferenças assumida pelos protagonistas e participantes do curso conquistou e/ou motivou a composição dessa rede por esses não participantes.

No entanto, consideramos que, para a preservação e continuidade dessa rede, condições objetivas tais como as ações desempenhadas na realidade dos cursos do PERI-Capoeira I e II - a partir de uma avaliação e reformulação que materialize o processo de auto-organização e fortalecimento desse campo privilegiado de formação e investigação dos educadores populares de capoeira para um processo de tomada de consciência na intervenção da realidade da prática social da capoeira e luta por ações e condições político pedagógicas e acesso as políticas públicas na perspectiva de construção de um novo projeto histórico de sociedade - são iniciativas relevantes. Como podemos constatar no relatório do I PERI-Capoeira:

> A sustentação dessa rede requer que se pense e se ponha em prática estratégias para tal, pois, apesar dos esforços de auto-organização dos(as) educadores(as) de capoeira, efetivado em parte pela Confraria Catarinense de Capoeira, ainda existem limites claros, principalmente em termos de disputas, falta de abertura ao diálogo e de condições materiais, que precisariam ser enfrentados no sentido de potencializar-se o fortalecimento dessa rede de interações entre educadores(as) de capoeira. Assim, duas questões-problema poderiam indicar a necessidade de realização de uma nova etapa de curso de formação de educadores(as) de capoeira:
> 1) Como traduzir a concepção de interculturalidade, implementada no PERI-Capoeira através do processo de investigação temática, em uma dinâmica de construção curricular participativa e deliberativa que sustente a formação de educadores(as) de capoeira?
> 2) Como promover uma nova etapa de curso de formação de educadores(as) de capoeira, de modo a favorecer a sustentação de um contexto pedagógico e relacional, orientado por posturas

interculturais, que colaborem para a consolidação da rede de educadores(as) de capoeira no estado de Santa Catarina? (FALCÃO et al., 2009, p. 256).

2.5.2 O Camarada 1

Benedito Carlos Libório Caires Araújo na capoeira é conhecido como mestre Bené, mestre do grupo de capoeira Batuguegê, da cidade de Salvador, capital do estado da Bahia. Licenciado em Educação Física pela Universidade Federal da Bahia, Mestre em Educação pelo Programa de Pós-Graduação em Ciências da Educação da Universidade Federal de Santa Catarina (PPGE/CED/UFSC) e doutorando do Programa de Pós-Graduação em Educação da UFBA, está vinculado à Linha de Estudo e Pesquisa em Educação Física e Esporte e Lazer (LEPEL/UFBA).

Camarada 1 – Mestre Bené / ARAÚJO, 2008.									
Categoria Empírica	Protagonismo nos Cursos		Produção Acadêmica		Cartas do PERI				
	PERI-Capoeira I	PERI-Capoeira II	Direta	Indireta	1	2	3	4	5
Jogador		X	X	X	X	X	X	X	X
Tocador		X	X	X	X	X	X		
Cantador		X	X	X	X	X			

Quadro 2 - Quadro do Magaio - Camarada 1

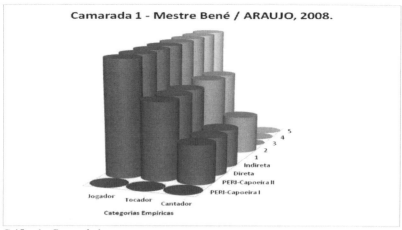

Gráfico 1 - Camarada 1

2.5.2.1 O protagonismo no curso

Por ocasião da aprovação no curso de mestrado em Educação no PPGE/CED/USF UFSC no início de 2006, Bené veio morar em Florianópolis e participou da segunda edição do Curso de PERI-Capoeira, realizado em 2007. Participou e interveio integralmente como ministrante, membro da coordenação e cursista, com o intuito de contribuir para a construção de políticas de formação para os capoeiras, em particular, dos participantes do curso PERI-Capoeira.

Título de sua dissertação: "A Capoeira na Sociedade do Capital: A Docência como Mercadoria-Chave na Transformação da Capoeira no Século XX" (ARAÚJO, 2008).

Na sua dissertação, Mestre Bené aponta que o processo de mercadorização da docência na capoeira se inicia e passa a ser estruturado a partir das ações concretas de duas escolas de capoeiras baianas, as escolas de Bimba e de Pastiniana, que transformaram o conhecimento da capoeira em propriedade. Dessa forma, atribui-se uma relação de troca entre mercadorias que, nas décadas de 1980 e 1990, viriam a se concretizar sob a lógica do trabalho produtivo.

No seu estudo, aponta, como marco desse processo, o desenvolvimento das forças produtivas da capoeira soteropolitana, mais especificamente, na atuação do Centro de Cultura Física Regional (1936) e, posteriormente, na escola que vem a ser chamada de Pastiniana, a qual, sob forte influência do pensamento positivista e da forma taylorista de trabalho, materializou, nas relações diretas, a fragmentação da capoeira.

O autor defende ainda que esse processo se consolida nos dias atuais, quando a capoeira aparta-se do seu produtor, relegando-lhe papéis secundários na sua construção. Na organização da sociedade civil em que a capoeira se insere, a gerência na lógica dos interesses privados, em uma estrutura que une a ideologia burguesa, o estado liberal e as parcerias privadas de financiamento público, a docência da capoeira se torna a mercadoria "mais barata" do mercado.

Na elaboração do seu trabalho, mestre Bené teve como objetivo articular possíveis respostas contra a dinâmica da sociedade capitalista, na qual a capoeira se encontra de forma alienada. Para dar conta dessa empreitada, concentrou sua atenção no recorte da mercadoria como prática docente da capoeira, destacando nela as contradições que evidenciam a lógica da mercadoria e suas determinações. Reconhecendo as mudanças nos dados concretos do trabalho pedagógico, nos espaços e tempos formativos na capoeira, assumiu uma postura de confronto, para avançar na compreensão dos limites e possibilidades que se põem aos capoeiras e outros formadores populares, na perspectiva da conscientização de classe e das ações revolucionárias.

Na análise de referência da realidade do PERI-Capoeira na sua dissertação, podemos identificar de forma direta no corpo texto e nas notas de roda pé da introdução, mais especificamente na página 12 (doze), quando destaca como critério de escolha do Programa de Pós-graduação em Educação - PPGE/CED/UFSC - devido à significativa produção cientifica na área da capoeira, a partir das contribuições das ações do Núcleo MOVER e da Confraria Catarinense de capoeira. Podemos identificar essas razões no corpo do texto de sua dissertação:

> Em 2005, concluído o curso de Graduação, participamos da seleção de mestrado do Programa de Pós-Graduação em Educação da Universidade Federal de Santa Catarina, na linha Movimentos Sociais, da qual faz parte o Núcleo MOVER, laboratório de pesquisa que motivou nosso deslocamento para o Sul do País, para estudar capoeira. O critério para a escolha desse programa, em especial, se vincula à sua significativa produção de textos, teses e dissertações sobre capoeira e educação. Parte das considerações presentes nesta dissertação faz parte da produção dessa Universidade e dos projetos empreendidos por esse Núcleo, a exemplo do PERI-Capoeira, principalmente a experiência da Confraria Catarinense de Capoeira (ARAÚJO, 2008, p.12).

Ainda na referência direta da realidade do PERI-Capoeira, identificamos nas considerações finais do seu trabalho seu apontamento de que um dos objetivos da elaboração de sua pesquisa foi o de contribuir com a realidade do PERI-Capoeira, mais especificamente na construção de políticas de formação de educadores populares de capoeira.

> Para encerrar este texto, não podemos deixar de salientar que o nosso objetivo não foi e nem poderia ser o esgotamento da reflexão sobre o processo de transição da capoeira de bem comum

> a mercadoria. Nossa intenção foi a de iniciar um diálogo com outros pesquisadores da capoeira, bem como contribuir para a construção de políticas de formação para os capoeiras, em particular, com o Curso Experimental de Formação de Educadores de Capoeira na Perspectiva Intercultural – PERI-Capoeira, desenvolvido pelo Núcleo de Estudos em Educação Intercultural e Movimentos Sociais, MOVER/CED/UFSC, espaço eleito por nós como ambiente de discussão e ampliação das ações dos capoeiras, o que consideramos o passo seguinte de nossa pesquisa (ARAÚJO, 2008, p.85).

Podemos perceber também a referência à realidade do PERI-Capoeira de maneira indireta no aprofundamento das discussões do capitulo 02 (dois) de sua dissertação, no qual centra sua reflexão sobre a formação e a práxis pedagógica da/na capoeira. Ainda de maneira indireta no trabalho, Mestre Bené remete à realidade do PERI-Capoeira quando dialoga com sete produções referentes a capoeira da UFSC, sendo que das sete, cinco fizeram parte efetivamente do contexto do PERI-Capoeira, sendo elas: FALCÃO, 2004; BRITO 2005, SILVA 2006; ANNUNCIATO, 2006 e CORTE REAL, 2006.

Relacionando com os resultados dos cursos do PERI-Capoeira I e II sobre os eixos dos avanços e desafios metodológicos, juntamente com o eixo da formação da redes de educadores(as) e perspectivas de ações futuras, pudemos afirmar que depois da primeira edição do curso PERI-Capoeira se abriu um campo profícuo de possibilidades para a consolidação da produção científica sobre a capoeira no Estado de Santa Catarina como referência nacional. Entretanto, devido a uma mudança conjuntural, a realização da segunda edição do curso em 2007 sofriu uma diminuição no financiamento, na captação e gerenciamento de recursos, fazendo com que a realidade do PERI-Capoeira apresentasse um enfraquecimento, dispersão e interrupção.

Assim sendo, outros fatos foram determinantes para a mudança conjuntural que contribuiu para esse enfraquecimento, dispersão e interrupção da realidade do PERI-Capoeira, diminuindo consideravelmente as condições objetivas para dar continuidade ao projeto, tais como: desfalque de alguns sujeitos protagonistas do curso, que migraram para outros estados; diminuição no orçamento, como ressaltamos anteriormente, e a descentralização do foco de estudo do núcleo MOVER para a capoeira.

2.5.2.2 Carta do Peri

Na resposta à problematização proposta pela carta do PERI, referente à importância da investigação e do trato a respeito das relações entre o saber popular da capoeira e o conhecimento científico que o contexto do PERI-Capoeira pode trazer para a realidade dos processos de formação dos educadores, podemos afirmar que o mestre Bené joga, toca e canta. Retomando a analogia que expressamos anteriormente, tem-se que ele abstrai, analisa e sintetiza, fazendo uma relação direta com o eixo das relações de saber e poder no curso do PERI-Capoeira II. Ainda, nas suas considerações, percebemos que o foco para resposta dessa questão ficou objetivado no olhar do pesquisador, no enriquecimento no âmbito da universidade, como podemos constatar:

> Na minha compreensão sobre função social dos espaços oficiais de formação, não existiria uma relação antagônica entre "tipos" de conhecimento, na verdade a ciência é um modelo explicativo da realidade que amplia nossa capacidade de enxergar e intervir na realidade objetiva, mas o que geralmente assistimos é uma interpelação política que tem a clara intenção de obscurecer essa realidade ou hierarquizar tipos de conhecimento. Vejo, hoje, de forma mais madura, os impactos que o PERI-Capoeira teve e tem, não penso no ganho dos participantes, mas no enriquecimento da universidade que abaixa seus muros e garante o acesso de pessoas que buscavam formação voltada para suas necessidades, e os pesquisadores se enriqueciam nessa troca, aprendemos mais do que imaginávamos, houve uma troca muito intensa entre os acadêmicos e os capoeiras envolvidos.

Já na resposta referente às contradições emergentes da relação entre o saber da capoeira e o conhecimento científico na realidade da prática formativa do PERI-Capoeira, o mestre continua jogando, tocando e cantando. Entretanto, o seu toque e canto anunciam uma maior articulação entre o saber da capoeira e o conhecimento cientificamente sistematizado em comparação com a questão anterior. Evidencia que, por mais conflituosa que possa ser essa contradição entre os saberes da capoeira e o conhecimento científico, ela contribui, colocando sob o crivo da dúvida científica, o salto qualitativo das pesquisas e produções acadêmicas, tanto as verdades "sagradas" quanto a interferência dos mestres nas produções das pesquisas.

Podemos relacionar suas considerações com os eixos das relações de saber e poder nos cursos do PERI-Capoeira e dos avanços e desafios metodológicos:

> Existe algo na capoeira que sempre me foi estranho, percebia que isso não era exclusivo da capoeira, mas de uma conduta disciplinar para o não questionar, de tratar as relações no espaço de convivência numa sustentação metafísica, mítica, na figura de alguns mestres, e de todo sujeito envolvido achar que a capoeira vai resolver todos os problemas do mundo. Durante o PERI-Capoeira alguns de nós se debruçaram sobre a contradição do que é dito/ do que é feito, sobre as relações entre liberdade/ submissão nas rodas de capoeira, contradições entre passado/ presente no sentido de compreender as coisas. Acredito que tenham sido os momentos mais tensos do projeto, questionar o sagrado, esses nós de tensão se refletiam nas produções de mestrandos/capoeiras, refletia na interferência dos mestres nas pesquisas, e no que seria publicado. Do outro lado, havia um questionamento sobre os tradicionais estudos, e os modelos acadêmicos pré-moldados dentro do CED, argumentando a falta de "cientificidade". Acho eu, "achismo" mesmo, que as produções geradas nesses conflitos mudaram MUITO a forma de se pesquisar capoeira, onde a grande maioria dos estudos se dividem entre: os que veem a capoeira de luneta e pouco compreendem sua dinâmica, ficando na superfície (afinal, é o suficiente para se construir uma dissertação ou uma tese); aqueles que estão imersos nela, que só reproduzem e justificam as práticas de seus grupos (na intenção da auto promoção); e os que expõem seus trabalhos, mas são pouco acessados pela discrepância entre culturas universitárias e da capoeira. Acredito que alguns acontecimentos

também tiveram influência nisso, e foram influenciadas pelo PERI, caso GECA/SENECA, e o CBCE dentro dos CONBRACES cedendo espaço para se discutir capoeira... As contradições continuam, mas em uma outra condição.

Nas suas considerações relacionadas à problematização sobre a possível contribuição da realidade do PERI-Capoeira para a articulação entre o saber popular da capoeira e o conhecimento científico da área da Educação e da Educação Física, o mestre Bené joga e toca, ou seja, ele estabelece o processo de abstração e análise, porém não elabora uma síntese mais específica, inviabilizando uma possível relação com os eixos do resultados gerais e análises dos relatórios dos cursos PERI-Capoeira I e II. No entanto, deixa evidente a atitude científica necessária a um intelectual forjado na prática social da capoeira, ou seja, um Intelectual Maloqueiro.

> Pra mim a única função do saber cientifico é de organizar e ampliar a nossa capacidade de ver, entender e intervir na realidade, e nesse mesmo raciocínio, penso que o conhecimento científico não é propriedade de uma classe ou de um determinado grupo de pensadores, a atitude científica existe, mesmo rudimentar, em todo ser social, e nos capoeiras está presente nas contribuições pedagógicas e cinéticas sobre sua atividade social, nas possibilidades de entender o mundo pelo produto de suas ações práticas ao longo do tempo, perceber os contornos políticos que se traduzem nos movimentos. Tudo tem uma razão de ser, emerge da necessidade, na ação consciente para transformar, mesmo que milimetricamente, a realidade, e nisso, a atitude científica está presente.

Na quarta questão da carta, problematizamos a respeito da viabilidade da realidade do PERI-Capoeira poder contribuir como referência na orientação e construção de ações direcionadas à formação de Educadores Populares, em Santa Catarina, visando à construção da cidadania e da emancipação humana socialmente referenciadas. O mestre Bené inicia um jogo forte, mas não toca nem canta, pois não conseguimos perceber a análise, nem a síntese nas suas considerações, visto que o mesmo faz uma avaliação da edição do PERI-Capoeira I, do qual ele não participou, impossibilitando uma relação com os eixos de resultados e análises do relatório dos Cursos PERI-Capoeira I e II.

> Eu tenho uma compreensão diferenciada sobre emancipação e cidadania. Não penso que isso seja possível de forma isolada, mas acredito que o principal ganho do coletivo envolvido com o PERI-Capoeira em 2005 foi a compreensão política dos participantes, concretizada nas ações do Triplo C e nos posicionamentos de alguns mestres e professores universitários diante da demanda de compreender os limites da luta isolada, e das ações coletivas no intuito de se entender como trabalhadores da educação popular, e que fazemos parte de uma enorme classe de trabalhadores. Tiveram outras formulações de PERI-Capoeiras em outros lugares, mas não lograram êxito nesse sentido, por que haviam outros fatores, como o Triplo C, MOVER, a escolaridade de muitos mestres eram elevadas, etc.

Por fim, no questionamento "é possível e/ou viável, a partir do processo de formação de Educadore(a)s Populares, mais especificamente no contexto do PERI-Capoeira, a constituição do (a) intelectual orgânico forjado na prática social da capoeira?", mestre Bené faz um jogo alto e ligeiro quando afirma positivamente a existência de tal possibilidade, e anuncia a tentativa de reproduzir esse cultivo, mas não toca nem canta sobre esse processo. Mesmo assim, podemos perceber a relação com o eixo da formação da rede de educadores(as) e perspectivas de ações futuras.

> É possível. Acredito nessa possibilidade, tanto que tentei reproduzir essa atividade na UFAL e não tivemos os mesmos resultados, são muitos fatores, muitas questões que levantariam teses infinitas, mas que apontam para o êxito desse tipo de ferramenta, a depender de quem a manuseie pode ser uma alternativa muito interessante para formação de sujeitos políticos ativos e engajados.

2.5.3 Camarada 2

Leandro de Oliveira Acordi, na capoeira conhecido como Desenho, é professor da Associação Cultural Ilha de Palmares. É licenciado em Educação Física pela Universidade Federal de Santa Catarina, Mestre em Educação pelo Programa de Pós-Graduação em Educação e integrante do Núcleo Mover da mesma instituição.

Camarada 2 – Professor Desenho / ACORDI, 2009.									
Categoria	Protagonismo nos Cursos		Produção Acadêmica		Cartas do PERI				
Empírica	PERI-Capoeira I	PERI-Capoeira II	Direta	Indireta	1	2	3	4	5
Jogador	X	X	X	X					
Tocador	X	X							
Cantador		X							

Quadro 3 - Quadro do Mangaio - Camarada 2

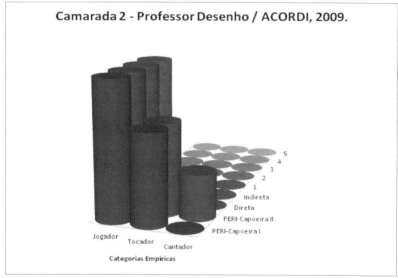

Gráfico 2 - Camarada 2

2.5.3.1 O protagonismo no curso

Podemos atribuir uma participação e o protagonismo como jogador e tocador na primeira edição do Curso PERI-Capoeira I; já na segunda edição, aumentou seu protagonismo, participando de todo o decorrer do processo de organização, planejamento e constituição da realidade do PERI-Capoeira II, realizado em 2007, atuando e intervindo integralmente como palestrante, ministrante, membro da coordenação e cursista, de modo a contribuir com a formação da rede de educadores populares de capoeira e de ações futuras.

Título de sua Dissertação: "Memória e Experiência: Elementos de Formação do Sujeito da Capoeira" (ACORDI, 2009).

Na sua dissertação, Desenho buscou investigar sintomas geradores de mudanças no modo de produção, organização e manutenção dos saberes, identificando os processos de elaboração e manutenção dos mesmo entre mestre e discípulo na capoeira. Sendo assim, buscou compreender a forma de organizar os saberes desta prática cultural e os elementos educativos presentes na relação entre mestre e discípulo. Teve como objetivo, portanto, pesquisar os saberes provenientes das memórias e experiências dos Mestres, professores e discípulos, compreendidos como responsáveis pela produção e manutenção de saberes relacionados à capoeira.

Na elaboração do seu trabalho, Desenho evidenciou a necessidade de uma relação entre mestre e discípulo pautada pela comunicação, considerando as memórias e experiências dos mestres na relação com conhecimentos dos discípulos como constituintes da manutenção e elaboração dos saberes na/da capoeira. A pesquisa sugeriu também questões relevantes para futuras investigações no campo da produção e comunicação dos diferentes saberes em práticas interculturais.

Na sistematização de sua dissertação, apresentou uma discussão sobre memória e experiência, com o sentido de entendê-las como contribuições para refletir sobre os elementos de formação das práticas de tradição oral, abordando assim os limites e possibilidades que o conceito traz, para contribuir com as análises sobre os processos de formação da capoeira. Apontou para as possibilidades de uma relação intercomunicativa de seus saberes, apresentando o conceito de intercultura como ferramenta de compreensão sobre as diferentes perspectivas culturais envolvidas.

Demonstrou, também, como os diferentes modos de se contar a história da Capoeira estão associados às transmissões orais, e que a escolha por um ou outro discurso determinam sentidos e compreensões à prática. Defendeu a ideia de que é a partir dos discursos que se dão as marcas culturais de seus interlocutores, que ora contestam, ora afirmam verdades da tradição, através do contraponto que o documento escrito faz à oralidade e das outras vozes envolvidas, fundamentando suas argumentações sobre a experiência a partir do referencial de Walter Benjamim e de alguns comentadores de sua obra.

Desenho optou, no que se refere a instrumentos de pesquisa, pela análise de duas seções da Revista Capoeira, para a compreensão eleita sobre o novo sujeito da capoeira contida neste meio de transmissão de massa. Assim, usou como material de análise a seção "O menino é bom, bate palma pra ele" e "Ela é bonita e ligeira", ambas publicadas nesta revista entre os anos de 1998 e 1999, pela Editora Candeias. Além da análise das revistas, buscou ainda tencionar as formas de comunicação dos saberes e conhecimentos nos processos educativos da capoeira.

No que diz respeito à referência sobre a realidade do PERI-Capoeira, na sua dissertação o professor Desenho faz referência bem pontual de maneira direta apenas na introdução da mesma, na pagina 17 e, indiretamente, quando dialoga com seis das produções referentes à capoeira da UFSC (FALCÃO, 2004; SILVA, 2006; ANNUNCIATO, 2006; CORTE REAL, 2006; FLEURI, 2007; ARAÚJO, 2008), sendo que todos os seis sujeitos autores das respectivas obras são sujeitos que fizeram parte efetivamente do contexto do PERI-Capoeira. Dos seis, um participou apenas do curso PERI-Capoeira II e outro só do PERI-Capoeira I, enquanto os outros quatro participaram das duas edições dos cursos PERI-Capoeira.

2.5.3.2 A Carta do Peri

O professor Desenho, devido as suas demandas pessoais, não respondeu em tempo hábil à solicitação da problematização da Carta do PERI.

2.5.4 O Camarada 3

Marcelo Backes Navarro Stotz, na capoeira conhecido como mestre Kblera, é mestre e líder do Grupo Camará, com sede na cidade de Brusque, no Estado de SC. É licenciado em Educação Física, com especialização em Fisiologia do Exercício pela Pontifícia Universidade Católica do Paraná, e Mestre em Educação Física pelo Centro de Desportos da Universidade Federal de Santa Catarina (CDS/UFSC).

Categoria Empírica	Camarada 3 – Kblera / STOTZ, 2010								
	Protagonismo nos Cursos		Produção Acadêmica		Cartas do PERI				
	PERI-Capoeira I	PERI-Capoeira II	Direta	Indireta	1	2	3	4	5
Jogador	X	X		X	X	X	X	X	X
Tocador	X	X			X	X	X	X	X
Cantador	X	X			X	X		X	X

Quadro 4 - Quadro do Mangaio - Camarada 3

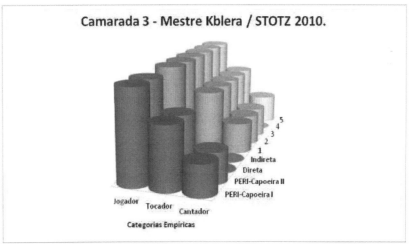

Gráfico 3 - Camarada 3

2.5.4.1 O protagonismo no curso

Podemos atribuir uma participação e um protagonismo efetivo ao mestre Kblera em todo decorrer do processo de organização, planejamento e constituição da realidade do PERI-Capoeira. É um dos fundadores da Confraria Catarinense de Capoeira e participou de todas as atividades e eventos que articularam, e produziu as condições objetivas para a realização das duas edições do PERI-Capoeira, realizado em 2005 e 2007, participando e intervindo integralmente como palestrante, ministrante, membro da coordenação e cursista, de forma a contribuir com a formação da rede de educadores populares de capoeira e de ações pós-curso.

Título da sua dissertação: Ritmo & Rebeldia em Jogo: Só na Luta da Capoeira se Dança? (STOTZ, 2010).

A referida dissertação teve por objetivo investigar e identificar a possível existência de lutas praticadas ao som de músicas e apontar as semelhanças no campo das gestualidades entre estas práticas e a capoeira. Caracterizou-se como uma pesquisa bibliográfica com análise de imagens de elementos em comum, que apontam para a existência de traços semelhantes entre algumas manifestações combativas, especialmente as geradas na diáspora africana durante a escravidão (Ladja e Danmyé no Caribe e Moringue das Ilhas Reunião) e a capoeira.

Na elaboração de sua dissertação, mestre Kblera utilizou procedimentos teórico-metodológicos fundamentados na pesquisa bibliográfica e documental com abordagem qualitativa, por meio do levantamento de diversas fontes primárias e secundárias (online, impressas e eletrônicas), como: livros, revistas, periódicos, teses, dissertações, monografias, artigos científicos publicados em bases eletrônicas de dados (Lilacs, Bireme, Scielo, Web of Science, EBSCO, Portal de Periódicos da CAPES, Google acadêmico ou em CD-ROM), nas quais foram utilizadas como descritores os termos: "capoeira", "artes marciais", "african martial arts", "martial arts", "artes marciales" na busca eletrônica de outras formas de registros documentais nas línguas portuguesa, espanhola e inglesas vinculadas a esta temática.

No seu trabalho, o mestre Kblera deixa evidente que o advento do conhecimento científico e tecnológico, principalmente depois das ferramentas de informação e, essencialmente, dos recursos da internet possibilita-se conhecer e comprovar a existência outras lutas que também fazem uso da música, mesmo que de forma diferenciada ao que acontece na prática social da capoeira.

O compromisso científico desta pesquisa, ao relacionar as práticas de luta com o acompanhamento musical, constituía-se em contribuir para a lucidez e desmistificação presente no imaginário comum da prática social da capoeira, fornecendo subsídios preliminares de não haver em nenhum outro lugar do mundo, nem em África, nem nos outros países influenciados pela diáspora da raça negra, nada parecido com a capoeira. Contribuiu, portanto, para a compreensão de que a capoeira é produto de múltiplas determinações da realidade pautada no modo de produção do capital.

No que diz respeito à referência sobre a realidade do PERI-Capoeira na dissertação do mestre Kblera, notamos que há referência apenas de maneira indireta, quando dialoga com quatro das produções referentes à capoeira da UFSC (FALCÃO, 2004; BRITO, 2005; CORTE REAL, 2006 e ARAÚJO, 2008), sendo que os quatros sujeitos autores das respectivas obras são sujeitos que fizeram parte efetivamente do contexto do PERI-Capoeira. Dos quatros, um participou apenas do curso PERI-Capoeira II e os outros três participaram das duas edições dos cursos PERI-Capoeira I e II.

2.5.4.2 A Carta do Peri

Nas contribuições sobre a reflexão da importância da investigação e do que o trato das relações entre o saber popular da capoeira e o conhecimento científico podem trazer para a realidade dos processos de formação dos educadores no contexto do PERI-Capoeira, pudemos perceber no jogo, toque e canto do mestre Kblera, ou seja, na sua abstração, análise e síntese, uma relação com os eixos das relações de saber e poder e de avanços e desafios metodológicos quando evidencia o processo de investigação da prática pedagógica fomentado pelo PERI-Capoeira, e apropriado pelo mestre na avaliação do campo da Educação Física, sua área de formação.

> O universo da cultura popular traz em si diversas práticas corporais que vêm sendo investigadas cientificamente nas diferentes caracterizações e usos das subjetividades e relações objetivas particulares que lhe dão sentido no contexto contemporâneo. No entanto, esse processo de investigação, por vezes, ainda sofre com o raciocínio equivocado que busca comparar o valor do conhecimento oriundo do saber popular em relação aquele dito científico e vice versa. De forma semelhante a própria Educação Física enquanto campo de conhecimento que, por um longo tempo sofreu um preconceito dissimulado no meio acadêmico-científico, baseado na pretensa dualidade corpo e mente advinda da antiga tradição grega que valorizava o conhecimento teórico em detrimento das

> atividades práticas, para manter o potencial pedagógico da Capoeira à disposição de todos os interessados, é vital estabelecer uma relação pedagógica ativa, participativa e qualitativa junto a todas as pessoas envolvidas para que se possa garantir educação (formação) continuada, tanto no caminho da regulamentação da profissão, como na formação do indivíduo como cidadão.
> Por meio da análise e discussão das implicações pedagógicas no processo de ensino–aprendizagem da Capoeira, a experiência do PERI-Capoeira proporcionou a(o)s participantes um fluxo de informações capaz de estimular a pesquisa, o registro, a avaliação e opinião, produzindo conhecimento científico aplicável à realidade. Por meio de atividades corporais criativas e solidárias, onde a prática não é um fim em si mesmo, mas uma estratégia para entender o fenômeno estudado e atingir os objetivos pretendidos, o contato com os conteúdos propostos possibilitaram a experiência do "aprender a ensinar".

O mestre Kbelera continua jogando, tocando e cantando com o mesmo vigor nas considerações feitas sobre as contradições emergentes na relação entre o saber da Capoeira e o conhecimento científico na realidade da prática formativa do Peri Capoeira. Estabelecendo uma crítica à postura e ao comportamento dos sujeitos participantes dos cursos frente aos conflitos subjacentes aos diferentes estilos na prática social da capoeira e no âmbito da universidade, evidenciou o esforço coletivo na elucidação de tais conflitos, lendas e equívocos, na busca de tratar com rigorosidade científica, planejada e proposta nas duas edições dos cursos PERI-Capoeira I e II, possibilitando a relação com os eixos das relações de saber e poder, bem como com o eixo dos avanços e desafios metodológicos.

> Entre todas as pessoas que compareceram aos encontros, a grande maioria era de praticantes do que comumente se convencionou chamar de Capoeira Contemporânea, ou ainda se diziam "não estar preso a um estilo de Capoeira". Nos diversos relatos destes(as) Capoeiras questionados(as) sobre temas diversos durante o

projeto do PERI-Capoeira ficou bastante evidente uma tensão entre as pessoas que valorizam o "saber fazer", característica que teoricamente estaria mais associada aos educadores populares (inclusive aqueles com diploma universitário), em detrimento daquelas que buscam o "saber sobre este saber fazer" (Kunz, 1994), ideia pretensamente associada aos acadêmicos. Durante os encontros se discutiu algumas possibilidades do por que desta tensão. Ainda que tal análise não conseguisse escapar de algumas "segregações emocionais" e "discriminações profissionais" baseadas em "separações objetivadoras" e "antagonismos simplificadores" (Molina Neto et al., 2006), o esforço conjunto das pessoas envolvidas no projeto do PERI-Capoeira buscou trazer à luz da ciência teorias, lendas e equívocos que continuam a povoar os discursos de expressivo número de estudiosos e praticantes da Capoeira que visam apenas a valorização e afirmação convenientes de referências simbólicas do processo civilizatório afro-brasileiro.

Na resposta da problematização feita sobre a contribuição do PERI-Capoeira na articulação entre o saber popular da Capoeira e o conhecimento científico da área da Educação e da Educação Física, o mestre Kblera inicia seu jogo evidenciando a importância da abertura da universidade às demandas populares da prática social da capoeira como também o fez mestre Bené nas suas considerações referentes a primeira questão da sua carta. O mestre Kbelera dá continuidade às suas contribuições em seu toque e canto, complementando as considerações já apresentadas por ele no início de sua carta na primeira questão, quando fez uma avaliação do campo da Educação Física, e agora apresenta como necessidade da formação das áreas da Educação e da Educação Física em contemplar os saberes e conhecimentos da prática social da capoeira, possibilitando uma relação com o eixo das relações de saber e poder.

Ao tentar aproximar os educadores populares que trabalham no ensino da Capoeira em Santa Catarina com o ambiente da Universidade, uma vez que ainda existe uma tensão de cada uma das partes em conviver com a outra, o processo de

> formação do PERI-Capoeira muito contribuiu para a compreensão de como a diversidade que compõe o universo da Capoeira enquanto manifestação da cultura corporal pode ser incorporada na prática pedagógica de educadores populares. A iniciativa foi extremamente produtiva por **fomentar discussões e debates enriquecedores a todos os interessados em se aprofundar na investigação da Capoeira.** De alguma forma tais conhecimentos irão contribuir com a práxis dos envolvidos no projeto estimulando a todos a pesquisar e se aprofundarem cada vez mais no universo da Capoeira e da investigação científica. Ainda que a Capoeira se configure como um espaço de intervenção profissional que se encontra em aberto na formação de profissionais de Educação Física e de Educação, reforçou-se que tal formação deve contemplar esta temática, pois viabiliza a diversificação dos conhecimentos tanto por parte do futuro professor, como dos educandos no ambiente escolar (grifo nosso).

Nas contribuições em resposta sobre a viabilidade da realidade do PERI-Capoeira em contribuir na orientação e construção de ações referentes à formação de Educadores Populares em Santa Catarina, visando à construção da cidadania e da emancipação humana socialmente referenciadas, o mestre Kblera joga quando aponta que a responsabilidade na produção do diálogo e articulação entre esses dois contextos é dos sujeitos participante e protagonistas desse processo, e não da prática em si. Toca quando evidencia alguns dos indícios da degeneração, decomposição e submissão da prática social da capoeira ao modo de produção capital. Mas sentimos falta do seu canto na perspectiva de apresentar novas possibilidades para essa realidade. Mesmo assim, conseguimos relacionar suas considerações como uma possível crítica à necessidade de se buscar ainda mais elementos para o eixo de avanços e desafios metodológicos.

> Ao promover um diálogo envolvendo as relações que se estabelecem entre os conhecimentos produzidos na Academia com os saberes construídos historicamente na cultura popular é

> preciso ressaltar que os agentes deste processo são as pessoas e não a Capoeira em si. Esta, como tem sido desde seu surgimento, para sobreviver mandingueiramente continua se valendo dos meios utilizados para controlá-la para se espalhar como mato rasteiro. Todo esforço em promover o intercâmbio entre Capoeiras, estudiosos e simpatizantes parece confirmar "a tese de que a Capoeira está em franca degeneração e decomposição de seus valores genuínos - Capoeira patrimônio da humanidade - quando subsumida ao modo do capital de produzir mercadorias usadas e trocadas em relações capitalísticas" (TAFFAREL, 2004). No caso do PERI-Capoeira dois indícios claros apontam para as "relações capitalísticas" apontadas acima. Primeiro, apesar da grande procura de interessados em participar do projeto, nem um terço sequer deste número compareceu a todos os encontros. O segundo indício foi que a procura de pessoas interessadas em "adquirir" cópias dos arquivos apresentados nas reuniões foi muito maior que a participação nas mesmas.

Finalizando sua carta, o mestre Kblera joga, toca e canta na sua resposta sobre a possibilidade e a viabilidade de,a partir do processo de formação do Educadore(a)s Populares mais especificamente no contexto do PERI-Capoeira, buscar-se a constituição do(a) intelectual orgânico forjado na prática social da Capoeira. Ao afirmar positivamente que a realidade do PERI-Capoeira pode atuar como um processo de construção coletiva que articule uma prática pedagógica concreta com o projeto histórico que orienta essa mesma prática, possibilitou a relação com os três eixos: relações de saber e poder; avanços e desafios metodológicos, e formação da rede de educadores(as) e perspectivas de ações futuras dos resultados gerais e analises dos cursos PERI-Capoeira I e II.

> Sem dúvida, pois tal exemplo pode contribuir para a criação de uma rede de educadores que, por meio de reflexões coletivas, possam atuar numa perspectiva intercultural de construção de processos ampliados e participativos ao articular

sua prática pedagógica concreta com o projeto histórico que orienta essa mesma prática. Este estudo interpretativo da Capoeira representou um esforço para aceitar a diversidade entre as várias maneiras que se têm de praticar a Capoeira, onde buscou-se instigar a reflexão sobre o processo de construção e caracterização da mesma como prática social determinada diferenciada de outras formas de combate. Ao problematizar o distanciamento dos conhecimentos produzidos no campo acadêmico com as práticas corporais populares e seus desdobramentos, o projeto buscou acumular informações importantes relacionadas às novas perspectivas de organização social e de interação entre os saberes científicos e populares, estimulando iniciativas que valorizam a democratização e a diversidade cultural por meio de atividades que enfatizaram os conhecimentos provenientes de ambas as esferas.

2.5.5 O Camarada 4

Marcos Cordeiro Bueno, na capoeira, é conhecido como Canguru Cantador. É professor do Grupo Roda Livre, com sede na cidade Curitiba, capital do Estado do Paraná, sendo membro do grupo desde sua fundação. É licenciado em Educação Física pela Universidade Federal de Santa Catarina, Mestre em Educação Física pela Universidade Federal de Pelotas e, também, professor na Universidade do Vale do Itajaí.

Camarada 4 – Professor Canguru / BUENO, 2012.									
Categoria Empírica	Protagonismo nos Cursos		Produção Acadêmica		Cartas do PERI				
	PERI-Capoeira I	PERI-Capoeira II	Direta	Indireta	1	2	3	4	5
Jogador	X	X	X	X	X	X	X	X	X
Tocador	X	X	X	X	X	X	X	X	X
Cantador					X	X	X	X	X

Quadro 5 - Quadro do Mangaio - Camarada 4

Gráfico 4 - Camarada 4

2.5.5.1 O protagonismo no curso

O professor Canguru cursava a graduação em Educação Física na UFSC durante o período em que se realizaram as duas edições do curso PERI-Capoeira I e II, vindo o mesmo a participar efetivamente das duas como cursista e, posteriormente, vindo a estabelecer vínculo com o Núcleo MOVER como bolsista de monitoria de docência.

Título de sua Dissertação: O Fetiche da Capoeira Patrimônio: Quem Quer Abrir Mão da História da Capoeira? (BUENO, 2012).

Na sua dissertação, Canguru investigou e criticou os pressupostos do processo de patrimonialização da capoeira, analisando historicamente e elencando os principais marcos, desde seus primeiros registros ainda existentes, passando pelo processo de sua criminalização e descriminalização, percorrendo a sua subsunção ao capital, até chegar ao que defende como seu estágio evolutivo mais avançado, que entende a capoeira como Patrimônio Cultural do Brasil.

Durante seu processo de pesquisa, analisou os discursos contidos nos documentos que oficializam a capoeira em sua forma de patrimônio, bem como as políticas públicas implementadas para a capoeira até esse fato. Fundamentada no método do Materialismo Histórico Dialético, sua pesquisa constatou que a capoeira, nesse processo de reconhecimento pelo Estado Brasileiro, está pautada pelo fetiche da mercadoria, de modo que seus sujeitos protagonistas e produtores, no caso os mestres, professores e seus praticantes, necessitam atentar-se para a exploração das relações de trabalho para produção da capoeira nesse estágio de mercadorização.

Na sua produção, fica evidente que o discurso oficial tendeu a cometer o equívoco em que o processo de reconhecimento representa uma "vitrinização" da capoeira pelo Estado Brasileiro para o mundo, que não garante a permanência e atualização de sua existência, despindo-a de suas características históricas, e ao mesmo tempo, que o Estado, ao executar as políticas culturais para a capoeira, aparelha a mesma com a ideologia burguesa. Políticas, estas, que deveriam por em prática o auxílio na organização dos capoeiras de maneira democrática e transparente, diferentemente do que foi constatado pelo trabalho em relação às ingerências do MinC/IPHAN/GTPC.

Professor Canguru defende e explica metodologicamente como o Materialismo Histórico Dialético contribui para além da análise e interpretação dos discursos oficiais sobre as políticas culturais de salvaguarda da capoeira, mas também que possibilita apontar caminhos para a transformação social, argumentando que esse processo não seria inventado, mas captado e construído no movimento do real.

Dessa maneira, teve o rigor científico no trato da dialética como princípio da produção do conhecimento humano, que reflete na materialidade a constante reestruturação das forças produtivas. Em sua análise, teve o cuidado de não cair em determinismos simplórios na defesa ou divergência da capoeira na sua forma mais avançada (patrimônio da cultura brasileira), como do desenvolvimento de suas matizes antecedentes que foram simplificados e resumidos na forma capoeira patrimônio da cultura brasileira. Podemos atribuir essa coerência e pertinência da escolha do método, com suas contradições, relações e dimensões qualitativas e quantitativas, ao seu comprometimento e vínculo orgânico com os movimentos sociais na perspectiva de transformação da sociedade.

Na sua dissertação, professor Canguru contribuiu de maneira significativa com a apresentação de sua análise histórica de maneira crítica e criativa pela elaboração das categorias empíricas "Fetiches da Capoeira", permitindo-nos não somente compreender a evolução da prática social da capoeira, de suas categorias inferiores para as superiores, mas também refletir, compreender e criticar suas possíveis perdas e ganhos na adequação à formação social do capital.

Na análise a respeito da referência a respeito da realidade do PERI-Capoeira na produção científica do professor Canguru, podemos identificar de forma direta no corpo texto do capítulo 03 (três): "Capoeira em seu estágio evolutivo mais avançado como patrimônio da cultura do Brasil (2008-2011): discursos e práticas", mais especificamente no subitem 3.1.2 Sobre o grupo de trabalho-Capoeira na Educação na página 141. O autor faz referência à realidade do PERI-Capoeira como uma realidade avançada na relação da articulação entre o saber popular da prática social da capoeira com o conhecimento cientificamente sistematizado na universidade. A seguir, o trecho:

> Nós entendemos que a capoeira ainda tem um longo caminho a percorrer no sentido do diálogo entre o conhecimento científico produzido no âmbito acadêmico e o conhecimento acumulado no senso comum dos mestres e professores de capoeira. Uma primeira versão avançada, ainda que imersa de contradições, limitações e ambiguidades desse "diálogo" já foi sistematizada no artigo **"A experiência do "PERI-Capoeira": curso de formação de educadores populares de capoeira na perspectiva intercultural"** (SILVA et al., 2009). **Curso esse financiado com verba pública do Ministério de Esporte (ME), mas que não foi levado em conta nos registros dos debates no encontro nordeste.** Não obstante, as soluções sugeridas desse GT tendem a acelerar esse processo de apropriação de um conhecimento pelo outro criando cursos técnicos e de ensino superior. Com isso, essa **"pressa" evidenciada prejudica a garantia daquilo que defende Gramsci (1984) como sendo o intuito dos intelectuais em elevar o senso comum ao nível do bom senso. A hegemonia do conhecimento acadêmico já vem se sobrepondo ao conhecimento acumulado sobre capoeira nas mais diferentes áreas de formação.** O tempo elevado para a formação de um mestre de capoeira dentro da cultura capoeirana não só é bastante diversificado em vários grupos, como também é consenso que não se formam mais mestres em apenas quatro anos

como foi durante a metade do século XX. Mas sob a intervenção estatal, esse debate manifesta mais uma vez o FETICHE DA CAPOEIRA EDUCATIVA, como pressuposto necessário para o desenvolvimento da categoria de FETICHE DA CAPOEIRA PATRIMÔNIO (BUENO, 2012, p. 141).

Ao confrontar a referência e o entendimento do autor, exposto no texto, com os resultados dos cursos do PERI-Capoeira I e II, pudemos relacioná-los com o eixo das relações de poder e saber juntamente com o eixo dos avanços e desafios metodológicos. Como evidenciamos anteriormente, as estratégias assumidas no curso para lidar com os conflitos das diferenças explícitas e interpolações hierárquicas entre os contextos da capoeira e da universidade foram determinantes para o desencadeamento de saltos qualitativos do desafio de construção de referenciais teórico-metodológicos e didático-pedagógicos nos cursos. A citação a seguir nos ajuda a sustentar essa afirmativa:

> Tal busca de promover o protagonismo de *educandos(as)-educadores(as)* em seu próprio processo de formação orientou a construção e a execução de todas as atividades pedagógicas e didáticas. Cada encontro, organizado sistematicamente como oficina, articulava diferentes atividades segundo os objetivos propostos. Para cada momento do processo pedagógico, programava-se uma rearticulação tática do espaço físico, dos equipamentos, das metodologias e dinâmicas, dos recursos didáticos, das linguagens e processos discursivos, das funções e dos papéis a serem desempenhados. As diferentes tarefas, desde as de coordenação e animação, até as de participação, apoio, observação e avaliação, eram programadas e assumidas de comum acordo de modo randômico pelos diferentes integrantes do curso. Na primeira fase do curso (quatro primeiros encontros), esta estratégia se consolidou principalmente no exercício das diferentes atividades programadas nas oficinas. Na segunda fase (do quinto ao oitavo encontro), consolidou-se principalmente através

das mesas-redondas lideradas por diferentes capoeiristas e acadêmicos. Na terceira etapa (últimos três encontros) a estratégia de participação se configurou principalmente nas apresentações dos resultados das pesquisas dos grupos de estudo (FLEURI et al., 2007, p.66).

Ainda no processo de análise das referências da realidade do PERI-Capoeira na dissertação do professor Canguru, pudemos identificar a desarticulação e o desconhecimento entre as ações e projetos financiados pelos Ministérios da Cultura e dos Esportes, prejudicando a apropriação e a utilização de trabalhos, esforços e políticas públicas para o salto qualitativo da articulação entre o saber popular e o conhecimento/produção científica relacionados à prática social da capoeira.

Foi possível perceber também a referência das discussões travadas na realidade do PERI-Capoeira de maneira indireta no trato das sistematizações das categorias empíricas do fetiche da capoeira regional e fetiche da capoeira esporte, na discussão do método de ensino da capoeira regional e no processo de trato da capoeira como esporte na área de conhecimento da Educação Física, respectivamente. Nesse sentido podemos constatar pelos fragmentos do primeiro capítulo da dissertação, expostos a seguir:

> Manoel dos Reis Machado, o Mestre Bimba, é um dos principais ícones no processo de legitimação da capoeira pelo capital. Seu entendimento sobre a capoeiragem não se bastou ao modo como a mesma se organizava na década de 1920 e, de maneira visionária e articulada com o acesso mínimo ao conhecimento científico por parte de seus discípulos, dentre eles os universitários do curso de medicina da Universidade Federal da Bahia, permitiu-lhe o salto qualitativo para a sistematização da capoeira como educação. Inclui-se nesse conjunto a criação de um próprio e original método de ensino.
>
> [...] O detalhe que julgamos fundamental deste período é o da valorização da modernidade, da hegemonia positivista - no âmbito da ciência - de modo que a referência do 'correto' era objetivista,

> evidenciado pelo Estado e apropriado pela população. Dito de outra forma, praticar a capoeira era coisa de 'vagabundo', no máximo de 'negro'. Mas o culto era o 'erudito', o conhecedor da ciência por excelência, aquele que tinha uma 'referência' frente à ideologia dominante. Esta afirmativa circula no ideário cultural ao mesmo tempo em que a prática capoeirana é valorizada nos ambientes mais marginalizados da sociedade em conjunto com espaços elitizados (universitários). A contradição é tamanha que no fim da Segunda Guerra Mundial o Estado varguista se vê na obrigação de esclarecer a população que aquele ideário eugenista de ser humano, explicitado em vários de seus documentos oficiais, não coaduna com as tendências nazi-fascistas alemãs e italianas (CASTELLANI FILHO, 2008).
>
> Mas no núcleo desse movimento, de acordo com Abreu (1999), existem registros em jornais da época que aludem acerca de iniciativas de oficialização jurídica da capoeira, da conquista de espaço em sua forma de 'academia' e com isso, a legalização de sua inserção em instituições públicas, tais como quartéis, escolas, universidades, clubes, etc (BUENO, 2012, p.53-62).

Ainda de maneira indireta no seu trabalho, o professor Canguru faz referências à realidade do PERI-Capoeira quando dialoga com sete produções da UFSC referentes à capoeira, nas quais todas são obras de autores que fizeram parte efetiva no protagonismo dos cursos do PERI-Capoeira.

2.5.5.2 A Carta do Peri

Na resposta à problematização proposta pela carta do PERI, especificamente a respeito da importância da investigação e do que o trato das relações entre o saber popular da capoeira e o conhecimento científico pode trazer para a realidade dos processos de formação dos educadores no contexto do PERI-Capoeira, o professor Canguru, abstrai, analisa e sintetiza. Assim, ele joga, toca e canta ao fazer uma relação direta com o eixo das relações de saber e poder, quando as evidencia em seu processo de formação na graduação em Educação Física e, paralelamente, à formação na militância no movimento estudantil com os conflitos e contradições que permearam e constituíram seu protagonismo nas duas edições do curso do PERI-Capoeira I e II. No seu processo de formação concomitante de educador popular de capoeira, licenciatura em Educação Física e militante do movimento estudantil na área, pudemos perceber nas suas considerações que o foco dessa questão ficou objetivado no olhar da análise e crítica da possibilidade do curso PERI-Capoeira se tornar um espaço profícuo para o processo de auto-organização e formação política dos sujeitos da prática social da capoeira.

> Quando participei pela primeira vez de uma das edições do PERI-Capoeira, estava cursando a graduação em Educação Física e também iniciava minha jornada como militante no Movimento Estudantil de Educação Física (MEEF). Trago este contexto de início, para situar e ao mesmo tempo justificar o que me recordo dessa experiência, ao mesmo tempo em que também justifico minhas posturas ao longo do referido Peri.
> Lembro-me que recebi de maneira bastante positiva a proposta de formação de educadores populares de capoeira organizada em uma instituição pública e gratuita, porque parecia-me, à primeira vista, que se tratava de uma formação alternativa e que pela perspectiva aparente, vinha a se contrapor à lógica imposta pelo Conselho Federal de Educação Física (CONFEF). O referido Conselho, na época (e ainda hoje) obrigava (obriga) os professores e mestres de capoeira a realizarem um curso "provisionado" de educação física para poderem dar aulas de capoeira, o que implicava (implica) em um vínculo ad eternum com o mesmo pagando suas anuidades. As lutas contra esse conselho estão hoje bem avançadas, mas não vem ao caso de comentá-las aqui.
> Outro ponto positivo – que se materializou de

maneira concreta e não apenas pela aparência – foi a aproximação de vários professores e mestres de capoeira de grupos e regiões diferentes do Estado de Santa Catarina (acredito que atingiu a região mais litorânea, mas valeu a iniciativa). Isto permitiu a meu ver, uma possibilidade de organização política, ampliando as discussões sobre Educação e Educação Física, para a luta por garantia de direitos, tanto trabalhistas, como sociais. Claro que essa organização que ainda hoje tem se materializado principalmente em instituições como a Confraria Catarinense de Capoeira e os Sindicatos de Professores Locais (levando em consideração a atuação de professores de capoeira que possuem formação acadêmica e atuam nas redes de ensino, como eu), também fazem parte do processo educativo, principalmente em se tratando de um curso (Peri) que se estruturou pela pedagogia libertadora de Paulo Freire.

Contudo, tentando refletir sobre os questionamentos acima, penso que seja importante situar alguns elementos chave, que julgo imprescindíveis para exposição:

Primeiro que a prática do PERI-Capoeira auxiliou para organização coletiva dos Capoeiras que participaram desse processo na luta contra o Confef/cref.

Segundo, que se houve avanço no marco político, não pude visualizar um avanço no marco pedagógico. Faço essa ponderação porque ao longo dos encontros, embora houvesse rodas de capoeira nas quais o pessoal se respeitasse e não agisse de maneira violenta e agressiva, tal qual costuma-se ver em várias rodas "abertas" por todo nosso país, a prática pedagógica de cada educador é bastante subjetiva e atrelada a elementos ditos tradicionais que não são possíveis de serem superados se não confrontados e expostos de maneira franca e planejada, dando com isso importância ao referencial pedagógico que orientava a próprio curso.

Já na resposta referente às contradições emergentes na relação entre o saber da capoeira e o conhecimento científico na realidade da prática formativa do PERI-Capoeira, Canguru continua jogando, tocando e cantando. Entretanto, o seu toque e canto anunciam uma maior articulação entre o saber da capoeira e o conhecimento cientificamente sistematizado pela crítica e autocrítica da linguagem academista em outro momento de sua formação. Inclusive, evidencia o salto qualitativo na apropriação de saberes e conhecimentos quando aponta que por mais conflituosa e contraditória que possa ter sido a realidade do PERI-Capoeira nas suas duas edições, essa realidade se constituiu como muito frutífera para a apropriação de novos saberes e conhecimentos. Podemos relacionar suas considerações com os eixos das relações de saber e poder nos cursos do PERI-Capoeira e dos avanços e desafios metodológicos.

Concordamos com o professor Canguru quando aponta alguns limites no trato das práticas pedagógicas tradicionais dos educadores populares de capoeira, que muitas das vezes é pautada na agressividade e violência; porém, a formação da rede de educadores e a constituição de uma amizade entre os participantes do curso apontam para uma contribuição para a mudança nesse quadro. Concordamos ainda que essas contradições analisadas sob o enfoque do materialismo histórico dialético poderia trazer contribuições para o salto qualitativo das mesmas, o que não foi vislumbrado, como a questão da disputa por mercado de trabalho, entre outras contradições do mundo do trabalho que não foram tratadas nas edições dos cursos.

> Muitas vezes, nos questionávamos no para quê estava servindo aquela formação, pois além de um vínculo de amizade, muitos de nós tínhamos anseio pela possibilidade de "assimilarmos" novos conhecimentos que pudessem enriquecer nossa prática. Mas a realidade é que a proposta de articulação do saber dos capoeiras com o conhecimento científico por vezes me transpareceu de maneira fragmentada e não articulada. Um exemplo disso foi a proposição do curso ser planejado conforme o que havia de anseio por parte dos educadores, mas que ao longo do processo não transpareceu, ou mesmo ficou explícito o que, do ponto de vista do conhecimento científico, estava sendo utilizado

para articular ou mesmo mediar esse processo. Em contrapartida, o conhecimento científico para mim era visto com desdém, pois só ficava claro que se tratava de um conhecimento científico, quando algum professor responsável pelo Peri fazia o uso da palavra expondo todo um vocabulário distante dos capoeiras, pelo menos de minha pessoa naquele período, sem explicar de maneira didática o que significavam essas "palavras" difíceis, o que poderia promover a ampliação de nosso repertório. Contudo, ressalto que no presente momento em que inclusive pude ampliar minha própria formação acadêmica, percebo a importância com o trato do conhecimento científico e inclusive fui criticado em minha dissertação de mestrado pela mesma crítica que acabei de citar acima quando fazia parte do Peri em 2005. Entendo que não são as palavras que mudarão a história, ou mesmo que garantirão os direitos da comunidade capoeirana, mas que sim, quando se trata de levar conhecimentos sistematizados de forma acadêmico-científica para formação de educadores que não necessariamente tiveram o acesso às cadeiras universitárias, devemos levar em conta a explicação de determinados termos, bem como didatizá-los, ou seja, organizarmos o trabalho pedagógico de maneira que seja interessante para o educando, (mestres e professores de capoeira) tanto assimilar os conhecimentos trabalhados, quanto transpô-los para sua prática social e pedagógica.

Outra contradição desse processo, é que ao mesmo tempo em que me admirava com os conhecimentos Freireanos tão citados ao longo do Peri, inclusive levando-os para minha prática pedagógica e confrontando outros discursos academicistas (naquela época), por vezes percebia a necessidade dos capoeiras em ampliar seus conhecimentos mais específicos do ponto de vista pedagógico, propondo, por exemplo, o diálogo sobre o autoritarismo tão presente no mundo da capoeiragem, mas que pouco foi avançado nesse sentido.

Nas formulações sobre a reflexão da contribuição da realidade do PERI-Capoeira na articulação entre o saber popular da capoeira e o conhecimento científico da área da Educação e da Educação Física, pudemos perceber no jogo, toque e canto do professor Canguru, ou seja, na sua abstração, análise e síntese, que o mesmo se aproxima das considerações do mestre Kblera quando avalia essa relação no campo da Educação Física, sua área de formação. Dessa maneira podemos fazer uma relação com os eixos das relações de saber e poder e avanços e desafios metodológicos, quando evidencia que o processo de investigação da prática pedagógica fomentado pelo PERI-Capoeira não supera a própria formação social do capital, que promove da maneira mais eficiente possível, embora desigual e desumana, a articulação necessária entre o saber "dito" popular da capoeira e o conhecimento científico.

> Aqui exponho uma contradição que penso ser de necessária reflexão: Muitos professores de capoeira conduzem sua prática pedagógica orientada pelos ensinamentos de seus antecessores, mas que nem sempre tem consciência dos possíveis impactos negativos e positivos dessa formação que tiveram. Muitas vezes ao longo do Peri, enquanto dialogávamos sobre a necessária articulação entre o "saber popular" da capoeira e o conhecimento científico, não era explicitado, por exemplo, que muitas formas de ensinar capoeira são, na verdade, assimilações descaracterizadas de técnicas de ensino de Educação Física. Em outras palavras, a organização de uma aula de capoeira na qual o professor está orientado para o espelho e os educandos espalhados em uma sala típica de ginástica de academia também orientados para o espelho e repetindo os movimentos do professor, inclusive ao som de um aparelho eletrônico que reproduz as músicas de capoeira, traduz-se num conjunto de elementos que em si, já mantém de maneira intimamente articulada, tanto o saber da cultura da capoeira, como o conhecimento científico necessário para assimilação desse saber cultural/técnico, da forma mais eficiente para o aprendizado do educando. Isso implica em agregar valor a aula do Professor de capoeira e,

com isso, mantê-lo competitivo no mercado capitalista. Em suma, a própria formação social do capital é que promove da maneira mais eficiente possível, embora desigual e desumana, a articulação necessária entre o saber "dito" popular da capoeira e o conhecimento científico. Mas justamente por ser a formação social do capital que nos determina, a capoeira não sendo mais interessante para a produção mercantil, cai em descenso. Atualmente a capoeira vem cada vez mais sendo mercadorizada para poder sobreviver, o que implica em uma sobreposição dos conhecimentos científicos na ânsia em garantir nosso bem cultural como mercadoria, jogando para escanteio elementos fundamentais da capoeira, como sua própria história e sua herança de movimentos. Aqui deixo um questionamento para a reflexão: Será que o que está se chamando saber popular da capoeira, não é em si, uma articulação entre o conhecimento científico descaracterizado em relação dialética com o conhecimento de capoeira que não ultrapassa o nível do senso comum? O Saber Popular não é portanto, senso comum, seguindo a própria classificação Gramsciana? E até que ponto o que se está chamando de conhecimento científico se caracteriza como uma assertiva de benefício? Qual conhecimento científico é interessante para a formação de educadores de capoeira e qual não é? O bom senso deve ser prerrogativa para responder a todas essas perguntas, das quais ainda venho construindo as respectivas respostas e creio que um estudo que se diga Maloqueiro e que se oriente pelo viés marxista pode e deve ampliar essa discussão, bem como avançar nessas perguntas, ainda que as melhor reformulando, ou quem sabe, as respondendo.

Na quarta questão da carta sobre a viabilidade da realidade do PERI-Capoeira poder contribuir como referência na orientação e construção de ações relacionadas à formação de Educadores Populares, em Santa Catarina, visando à construção da cidadania e da emancipação humana socialmente referenciada, o professor Canguru inicia com um jogo forte, um toque melódico e um canto harmonioso nas suas considerações, pois o mesmo faz uma avaliação da realidade do PERI-Capoeira à luz do método da materialismo histórico dialético, propondo uma reformulação das proposições teóricas do referido curso. Permite, portanto, uma relação com o eixo dos avanços e desafios metodológicos.

> A outra contradição desse processo, é que talvez o curso do Peri tenha me ajudado a captar do movimento do real essa constatação, mas não há duvidas que se eu não tivesse o aporte teórico do materialismo histórico e dialético preconizado por Marx, nem a atuação política tanto na comunidade capoeirana quanto e principalmente no MEEF e Sindicatos, não chegaria a esta síntese.
> Isso reforça outra crítica que tenho me dedicado a denunciar, tanto em meus estudos, como com relação ao próprio Peri: Ao mesmo tempo em que reconheço a contribuição da teoria de Paulo Freire na elaboração e mediação do processo de formação do Peri, percebi que os elementos da Pós-modernidade bateram a porta de muitos de nossos encontros, por vezes nos limitando a acreditar, por exemplo, que o fato de nos respeitarmos mudaria a realidade social da manutenção da capoeira como bem cultural.
> Com isso, e a título de ilustração, exemplifico que, em determinado momento do Peri, nos dividimos em comissões de interesses diversos com relação a nossa formação, a qual eu fiquei responsável em ajudar uma comissão que organizou em uma "apostila", exemplos de atividades para o ensino de capoeira. Isso foi bastante importante para nossa formação, pois sei que muitas daquelas atividades têm sido reproduzidas em vários espaços de ensino da capoeira. Porém, na época não tinha o esclarecimento de para que servisse realmente aquele instrumento. Hoje avalio que, a elaboração de "receitas de ensino" ao mesmo tempo em que poderiam ajudar na prática pedagógica – se respeitados os preceitos de metodologia e a defesa do trabalho como princípio educativo contra a lógica do mercado capitalista – tem efetivamente

> servido como ferramenta técnico-científica para transmissão dos respectivos conhecimentos, sem levar em consideração, por exemplo, a realidade de cada população que a assimila, bem como o necessário enfrentamento para além do capital e a defesa da história da capoeira como ferramenta de resistência.
> Reconheço que o trabalho coletivo ao mesmo tempo em que possui diversas limitações – quando levados a cabo interesses diversos no que diz respeito a orientação teórico-metodológica para o curso do Peri – também possui diversas possibilidades de transformação concreta na realidade dos sujeitos envolvidos no processo, tanto os educadores quanto os educandos. Defendo, portanto, que poderíamos ter ampliado mais nossa formação se a orientação Pedagógica Histórico-Crítica de Saviani estivesse no horizonte, diferentemente do referencial Freireano e "intercultural". É claro que aqui coloco minha crítica de modo superficial e sem um estudo mais ampliado sobre o assunto, mas confesso que senti falta de proposições mais objetivas e menos subjetivistas para o trato dos conhecimentos ao longo do Peri.
> Acredito que superando o modismo pós-moderno e observando a realidade dos capoeiras como oriundos da classe trabalhadora e portanto, na defesa do projeto histórico para além do capital, o referido curso poderia (e poderá em suas próximas edições se houverem) contribuir como referência na orientação e construção de ações referentes a formação de Educadores Populares, em Santa Catarina, visando à construção da cidadania e da emancipação humana socialmente referenciadas. Do contrário, será apenas mais um espaço de formação sociometabolizado pelo capital que atrasa o processo revolucionário.

Nesse trecho o professor Canguru, além de considerar que apesar de se amparar no referencial diferenciado do materialismo histórico dialético diferente ao que subsidia as ações do curso referido a perspectiva intercultural, Canguru aponta as contribuições do curso na sua formação e coaduna com a nossa tese na crítica sobre a necessidade da inserção da base material da produção da vida para o avanço do curso, mais especificamente do que diz respeito à formação política no contexto do PERI-Capoeira.

Finalizando suas contribuições nas Cartas do PERI sobre a possibilidade e viabilidade da formação de Educadore(a)s Populares mais especificamente no contexto do PERI-Capoeira na constituição do intelectual orgânico forjado na prática social da capoeira, afirma positivamente para essa possibilidade como o mestre Kblera e mestre Bené, porém vai além da afirmativa quando defende que essa realidade já vem se materializando a partir dos sujeitos que assumem esse compromisso referenciados no método do materialismo histórico dialético.

> Encerrando minha reflexão, referendo que a constituição de um intelectual orgânico forjado na prática social da capoeira tanto é possível como já tem se materializado. Digo isso ao afirmar que tanto o pesquisador que ora me solicita responder esse questionário, como eu e outros professores de capoeira do Brasil são frutos de uma articulação dialética entre o conhecimento assimilado nas rodas de capoeira, bem como em seus respectivos grupos, com o conhecimento científico elaborado pelo viés marxista e não outrem. O PERI-Capoeira é/será uma ferramenta de formação ideológica somente dentro desses preceitos.

2.6   FEIRA DE MANGAIO

Nesse momento de exposição de nossa pesquisa, fomos buscar referência na sabedoria popular da feira de mangaio, que se cofigura como o local onde os artesãos populares da região do nordeste do país fazem a exposição dos seus produtos de maneira criativa para comercialização e troca, a fim de garantirem sua subsistência. Dessa maneira, em nossa verdade feirante, apresentamos no balaio de nossa pesquisa o produto das nossas abstrações, análises e sínteses, de maneira crítica e criativa, a partir da linguagem gráfica.

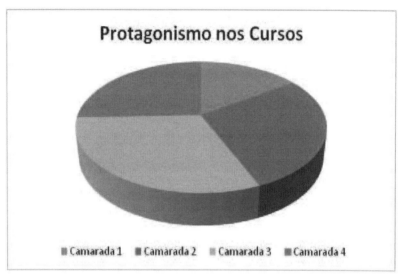

Gráfico 5 - Protagonismo nos Cursos

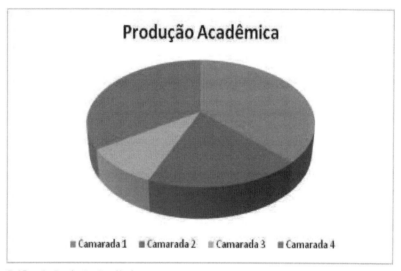

Gráfico 6 - Produção Acadêmica

Gráfico 7 - Cartas do Peri

É nessa feira de mangaio que buscamos captar o movimento do real de maneira mais ampla e profunda, e de forma didática apresentar em nossa tese todo o "sortimento" desse processo de análise, tratamento e sistematização dos dados da pesquisa, buscando superação do pseudodualismo entre os elementos da investigação quantitativa e qualitativa. A linguagem gráfica usada nessa feira tornou possível uma análise e um comparativo entre dados dos diferentes instrumentos.

Gráfico 8 - Feira de Mangaio

3 CAPOEIRA DE CAPELO: DA MALOQUEIRAGEM A COLAÇÃO DE GRAU NA REALIDADE DO PERI-CAPOEIRA

De que adianta ter estudo?
De que adianta ter estudo?
Se eu posso me comparar
Pois eu também sou doutor
Nessa arte popular
Eu pego meu berimbau
O atabaque e o pandeiro
E me jogo nesse mundo
Para aprender ser mandingueiro
E vocês que são formados
Que dizem ter educação
Às vezes vocês não vêem
O que eu presto atenção
Vejo crianças sendo mortas
E jogadas no porão
O que elas pegam para comer
É o que você joga no chão
Pois a minha educação
Não foi a escola quem me deu
Quem me deu foi a capoeira
Hoje eu agradeço a Deus
(Educação na capoeira – Mestre Mão Branca)

    Dando continuidade a nossa capoeiragem de pesquisa, a partir da problematização da formação da/na capoeira que sugere a música do Mestre Mão Branca, neste capítulo desenvolvemos como ponto principal uma construção de diálogos em forma de questionamentos e reflexões sobre o processo histórico de elaboração e efetivação do PERI-Capoeira. No decorrer desse capítulo, aprofundamos e contextualizamos o PERI-Capoeira como marco histórico na construção da nossa tese e a realizamos criticamente a inserção da base material como condição essencial da produção da vida, sob o foco do método de construção do pensamento e da apresentação das ideias do materialismo histórico dialético.

    Para tanto, buscamos na figura da prática social da capoeira, ou do seu sujeito, o capoeira de capelo, o qual se caracteriza pelo chapéu de cardeal, usado pelos doutores em solenidades ou no momento da cerimônia de formatura acadêmica, no qual é reconhecido perante a sociedade a colação de grau superior ao graduando que se forma.

É a partir dessa metáfora da capoeira de capelo que evidenciamos a importância do PERI-Capoeira na contribuição para o salto qualitativo em nosso processo de formação humana e acadêmica, bem como na delimitação do nosso problema de pesquisa e na busca da efetiva articulação entre o saber popular da capoeira e o conhecimento científico das áreas da Educação e da Educação Física. No primeiro momento deste capítulo, tratamos da "Maloqueiragem" - termo usado pelo autor para caracterizar o entendimento do processo histórico da capoeira e de seus sujeitos, que durante muito tempo foi tratado de maneira marginalizada e discriminada, menosprezando o caráter cultural da manifestação e silenciando a voz dos seus agentes, aos quais foi negada a condição de sujeitos do seu processo histórico. Como nos alerta Oliveira:

> A capoeira, como objeto de estudo dos historiadores, não data de muito tempo. Os primeiros a se preocuparem com este tema foram os literatos (memorialistas, cronistas e romancistas) e etnólogos que produziram seus trabalhos entre os finais do século XIX e a primeira metade do século XX, sendo seguidos pelos antropólogos. Apenas na década de 1980 os historiadores despertam interesse pelos estudos da capoeiragem. A partir desse momento, os temas até então negligenciados, a exemplo da vida social das camadas populares, emergiram afirmando um espaço entre as investigações da História social. Assim, a partir das novas concepções e perspectivas 'os chamados temas malditos, ou seja, quase todos que tratam dos excluídos sociais, sejam pobres, vagabundos, prostitutas, negros, mulheres, índios etc., encontraram guarida nesta historiografia'. Os estudos das camadas marginalizadas começaram a preencher as lacunas deixadas por uma forma de fazer história que privilegiava determinado seguimento social. Esses trabalhos deram voz às quais fora negado o reconhecimento como agentes do processo histórico, 'trazendo de volta à memória os esquecidos da história: simples vagabundos, criminosos obscuros, bruxos de aldeias ou prostitutas'. É nesse ambiente historiográfico que

ganham visibilidade os estudos sobre a capoeiragem (OLIVEIRA, 2005, p.23).

No segundo momento deste capítulo, tratamos da "Colação de Grau" - o processo político-pedagógico que desencadeia uma possível formação dos sujeitos históricos que produzem sua subsistência na capoeira, que conhecem seu campo e têm uma larga visão sobre outros aspectos do mundo; ou seja, o/a capoeira que usa sua experiência para sistematizar saberes, conhecimentos e questionamentos, e retoma a busca de captar a realidade de maneira consciente e profunda. É, portanto, aquele ou aquela que tem coragem para questionar a autoridade e que se recusa a agir contra sua própria vivência e consciência, que posteriormente chamaremos de "Intelectual Maloqueiro".

Por entendermos que toda relação educativa é, antes de tudo, uma relação de pessoas e de gerações, que perpassa a atribuição dos sujeitos históricos da capoeira com um papel pedagógico de sujeitos da ação educativa na capoeira, que aprendeu o "viver humano", os valores e significados dos seus saberes, conhecimentos e cultura, trazê-los para o centro da discussão científica é contribuir para a desconstrução de um imaginário social que os secundariza. Desse modo, mostra-se possível recuperar sua condição de sujeitos da ação de produção do conhecimento, junto com a história dos sujeitos que a compõem (ARROYO, 2000).

Ao pensarmos na educação, na produção do conhecimento e dos saberes, lembramos das instituições, das políticas, dos métodos, dos conteúdos, e pouco dos agentes da ação. Não há produção de conhecimento sem pessoas, sem sujeitos históricos dessa produção, por isso, faz-se necessário iniciar nossa reflexão pelos seres humanos protagonistas dessa ação.

3.1 MALOQUEIRAGENS E MALOQUEIROS

É a partir da poesia de Antonio Arnaut (2003, p. 47) que gostaríamos de iniciar a discussão do entendimento do processo histórico da capoeira e da intervenção dos seus sujeitos históricos, pois os consideramos heróis do cotidiano, os educadores populares de capoeira que produzem sua subsistência e seguem firmes na construção da capoeira como uma importante ferramenta que pode promover a emancipação humana.

Os meus Heróis

Mas os meus heróis verdadeiros não vem
na história;
Não têm monumentos
Nas praças domingueiras
Nem dias de feriados a lembrar-lhes o
nome.
São heróis dos dias úteis da semana:
Levantam-se antes do sol e recolhem
apenas quando é noite
Se fecha aos seus olhos.
Lavram a terra, o mar, e são jograis
Colhendo a virgindade pudica da vida.
Sobem aos andaimes, descem as minas
E comem entre os apitos convulsivos
Um caldo de lágrimas antigas.

São os construtores
Do meu país, à espera!
Mouros no trabalho
Cristãos na esperança
Famintos do futuro
Como se a madrugada
Fosse seara imensa apetecida
Onde o sol desponta nas espigas
Sobre o casto silencioso da montanha.

São os educadores populares de capoeira, heróis anônimos, que constroem essa prática social e lutam para a superação da representação social da mesma, a qual insiste em caracterizar seus praticantes como maloqueiros e a própria capoeira como uma prática marginal e desprivilegiada, ou seja uma maloqueiragem.

Em nosso trabalho, trouxemos a lição do mestre "Corisco", que foi reforçada no contexto do PERI-Capoeira, segundo a qual não devemos, nem podemos, muito menos queremos negar as grandes figuras ilustres da capoeira, da Educação e da Educação Física; esse não é o caso. Só temos a consciência que nossas principais referências são os camaradas que estão ao nosso lado, na peleja ingloriosa de construir uma Capoeira, Educação e Educação Física à luz de um projeto histórico de sociedade que não seja pautado na exploração do ser humano por outro ser humano, e que essa exploração não seja a forma de empoderamento de uma ínfima minoria sobre a desapropriação das riquezas produzidas historicamente pela grande maioria dos seres humanos.

Sendo assim, nosso trabalho não privilegia, exclusivamente, os grandes mestres, os reis da capoeira e/ou da universidade, e sim os construtores e heróis do cotidiano, pessoas "comuns" como no caso dos capoeiras que são protagonistas de muitas histórias, contribuindo significativamente para a construção da realidade sociocultural brasileira.

Neste sentido, refletir sobre o surgimento, a repressão e resignificação da capoeira, expõe suas mazelas e glórias, da marginalidade à sociedade, do anonimato à globalização. Logo, investigar a relação entre o saber popular da capoeira e o conhecimento científico da área da Educação e Educação Física, que se aproximam e/ou afastam a partir de interesses específicos e condições objetivas necessárias para a manutenção ou negação da ordem do sistema capital vigente, é um desafio estimulante e imprescindível.

Dessa maneira, entendemos que nenhuma ação humana ou trabalho humano tem uma essência revolucionária ou transformadora. O que garante esse caráter revolucionário ou transformador é a consciência dos sujeitos protagonistas desse processo.

Dito isso, defendemos a capoeira como uma manifestação cultural afro-brasileira específica, originária do Brasil, determinada pelas condições objetivas do sistema sociopolítico vigente, que apresenta características de uma pratica corporal de luta pautada no princípio de uma unidade indissociável entre os elementos da luta, do jogo e da dança, assumindo uma destacada função e servindo de referencial para a compreensão de vários aspectos da história e fenômenos sociais relacionados à cultura negra.

Entendemos que a capoeira pode servir como meio de educação não formal, por se tratar de uma prática de infinitas possibilidades, que no transcorrer do tempo pode vir a se tornar para muitos tanto um meio de subsistência, como um instrumento de luta por dignidade e cidadania, contra injustiças sociais e contradições dessa sociedade perversa, cruel e desigual em que vivemos. Entretanto, pode também ser útil como mecanismo de alienação e dominação, a serviço da lógica da sociedade capitalista.

Sendo assim, a capoeira, como outras manifestações culturais afro-brasileiras, é um saber oriundo das vivências e das lutas das camadas sociais oprimidas e que por várias determinações, controvérsias, rupturas, conchavos e contradições cotidianas sofre reestruturações que podem servir para a superação da condição desfavorecida dessa classe. Entretanto, essa reestruturação pode estar a serviço apenas dos interesses particulares do modo de produção capitalista; logo, pode a capoeira funcionar como uma ferramenta que serve a dois senhores.

Dessa forma, podemos afirmar que a capoeira acumula um saber produzido historicamente pela humanidade que se usado de maneira coerente pelos sujeitos produtores e protagonistas aumenta sua capacidade de discernimento, avaliação e intervenção sobre questões sociais mais amplas, como a recusa de normas sociais que impliquem submissão e dominação. Esse saber pode ser uma ferramenta de grande valor no processo de tomada de consciência de classe e poder de deliberação.

Contrariando assim a lógica da acomodação e aceitação passiva da ideologia capitalista, que insiste em tratar o saber oriundo das camadas populares como retrógrados, ridículos e inúteis, alertamos para a necessidade de mudança no processo de exploração dos indivíduos de consciência ingênuas e acríticos, que não avaliam ou desenvolvem de maneira superficial o seu papel na sociedade, tornando-se presas fáceis para o domínio de ideologias que lhes inferiorizam ou coisificam, sequestrando sua liberdade. Isso porque, ao aceitarem de maneira passiva as ordens de quem é investido do poder, abdicam do seu direito de decisão sobre suas próprias vidas e destinos.

Podemos afirmar que na atualidade a capoeira se encontra em lugar de destaque nas discussões político-científicas; mas nem sempre a capoeira teve seu valor reconhecido socialmente. Muito preconceito, discriminação, restrições legais e criminalização marcaram seu processo histórico, tornando sua trajetória tão sinuosa quanto os elementos da dança presentes nos seus floreios, tão dissimulada e maliciosa quanto as táticas presentes nos elementos do jogo, e tão perigosa quanto seus golpes mortais.

Desde suas origens até o processo de reconhecimento da capoeira como patrimônio cultural do Brasil, o processo histórico da mesma se mostra calcado em polêmicas e contradições românticas e idealistas. Não é, no entanto, objeto nem objetivo do nosso trabalho acender ou fomentar essa polêmica.

A tarefa hercúlea de produzir saberes e conhecimentos de que rompam com o romantismo e o idealismo que ainda insiste em se abrigar no imaginário social de grande parte dos sujeitos históricos da capoeira não é empreitada para um capoeira só. Pela contribuição do PERI-Capoeira esse compromisso pode ser encampado pelo coletivo dos heróis do cotidiano, que tornam essa nova realidade possível.

Dessa maneira, pediremos socorro, recorremos aos nossos heróis e heroínas, importantes pesquisadores e pesquisadoras que tivemos a felicidade e a oportunidade de conviver e estar juntos em várias aventuras, de lutar por uma produção científica em que o ser humano esteja no centro do processo, e o saber e o sabor caminhem lado a lado, de mãos dadas.

São vários os nossos heróis e heroínas que tornaram essa pesquisa possível, mas gostaríamos de elencar uma parte dessa legião que se fez presente efetivamente no convívio e na produção científica da capoeira: a magrela, Adriana D'Agostinni, doutora em Educação UFBA/UFSC; Mestre Bequinha, mô pai / Benedito Carlos Libório Caíres Araújo, Doutorando/UFS; Belicoso Branco/Drauzio Annunciatto, Mestre em Educação UFSC; a incansável Celi Zulke Taffarel, Doutora em Educação/UFBA; Canguru cantador, Mestre em Educação Física UFPel; o"Multiprocessador" Mestre Falcão/José Luiz Cirqueira Falcão, Doutor em Educação UFBA; Mestre Cabeleira/ Marcelo Navarro Bakes, Mestre em Educação Física USFC; o Lord da capoeira Marcio Penna Corte Real, Doutor em Educação UFSC; meu herói importado, Mario "My Friend", Mario Jorge Coelho Cardoso, Doutor em Educação pela Universidade do Minho, e o Rei Fleura, Reinaldo Mathias Fleuri, o orientador desse processo.

No entanto, ponderamos como importante apresentar nosso entendimento sobre o processo histórico da capoeira, que avaliamos como pertinente e coerente. Apesar de acharmos muito interessante e bela a história que nos foi contada na escola de que "a capoeira é a luta criada nas senzalas pelos negros escravizados disfarçada em dança", ela serve para preservar alguns mitos e olhar romanceado e idealizado em torno da figura da valente capoeira que personificaria o pilar da resistência cultural do negro. Como alertam os nossos camaradas Bueno e Corte Real:

> Ao nos debruçarmos sobre esse processo histórico, para quem é praticante-pesquisador de capoeira, nos deparamos com uma gama de

versões diversas, desde as mais míticas[8] até as pesquisas de cunho científico que dialogam nos campos da História, Antropologia, Sociologia, Psicologia, Educação e Educação Física[9], além do próprio referencial exposto nos documentos oficiais (BUENO, 2012, p. 22).

> [...] falar sobre qualquer aspecto relacionado à capoeira, que envolva uma ideia de origem, é algo complexo. No plano da produção do conhecimento – nas diversas áreas que têm se dedicado à investigação da capoeira – muitas vezes a reflexão é limitada por falta de evidências concretas. Já no plano do senso comum, por exemplo, nas discussões e explicações que circundam o universo da capoeira, as quais obedecem outras lógicas de aceitação, os argumentos beiram ao limite de alguns mitos de origem (CORTE REAL, 2006, p.62).

Ao longo do nosso processo de formação na prática social da capoeira, articulado com a formação na área do conhecimento da Educação Física, identificamos três grandes versões recorrentes da teoria da origem da capoeira:

A primeira versa que a capoeira é um construto sócio-histórico do negro em África, transplantado para o Brasil, de modo que a mesma chega pronta junto com o negro a partir do N'golo, cujo termo significaria a "dança das zebras".

O N'golo, ou dança das zebras, seria uma luta a ser realizada entre jovens guerreiros para adentrarem na fase adulta, um rito de passagem chamado de Efúndula. Esse rito de passagem representa a festa da puberdade das moças quando passam a ser mulheres aptas ao casamento e à procriação, e o guerreiro vencedor dessa peleja teria o direito de desposar à jovem que seja de sua escolha sem ter que pagar o dote. Desta forma, os escravos que vieram para o Brasil, através do

---

[8] Sobre esse aspecto, destacamos o conhecido livro "O que é Capoeira" de Almir das Areias, publicado em 1989, pela Coleção Primeiros Passos, sendo este um dos livros mais veiculados na comunidade capoeirana. Além deste, também é de nosso conhecimento outras obras, tais como Caribé (1955), Pastinha (1964), além das mais diversas verdades míticas apresentadas na internet, a partir dos ideais de muitos "grupos" de capoeira.

[9] Ver mais em Falcão (2004).

entreposto de Benguela, teriam trazido essa tradição (REGO, 1968; STOTZ, 2010). Contribuindo com essa discussão, a tese de doutorado em Educação do professor Marcio Penna Corte Real (2006), o Lord da capoeira, as dissertações de mestrado de Mestre Bequinha/ Benedito Carlos Libório Caíres Araújo (2008) em Educação e de Mestre Cabeleira/Marcelo Backes Navarro Stotz (2010) em Educação Física pela UFSC e de Professor Canguru Cantador/ Marcos Cordeiro Bueno(2012) em Educação Física pela UFPel apresentam apontamentos de caráter social, histórico e etimológico sobre a capoeira, nos quais reafirmam a polêmica e as contradições sobre as teorias da sua origem.

Um desses apontamentos é que na linha de pensamento da primeira versão da origem da capoeira como construto sócio-histórico africano, o termo pode ter sido originário da palavra *kapwila* do vocabulário *umbundo,* que significa espancar, bofetada, tabefe ou, ainda, da palavra *kapwera* vem diretamente da língua Bantu de Angola, cujo significado correto é "que pretendem lutar" ou "a luta". Tendo o registro dessa palavra sido encontrado nos diários dos missionários europeus, informando que os guerreiros de *N'dongo* na atual região correspondente a Angola usavam **kapwera** para evitar serem capturados pelos escravocratas portugueses, essa luta já existiria há cerca de 400 anos antes e apenas foi trazida ao Brasil durante o período escravista (STOTZ, 2010). Diante do exposto, consideramos essa teoria frágil, pois os mesmos grupos étnicos que vieram na diáspora africana também foram para os diversos países da Europa, bem como da América Latina que adotaram o sistema escravocrata, mas só no contexto sócio-político-cultural do Brasil é que surgiu e foi organizada a prática social da capoeira mais próxima da realidade que conhecemos hoje.

De acordo com Câmara Cascudo (2001, s. p.), nas viagens que fez à África, não encontrou nenhuma dança que lembrasse a capoeira, e sim "Jogos atléticos de Angola, onde empregam unicamente pernas e cabeças". Dentre esses jogos atléticos, encontrou passos do N'golo que ainda estariam sendo usados até mesmo pelos piores bandidos de Benguela como arma. Dialo(jo)gando com Corte Real, evidenciamos que :

> A história da capoeira e sua eventual origem, independentemente de os(as) autores(as) apresentarem, às vezes, pontos de vista distintos ou próximos, o problema fica sem solução. Isto é, se considerarmos que uma discussão sobre a

> origem da capoeira possa ser tomada, efetivamente, como problema – a despeito desta discussão talvez causar desfoque da atenção dos problemas conjeturais, efetivamente relevantes, para as suposições, sem base de evidências concretas. Se recorrermos ao clássico trabalho de Waldeloir Rego (1968), intitulado Capoeira Angola: ensaio sócio-etnográfico, poderemos notar que autor desenvolve a reflexão acerca da capoeira, partindo da problemática da chegada dos negros no Brasil. Rego explicita esta problemática, ao reconhecer a impossibilidade de se precisar a data da chegada dos primeiros escravos negros, aqui, e a sua exata procedência. Esses dados seriam fundamentais para a hipótese, praticamente insustentável, hoje, – conforme discussões que seguem – de que a capoeira poderia ter sido trazida para o Brasil juntamente com o tráfico de escravos (CORTE REAL, 2006, p.63).

Outro argumento é que existem outras versões etimológicas para o termo capoeira, que trataremos respectivamente com as outras duas teorias recorrentes sobre a origem da capoeira, as quais aproximam e reforçam as necessidades e as condições objetivas específicas do sistema escravista brasileiro, de modo a possibilitar o surgimento da capoeira no contexto do Brasil, distanciando-se da versão que a mesma tenha sido trazida pronta e acabada da África. Concordamos com Corte Real quando aponta que:

> Nesta linha, colaboraria o fato de os escravos de Angola serem tidos como de boa qualidade – numa visão discriminatória, empregada pelos donos do poder econômico –, diferenciando-se, por exemplo, dos nagôs, que eram vistos como rebeldes e arruaceiros; o que explica, em parte, a visão dos historiadores. Todavia, Rego coloca ainda a possibilidade de, no século XVI, os negros bantos terem alcançado superioridade na Bahia, já que, entre 1575 e 1591, 50.053 peças teriam aí aportado. Talvez não seja demais destacar que o que é considerado de boa qualidade diz respeito aos interesses escravocratas, referendados por

argumentos racistas e cientificistas. A mesma visão racista está presente na quantificação de seres humanos escravizados como sendo peças. Disso tudo, fica a ideia de que esta aparente hegemonia dos negros de Angola tenha influenciado não apenas a visão dos historiadores, que trataram do tráfico nos idos do século XVI, mas o próprio imaginário ainda presente no mundo da capoeira. Isso, em certa medida, guardadas as devidas proporções e ressalvas, serviria de base para o pensamento da capoeira como vinda de Angola ou da própria nomenclatura 'Capoeira Angola'" (CORTE REAL, 2006, p. 63-64).

A segunda teoria da origem da capoeira aborda que a mesma é um construto Afro-Brasileiro que se constitui no Brasil, na zona rural, mais especificamente nas senzalas, e posteriormente chega aos quilombos, no período colonial, criada pelos negros escravizados em meio ao sistema escravocrata: uma inovação dos africanos quando chegaram ao Brasil, desenvolvida por seus descendentes Afro-Brasileiros.

Sendo assim, defendemos que as condições objetivas determinadas pelo cruel sistema sociopolítico adotado pelo estado de direito que os colonizadores implantaram no Brasil ,discriminava e impossibilitava o reconhecimento da condição de ser humano dos escravos, levando a uma perseguição implacável a qualquer forma de manifestação da sua cultura.

Dessa maneira, consideramos fundamental apresentar alguma dessas condições para refletirmos sobre a segunda versão. Conforme Silva (1993) e Lima Júnior (1997), nos primeiros cinquenta anos de escravidão os negros tinham uma expectativa de vida de sete a dez anos, devido ao regime em que viviam, trabalhando quinze horas e comendo apenas uma ração (equivalente à lavagem dadas aos porcos) por dia. Portanto, seria muito difícil que estes se organizassem para lutar por sua liberdade; por conseguinte, suas armas de resistência e luta eram o banzo[10] e o suicídio nas gameleiras[11].

---

[10] Termo utilizado pelo autor para designar nostalgia, saudade ou melancolia.

Após os primeiros cinquenta anos de escravidão, ocorreu uma flexibilização na relação entre os senhores e escravos, pois os negros passaram a trabalhar dentro da casa dos senhores, como mucamas e amas de leite, adquirindo novas estratégias e perspectivas de resistência, luta e libertação. Assim com esse processo de flexibilização, os negros escravizados criam as condições objetivas para iniciar o processo de luta pela sua "libertação", aprenderam o português e envenenaram os senhores, fugiram das senzalas e iniciaram a criação dos quilombos.

Nessa versão, defende-se que a partir da flexibilização os negros tiveram a oportunidade e a permissão dos senhores de escravos para praticarem algumas de suas manifestações culturais de dança e, consequentemente, inserir movimentos de ataque e defesa extraídos do seu cotidiano de trabalho e da observação da movimentação dos animais, e utilizar como arma de defesa e luta pela libertação. A dança teria evoluído com o tempo, resultando na capoeira (VIANA, 2006).

> A grande maioria dos negros africanos que vieram como escravos para o nordeste do Brasil, principalmente para a Bahia, eram descendentes dos Bantos e Sudaneses originários, dentre outros de países africanos como Congo, Moçambique e Angola. Esses negros, por sua vez praticavam suas danças nas senzalas com objetivo de matar a saudade da terra natal. A princípio, tinham todo apoio dos senhores de engenhos, que adoravam passar o tempo vendo seus escravos se movimentarem daquela forma. Os negros escravos então aprimoraram a prática daquele exercício, pois descobriram que enquanto brincavam naquela "roda", estavam se livrando do trabalho pesado.
> Até então tudo ia bem para os senhores de engenho. Só que os negros começaram a perceber que podiam se aproveitar daquelas "danças" para se defenderem dos mau-feitores (pessoas que se encarregavam de chicotear os escravos, quando estes fizessem alguma coisa "errada"). Logo inseriram àquelas danças, movimentos de ataque e

---

[11] De acordo com a crença escrava, ao enforcar-se nessas arvores nativas do continente africano, seus espíritos voltariam para África e para perto dos seus ancestrais (SILVA; LIMA JUNIOR, 1993; 1997).

> defesa que observavam no seu dia a dia no trabalho na lavoura e em animais da mata, como o macaco, a onça, a aranha e a raposa. A capoeira ficou baixa, ou seja, passou a ser jogada de uma maneira extremamente miúda, mais um artifício usado pelos negros. Desta vez, para que os capitães do mato não os achassem no meio da vegetação, conhecida no Brasil como capoeira ou mato ralo (VIANA, 2006, p.25).

Corroborando com essa versão romântica e idealizada, mais especificamente no Recife, aproveitando-se da confusão gerada pela invasão holandesa, sucederam-se fugas em massa dos negros, construindo uma república denominada "Quilombo dos Palmares", que abrigou, aproximadamente, vinte mil negros, de modo que também eram encontrados índios e até brancos, onde estes viviam de acordo com a cultura afro-brasileira, costumes e sistema de produção agropecuário, desenvolvendo estratégias, técnicas e lutas de resistência para pelejar pela sobrevivência. Logo, os capoeiras seriam os guerreiros dos "capões", os negros que se escondiam nas matas e emboscavam os capitães-do-mato (SILVA, 1993).

Como salientamos anteriormente, apesar de considerarmos essa versão muito bela, a mesma serve para preservar uma visão alienada, romântica e ingênua da capoeira, colaborando com a mitificação da figura do valente capoeira que personifica a resistência cultural negra. Isso contribui com a discriminação racial camuflada, retratando o mito da democracia racial.

A partir desse mito da democracia racial, o que acontece na realidade é uma pseudodemocracia racial, fundamentada na teoria da miscigenação, que convenientemente coloca o negro na condição de vitimizado. Nessa lógica, o Brasil é tido como o país sem preconceito racial; logo, o possível "apartheid tupiniquim" é apenas uma obra de ficção científica cujos principais autores e protagonistas seriam os próprios negros. A pseudodemocracia racial que cruelmente disfarça e camufla a desigualdade histórica de acesso à educação, à cultura e ao trabalho, ou seja, a condições dignas de produzir a vida a qual é submetida o povo negro, não existe ou nunca existiu.

Por reconhecermos nossa origem negra, nordestina, da classe trabalhadora que luta pela emancipação da mesma, tendo na prática social da capoeira a principal forma de atuação e intervenção na busca pela emancipação, consideramos essa versão insustentável. Seria praticamente impossível pelas condições adversas de produção da vida, depois de uma jornada de trabalho de cerca de quinze horas diárias, apanhando muito e comendo uma vez por dia a ração (lavagem de porco) que sequer era suficiente para mantê-los no trabalho, vivendo em extrema miséria, que os negros conseguissem organizar, sistematizar e criar (projetar no pensamento) uma luta de combate corporal, tal como defendem os idealistas da capoeira.

As próprias pesquisas e produções que defendem essa versão apontam para a impossibilidade de sustentação sólida e admissível da mesma.

> Como não existem pesquisas históricas a respeito da capoeira para os séculos XVI a XVIII, não é possível reconstruir o processo que levou ao deslocamento da prática da capoeira do campo à cidade. Tudo leva a crer que se deve ter configurado por volta do começo do século XIX, pois datam desse período as primeiras referências históricas a respeito dos capoeiras urbanos e como eram vistos por alguns setores da sociedade (VIANA, p.26, 2006).

Outras pesquisas mais recentes referentes à capoeira, como no caso da pesquisa de Bueno (2012), que investigou os pressupostos do processo de patrimonialização da capoeira, analisado historicamente, desde seus primeiros registros existentes, sua criminalização e descriminalização, sua subsunção ao capital até seu estágio evolutivo mais avançado, como Patrimônio Cultural do Brasil, apontam para a insustentabilidade dessa versão.

> A capoeira não 'nasceu como arma para acabar com a escravidão'. O equívoco de muitos mestres e professores de capoeira está na periodização de sua história. É somente com o avanço do capitalismo no Brasil que a população negra deixa de ser escravizada, mas não perdem prontamente sua condição de miséria. Ou seja, são os negros libertos, a classe trabalhadora mais miserável do recente Brasil república que se utilizam da capoeira como luta física beligerante. Se houveram muitas lutas contra a escravidão por parte da população negra no Brasil, isto não dá o

direito de nós capoeiristas afirmarmos que eles se utilizavam do que nós conhecemos hoje como capoeira para se libertar dessa condição (BUENO, 2012, p. 23).

No que diz respeito à discussão do termo capoeira, encontramos o emprego do vocábulo de maneira recorrente a partir de 1712 em diante, nas obras da literatura brasileira consideradas clássicos, como Iracema, de José de Alencar, e o Cortiço, de Aluísio de Azevedo, tendo a origem desse vocábulo atribuída à língua tupi *caa-apuam-era*, significando ilha de mato já cortado ou *copuera*, roça velha. Porém, uma crítica fervorosa levantada por Macedo Soares aos dois sentidos empregados anteriormente arregaçou uma polêmica sobre a origem do termo. Para Macedo, em princípio, "Capuêra, Capoêra é pura e simplesmente o guarani caá-puêra, mato, que foi atualmente mato miúdo, que nasceu no lugar do mato virgem que se derrubou" (REGO, 1968; REAL, 2006).

Dessa maneira, chamamos a atenção para a importância da discussão etimológica do termo capoeira, a qual está no fato de apontar para as diferentes acepções, mas um mesmo significado sobre o termo capoeira. De maneira geral, um ponto de vista foi tido como unânime, a partir do século XIX, possibilitando na contemporaneidade um consenso entre os "tupinólogos" em concordarem com o étimo caá, significando mato, floresta virgem, adicionado o puêra, pretérito nominal que quer dizer o que foi, e já não existe mais. Disso resultou a representação corrente no imaginário comum da prática social da capoeira como sendo mato ralo ou cortado, local onde seria supostamente realizada a prática da capoeira no período histórico escravocrata do Brasil Império (REGO, 1968; CORTE REAL, 2006).

Nessa direção, existe uma referência do termo capoeira ser associado a uma ave, Uru (odontophorus capueira-spix), comum no Paraguai e em vários estados brasileiros, encontrada nas regiões do nordeste, centro-oeste e sudeste. A ave, semelhante a uma pequena perdiz de vôo rasteiro e canto singular, na forma de assobio trêmulo cujos movimentos utilizados em disputas da espécie, por ocasião do acasalamento, assemelhar-se-iam aos movimentos executados pelos negros numa pratica de luta (REGO, 1968; CORTE REAL, 2006; STOTZ, 2010).

Partindo dessa premissa, explica-se que o jogo da capoeira se liga à ave, de modo que o macho é muito ciumento e por isso trava lutas tremendas com o rival que ousa entrar em seus domínios; os passos de destreza desta luta, as negaças, foram comparadas com os destes homens que na luta simulada para divertimento lançavam mão apenas da agilidade. Vê-se, então, que a ideia aí seria de que o nome da capoeira, como prática social, foi absorvido, por comparação, da luta travada pelos machos da ave chamada capoeira (REGO, 1968; STOTZ, 2010).

Pode também ser relacionado ao canto dessa ave uma forma de comunicação que era utilizada através do assobio pelos caçadores no mato como chamamento, e pelos moleques pastores ou vigiadores de gado para chamarem uns aos outros e também ao gado. Dessa forma, o moleque ou o escravo que assim procedia era chamado capoeira.

Ainda nessa discussão sobre o termo capoeira, por uma metonímia "res pro persona, o nome da coisa passa a ser a pessoa com ela relacionada", outro ponto que encontramos foi que, ao lado do vocábulo tupi, o português considera o termo capoeira oriundo de "*capão*" tendo, o significado de "cesto para guardar capões". Então daí procederia o uso brasileiro do termo, dos negros escravos que carregavam cestos para vender aves abatidas nos mercados. O jogo da capoeira teria surgido em virtude das brincadeiras dos escravos que povoavam a rua, transportando nas cabeças as suas capoeiras cheias de galinhas. Ou seja, a prática de luta, entre dois sujeitos que se batem por mera brincadeira e se parece tanto com a briga de galos, na qual os escravos se divertiam jogando capoeira antes da abertura do mercado de aves (REGO, 1968; CORTE REAL, 2006; STOTZ, 2010).

A terceira teoria da origem da capoeira alega que a mesma também é um construto afro-brasileiro que se constituiu no Brasil, mas que ela se sistematizou no meio urbano, mais especificamente na região portuária, a partir do legado africano ressignificado pelas condições objetivas determinadas pela conjuntura brasileira do final do Brasil Imperial e início do Brasil República (PIRES, 1996; SOARES, 1994; BUENO, 2012).

> No que concerne ao tipo social jogador de capoeira da época, esse período próximo ao fim da escravidão e recém liberto foi, sem dúvida, o de maior repressão ao povo negro e isto se exemplifica no Código Penal de 1890 que criminaliza a prática da capoeira. Disso decorrem os métodos de organização política dos negros que ficaram conhecidos, como 'bandos ou maltas', bem como na constituição da Guarda

Negra. Também é nesse período, a partir da construção do Código Penal, que se registra nos arquivos militares, muito da presença dos capoeiras, com maior expressividade em Pernambuco, Bahia e Rio de Janeiro. É possível que se tenham outros focos de capoeiras nos demais estados brasileiros, porém segundo Capoeira (2000), Rego (1968), Santos (1990) e até o Parecer 031/2008, os registros dos capoeiras circulam principalmente nestes três estados" (BUENO, 2012, p. 43).

Devido ao Brasil não deter a tecnologia nem os conhecimentos e recursos necessários para maior exploração da gestão portuária na época, os negros trabalhadores dos portos dos grandes centros urbanos de grande importância sócio-político-econômica daquele período histórico, que seriam Recife, Salvador e Rio de Janeiro, só podiam carregar os navios e embarcações na maré cheia, pois no período da maré baixa os respectivos navios e embarcações tombavam, inclinavam e não podiam ser carregados, correndo o risco de naufragar ou encalhar.

Sendo assim, nesse intervalo de não trabalho os trabalhadores negros, também conhecidos como capoeiras, vadios, marginais, maloqueiros e malandros, brincavam, vadiavam e exerciam uma contraposição à ordem social vigente, uma vez que a cultura negra não era reconhecida e qualquer tentativa de manifestação que remetesse à matriz cultural afro-brasileira era discriminada, marginalizada, reprimida e criminalizada.

Logo, concordamos que foi a partir desse intercâmbio de saberes da classe popular entre os trabalhadores dessas três cidades, processo que Frede Abreu (2005) denomina também como tráfico cultural, que possivelmente nos aproximamos da sistematização mais próxima e coerente do que hoje podemos compreender como a prática social da capoeira, pautada na condução do tipo social do capoeira, que era tido como sinônimo de maloqueiro, marginal e criminoso.

Dessa maneira, não encontramos indicações seguras de que a capoeira, conforme a conhecemos no Brasil, tenha se desenvolvido em qualquer outra parte do mundo. Existem poucas e raras fontes e documentos que podem subsidiar pesquisas históricas a respeito da capoeira nos séculos XVI a XVIII, considerando que datam de meados do século XIX as primeiras referências históricas, até agora conhecidas, ligadas aos capoeiristas urbanos. Além disso, o restrito acesso e escassez de documentações e materiais referentes à capoeira no meio rural dificultam conhecimentos mais precisos do processo de êxodo rural da capoeira.

Nesse processo histórico de transição do Brasil Colônia para a República Federativa do Brasil, juntamente como a abolição da escravatura, a população negra, agora reconhecida como "ser humano", mas sem os direitos e muito menos as condições mínimas para sustentação desse reconhecimento, acumulam-se nas periferias das capitais mais desenvolvidas, tais como citamos anteriormente, Recife, Salvador e Rio de Janeiro.

Em decorrência dessa conjuntura, a falta de trabalho, a dificuldade de acesso às condições de produção da vida, dentre outros, a população negra passa a produzir sua subsistência se valendo exclusivamente dos saberes da sua prática. , No referido período de transição, isso era inaceitável, existindo um conjunto de registros sobre a prática da capoeira nessas cidades, principalmente na forma de notícias de jornais da época e de registros polícias, descrevendo situações de organização desses sujeitos como práticas criminosas. Isto significa dizer que o capoeira era um tipo social dotado de determinado tipo de comportamento, o qual não era compatível com os valores morais e éticos burgueses na época de formação da recente república, tornando a prática social da capoeira um crime previsto no Código Penal de 1890 (SOARES, 1994; PIRES, 1996; ARAÚJO, 1997; CAPOEIRA, 2000; FALCÃO, 2004; SILVA, 2006; CORTE REAL, 2006; ARAÚJO, 2008; BUENO, 2012).

> Art. 402. Fazer nas ruas e praças públicas exercícios de agilidade e destreza corporal, conhecidos pela denominação de capoeiragem: andar em correrias, com armas ou instrumentos capazes de produzir uma lesão corporal, provocando tumultuo ou desordem, ameaçando pessoa certa ou incerta ou incutindo temor, ou algum mal:
> Pena: prisão celular de dois a seis meses.
> Parágrafo único: É considerada circunstância agravante pertencer o capoeira a algum bando ou malta. Aos chefes os cabeças se importará a pena em dobro.
> Art. 403. No caso de reincidência será aplicado ao capoeira, no grau máximo a pena do artigo 400 (Pena de um a três anos em colônias penais, que

se fundarem em ilhas marítimas, ou, nas fronteiras do território nacional existentes) (ALMEIDA apud ABREU, 1999, p. 29, nota 15).

Não querendo puxar a brasa para nossa sardinha, ou ainda o ritmo para o nosso jogo, consideramos fundamental para essa tese resgatarmos especificamente o processo de falta de acesso às condições de subsistência, dos saberes e comportamentos produzidos pelos capoeiristas no contexto pernambucano devido aos poucos referenciais e produções acerca da capoeira pernambucana, pois o contexto da capoeira pernambucana é determinante em nossa formação humana na capoeira e na universidade, a qual aprofundaremos no próximo capítulo, que trata da construção do Intelectual Maloqueiro.

No Recife, segundo Oliveira (1971), a capoeira surge a partir da música e da dança carnavalescas criadas no final do século XIX nesta cidade, cristalizando-se como traço marcante de sua fisionomia urbana: o frevo (música) e o passo (dança). Não se sabe ao certo se a música trouxe o passo ou se este trouxe a música. O que se sabe é que, enquanto o frevo foi invenção dos compositores de música ligeira feita para o carnaval, o passo surgiu do povo, sem regra e sem mestre, espontaneamente. Frevo, palavra mágica - originada da palavra "ferver" de muitas variantes possíveis, frevança, frevolência, frevolente, frevióca, frevar - cai no gosto do povo como sinônimo de barulho, folia, reboliço, confusão e briga doméstica. O gosto dos capoeiras pela música, pelas festas e folguedos, atraía-os, que se concentravam onde quer que houvesse qualquer sinal de mobilização de festa ou brincadeira; poderíamos sempre contar com a presença dos capoeiras, assistindo ou participando.

Várias são as agremiações carnavalescas — Blocos, Troças, Clubes-de-Rua — sendo este último considerado a mais representativa destas agremiações. Os Clubes-de-Rua são formados por influências culturais vindas do desfile de bandas militares, da capoeira, das farândolas da véspera de Reis, das procissões. Sua formação ocorre da seguinte forma: adiante vão os balizas, que têm a função de nortear, atuando como mestres de cerimônia à frente de seu grêmio. Depois vem o estandarte, tão sagrado como a bandeira de um regimento. Sua guarda e sua defesa são deveres supremos de honra para a agremiação. Em seguida vem a "onda", quanto mais gente, maior será o prestígio do clube. E depois da fanfarra (os músicos), o cortejo é fechado pelo "cordão", formado por um grupo de sócios do clube, carregando o distintivo do mesmo, realizam manobras que não caracterizam o passo (OLIVEIRA, 1971).

Dessa maneira, não podemos afirmar com exatidão se a música ou a dança surgiu primeiro. É possível admitir que um desses elementos tenha inspirado o outro, porém com o tempo essa prioridade se torna insignificante. O frevo, o ritmo e o passo vieram paralelamente se definindo e só mais tarde definiram suas formas. Estas sempre se sujeitam às modificações da influência do tempo; cadenciando seus movimentos pelo som dos antigos blocos, os capoeiras pulavam e dançavam dando, sem querer, os primeiros sinais do passo (OLIVEIRA, 1971). Assim, o compositor traz seu legado da polca, do dobrado, da quadrilha, etc.; ver-se-á que o passista traz no corpo o legado da capoeira.

Sendo assim, os capoeiras põem em contribuição a força muscular, a flexibilidade e a rapidez dos movimentos; é uma ginástica degenerada em poderosos recursos de agressão agilidade de desafronta. Desordeiro, *maloqueiro*, malandro, assassino, sempre às voltas com a polícia, sempre temível e temido; esta é a imagem que se tem do capoeira. Este, isolado, trabalhava, constituía famílias, era proibida a vadiagem; não era ladrão, desafiava a força pública e só se entregava morto ou quase morto. Enfrentava quem quer que fosse; procurava sempre distrair o adversário para dar o golpe preciso na hora certa. E quando chegava para o combate, o desespero tomava conta das pessoas que se colocavam a correr e a gritar. Chegavam a ser considerados criminosos profissionais[12].

> De começo foram os capoeiras, modalidade mais ágil e pública dos valentes. A capoeiragem, no Recife, como no antigo Rio, criou tais raízes que se julgava um herói sobrenatural que tivesse de

---

[12] Para COELHO NETO (1973) o "capoeira digno" não usava navalha e fazia questão de mostrar as mãos limpas quando saía de uma briga. Com a chegada de Dom João VI ao Brasil, foi dada uma nova estrutura às instituições de segurança pública - por "medo dos capoeiras e o receio de ser liquidado por espiões estrangeiros ou mesmo intrigas da corte". Fernandes Viana foi o primeiro intendente da polícia do Brasil, tendo nomeado para a Guarda Real de Polícia Miguel Nunes Vidigal, capoeira mestre que se tornou o terror dos seus "colegas". Vários documentos comprovam as preocupações dos governos na repressão da capoeiragem, que deixava desassossegada a população do Rio de Janeiro. Reforça-se as rondas das patrulhas, ordenam que os escravos pudessem ser revistados a qualquer momento, sendo proibido o porte de armas, assobios ou qualquer outro sinal que pudesse avisar o perigo.

> acabar com ele. Que nada! Saísse uma musica para uma parada ou uma festa e lá estariam infalíveis os capoeiras à frente, gingando, piruetando, manobrando cacetes e exibindo navalhas, faziam passos complicados, dirigiam pilherias, soltavam assovios agudíssimos, iam de provocação em provocação até que o rolo explodia correndo sangue muito e ficando defuntos na rua. Havia entre eles partidos. Os mais famosos foram o 'Quarto' e o 'Espanha'. E as bandas musicais por sua vez, possuíam dobrados das predileções de uma ou da outra facção desordeira. O dobrado 'Banha Cheirosa' era um desse. Tocá-lo constituía já uma ameaça à ordem pública (SETTE, 1938, p. 97-98).

Devido à fama dos Leões do Norte, no Recife a capoeira era símbolo de valentia dos capoeiras, que eram temidos pela polícia; foram se multiplicando e cada vez mais eram contratados para certos tipos de trabalho de "segurança". Os Capoeira tinham como código de honra não falar com ninguém muito perto a não ser com o mulherio.

Cadenciando sua ginga pelo binário do dobrado, os capoeiras, pulando na frente das bandas de música, principalmente as militares, davam sem querer o primeiro sinal da capoeira. "A capoeiragem era complemento das bandas, sua marca de autenticidade" (OLIVEIRA,1971, p. 74), o que está relacionado com as atividades das bandas que se acirravam, principalmente, nas vésperas do carnaval, na preparação do repertório.

> Cada um tinha, entre os capoeiras, os seus simpatizantes, os que sempre estavam a sua frente, nos delírios do seu entusiasmo como o chapéu na coroa da cabeça, gingando, pulando e brandindo o seu cassetete. A banda que saísse à rua arrastava consigo a malta correligionária, desferindo agudos assobios e disposta a bater o primeiro contrário que aparecesse (OLIVEIRA apud BARBIERI, 1993, p. 74).

A capoeira de Pernambuco, nas condições do concreto real onde ela se desenvolveu, e as determinações históricas, nomeadamente, a influência musical e rítmica do frevo e do maracatu (entre outras manifestações), assume-se como mais guerreira de luta.

Com o tempo a capoeira perde a sua agressividade e tem a música como simulação. Muitos são os golpes de capoeira, alguns deles são criações momentâneas por oposição à defesa e oportunidade para o ataque; todos, porém, têm um ponto em comum: a ginga, o corpo bamboleia e a maneira de assuntar o adversário descobrindo seu ponto fraco, ou seja, mais vulnerável.

Por meados do século XIX, os capoeiras de Pernambuco, mais especificamente de Recife, pois no interior do estado não se tinha conhecimento, relatos ou documentos que pudessem constatar a manifestação da capoeira no interior, ficaram conhecidos como os Brabos. Como podemos observa no livro *Recife Culturas e Confrontos*, do Professor Raimundo Pereira Alencar Arrais, que foi concebido a partir de sua dissertação de mestrado, apresentada ao Programa de Pós-graduação em História da UFPE (Universidade Federal de Pernambuco), no qual ele nos revela que:

> A partir do segundo Lustro do século as referências a maltas de capoeira escasseiam, resultado da campanha de extinção que produziu prisões, mortes, deportamentos para a ilha de Fernando de Noronha. Nesse período as alusões aos capoeiras desaparecem e surge em seu lugar um outro tipo, sobre o qual a documentação é menos escassa: Os Brabos. Na primeira década do século, a atividade das maltas de capoeira parece se esgotar. Elas ligaram sua atuação à vida política no período monárquico, sob a influência de figuras que adquiriram larga popularidade entre os pobres e negros, por ocasião da campanha abolicionista que teve grandes momentos no Recife. Esses chefes políticos, cuja clientela inspirava desprezo às aristocracias locais, fizeram-se com apoio das camadas inferiores da população e, sem fugir às regras do jogo político estabelecido, com a força intimidadora das maltas de capoeiras e desordeiros, que contribuíram com a nota violenta dos períodos de eleição (ARRAIS, 1988, p.94).

Durante o final do século XIX, a capoeira, assim como diversas manifestações da cultura afro-brasileira, sofre uma repressão muito grande por ser considerado um crime previsto em código penal (Decreto 847, de onze de outubro de 1890). Muitos capoeiristas pernambucanos foram apreendidos e encaminhados ao presídio de Fernando de Noronha, PE, e muitos desapareceram sem deixar vestígios (MELO, 1953; ARRAIS, 1988). Devido a esta forte repressão, os capoeiristas buscaram outras estratégias e manifestações da cultura popular para preservarem sua cultura. Entretanto, a capoeira não se esquivou da marginalidade e apagamento, ocorrendo um hiato no processo histórico da capoeira, vindo a reaparecer por volta da década de setenta no Estado de Pernambuco.

Entre 1904 e 1908 foi articulado um programa de ação firme e sistemática pela polícia contra os capoeiras, pois os mesmos encarnavam o tipo social mais frequentemente identificável nos domínios do crime. Sua presença e atuação se manifestavam em agrupamentos turbulentos; foi ainda alvo da ação das autoridades policiais aos ofensores da honra, larápios, loucos, ébrios, feiticeiros e prostitutas. A ação desenvolvida pelas autoridades abarcava locais de moradia, modos de conduta, formas de vestir-se e meios e locais de diversão (ARRAIS, 1988).

Mas a ação sistemática empreendida pela polícia de combate e extinção dos capoeiras da cidade, a mando do regime republicano de 1889 em nível nacional, mas que em Recife só ocorreu entre 1904 e 1908, era considerada insuficiente, pois a fusão que a capoeira promovia entre as classes populares dos pretos, mestiços, brancos pobres, tornava praticamente impossível erradicar a prática de "exercícios de destreza corporal", embora a polícia conseguisse localizar e eliminar os cabeças e posteriormente conseguissem acabar com essa execradas comunidades.

Ficaram os Brabos, os continuadores das habilidades de luta e da tradição da ilegalidade, que os capoeiras haviam deixado de herança, disseminados nos meios pobres e suspeitos da cidade que, pela suas atuações, inclusive na integração as redes de clientelismo da República, vendiam sua força de trabalho.

> Os capoeiras, em regra, pertenciam a esse ou aquele figurão dos tempos. Nos dias de eleição retribuíam com serviços valiosos a proteção e a impunidade. Desaparecidos os capoeiras, ficaram os "brabos". Menos evidentes, porém perigosos e protegidos. Não faziam mais proeza na frente do 14 ou da polícia, mas não dispensavam atividade

> noutros setores. Havia brabos de varias categorias. Uns da alta roda de esferas inferiores. Cavavam a vida em ser brabos. Obtinham favores, empregos, regalias. Desde a entrada gratuita no pastoril até os beijos das meretrizes. Os de classes superiores trajavam bem, andavam de carro, usavam brilhantes. Quase não diferiam do resto dos viventes no aspecto. Apenas, assim como que uma cara fechada, um passo duro, uma bengala grossa. Os de plano baixo eram típicos - chapéu de "apara facada", calças bombachas, paletó curto, sapatos brancos, andar balançado e o clássico porrete na mão (SETTE, 1938, p. 99-100).

Os esforços dos tipos sociais maloqueiros e marginais para garantir a sobrevivência da prática social da capoeira na conjuntura das tensões sociais do início do século XX foram válidos. Porém, em 1936, com a implantação do Estado Novo de Getúlio Vargas, sobre o pretexto do discurso nacionalista, a associação da capoeira ao esporte nacional foi emblemática para a pretensão do Estado Novo de valorização do produto nacional e a "criação" da raça nacional brasileira. Assim, a capoeira é utilizada como uma estratégia na consolidação dessa "raça brasileira", de modo que sai da ilegalidade através do Decreto Presidencial 2848/40, o qual institui o novo Código Penal do Brasil, no qual não mais consta o crime de capoeira (BRASIL, 1940).

Sendo assim, na verdade, o objetivo implícito do Estado Novo era ter o controle da capoeira. Dessa forma, essa atividade considerada marginal e maloqueira passa a ter outras influências e significações, de acordo com contexto político, ideológico e econômico vigentes. Nessa tentativa de controle e vigia dessa prática social subversiva, institucionaliza-se a capoeira, tirando-a das feiras livres, do cais do porto, dos botecos e outros logradouros públicos e coloca-a nas "academias", na expectativa de agradar as elites.

É neste contexto, em articulação com a área da Educação Física, que certos intelectuais, principalmente das forças armadas, da Educação e da área médica, tentaram transformar as práticas associadas à capoeira em práticas brasileiras que exaltem as qualidades do que é nacional.

> No campo da Educação Física, o modelo educativo era concebido em termos racionais e

disciplinador do corpo. Nesse contexto, surgem as primeiras iniciativas para a institucionalização da capoeira. O Estado passa a ter preocupação com a 'raça' brasileira. A implantação da capoeira nas escolas atendia a interesses eugênicos e autoritários do Estado. A capoeira integrou-se a uma ampla política de estabelecimento de uma vigorosa disciplina corporal (ESTEVES, 2003, p. 131-132).

A preocupação da intelectualidade de variados setores da sociedade era a produção, valorização e legitimação da cultural nacional, uma vez que o Brasil não possuía autonomia. Em diferentes campos, a produção cultural nacional sofria uma série de influências culturais "gringas", desencadeando, no início do século XX, uma tentativa de rompimento com as influências oriundas de outras realidades. Estamos nos referindo aos métodos ginásticos europeus, com a predominância dos métodos francês e sueco, disseminados nas escolas e academias, discussão que aprofundaremos no próximo capitulo.

Nesse contexto, a Capoeira passa a ser apontada como uma solução na busca de um método ginástico nacional ou mesmo um Esporte de procedência tupiniquim. Porém, para inseri-la de maneira ideal no sistema, ela não poderia ser aquela praticada pelas camadas mais baixas da sociedade, vinculada às raças "inferiores", como a negra, desafiando a ordem pública e exercendo pressões políticas diante do aparato governamental e policial. Ela tinha que ser modificada, regrada, metodizada, higienizada, elitizada... e assim alguns estudiosos[13] deram início ao que podemos chamar disciplinarização da capoeira (SILVA, 2004, p. 71).

Consideramos que essa tentativa de esportivização da capoeira, originada em 1909, vem ganhando força pelo fato da capoeira estar

---

[13] Os estudiosos que selecionamos para a análise das obras são aqueles que conseguiram elaborar um trabalho mais significativo sobre o tema ou que tiveram grande representatividade na Educação Física. Pode-se encontrar em Pires (2001, pp. 95-97) outros estudiosos/intelectuais que se propuseram a refletir sobre a inserção da capoeira na sociedade como um esporte nacional.

presente nas lutas de ringue. Mais especificamente, com a histórica da peleja, lembrada até hoje, entre Cyríaco X Conde Koma, no final da década de vinte e trinta, com o mestre Sinhôzinho no Rio de Janeiro e mestre Bimba em Salvador, capital da Bahia.

Essa tentativa de esportivização e desgeneralização da capoeira frente ao modo de produção capitalista segue até os dias atuais, pela reestruturação das forças produtivas que a ressignificou, passando de crime para a tentativa de esporte genuíno nacional, fomentando-a como objeto de pesquisa até o processo de patrimonialização da cultura brasileira.

No final da década de vinte e início da década de trinta, os desafios entre as modalidades de luta eram comuns e os espetáculos oferecidos ao público ocupavam lugar privilegiado nos jornais. Francisco da Silva, conhecido como Cyríaco, era um capoeirista e estivador, enquanto Sada Miako, conhecido como Conde Koma, era um lutador de jiu-jitsu, japonês, que veio ao Brasil divulgar sua arte, desafiando qualquer outra modalidade de luta. Cyríaco aceitou o desafio, o combate foi na Avenida Central (atual Rio Branco), no Rio de Janeiro (SILVA, 2004).

O maloqueiro, capoeira e estivador venceu o combate e, por este feito, foi reverenciado nas ruas pelos expectadores e fez da capoeira um motivo de orgulho nacional. A notícia desta vitória espalhou-se pelo país inteiro, divulgando a superioridade desta "arte marcial brasileira". Talvez este combate tenha sido uma fonte de inspiração para propostas de metodização e sistematização da capoeira enquanto luta e ginástica brasileira pelo professor Inezil Pena Marinho.

> É interessante notar que, no decorrer desse processo da Capoeira de ringue (de 1909 até meados de 1950), ela passa de ilegal a uma prática permitida em 1937. Ainda veremos que o mundo deu muitas voltas até a capoeira ser liberada, e sua incorporação como uma modalidade de luta contribuiu bastante para sua legalização.
> Em 1930, no Rio de Janeiro, foi fundada a 1ª Federação de Pugilismo do Brasil que ficou subordinada, a partir de 1933, à Confederação Brasileira de Pugilismo, fundada neste ano. No artigo 3, do capítulo único, da citada Confederação lia-se: "Entendem-se por pugilismo todos os desportos praticados em ringues, tais

como Box, Jiu-Jitsu. Catch-as-catch-can. Lutas: livre, romana, brasileira (capoeiragem), etc." Assim sendo, deve-se registrar que na década de 30, no Rio de Janeiro, se processou um movimento de 'oficialização da capoeira' pela via do pugilismo, já estando neste Estado, na ocasião, solidificada a expressão capoeiragem: luta nacional" (SILVA, 2004, p.60).

Nessa fase, o então primeiro tenente Lamartine Pereira da Costa, autorizado pelo capitão de corveta Maurício Murgel Taveira, sistematiza a obra publicada em 1962 e intitulada *Capoeira Sem-mestre*. A capoeira passa a fazer parte da preparação de oficiais e praças da Marinha, contexto em que o referido tenente foi instrutor com 208 inscritos, no curso que durava cerca de 20 aulas. O tenente Lamartine Costa aprendeu a capoeira com o mestre Arthur Emídio, mas ainda esteve na Bahia e chegou a treinar com Mestre Bimba, lutador e criador da capoeira regional e, de volta ao Rio de Janeiro, elaborou esse método com 37 movimentos principais (SILVA, 2004).

O objetivo principal dessa proposta era de criar instrutores e difundir a capoeira por vários núcleos por toda a Marinha. Sendo assim, o método que ele publicou, em 1962, foi empregado nas Forças Armadas. A metodologia utilizada para o ensino da capoeira como defesa pessoal pautava-se nas tendências dos métodos ginásticos importados pela Educação Física naquela época. O livro Capoeira sem Mestre tinha como justificativa disseminar a capoeira, já que ela estava relegada ao saber dos remanescentes capoeiras, maloqueiros e marginais (SILVA, 2004).

> Sua iniciativa era a de demonstrar que para se aprender Capoeira não era necessária a presença de um mestre. Contudo, neste momento, precisamos levantar alguns pontos interessantes para discussão. O primeiro ponto é que, desde a remota época das maltas até os dias de hoje, a presença de um mestre para o ensino desta arte sempre foi um ponto marcante. Ainda que a denominação mestre não tenha sido utilizada em todos esses momentos históricos, sempre ocorreu a participação de um educador no ensino desta prática. Haja vista a própria experiência do autor do livro. O segundo é que, após a reinvenção da

E ainda:

> tradição da Capoeira na Bahia, o mediador do ensino e detentor do conhecimento ancestral é representado pela figura do mestre. Por sinal, uma figura respeitadíssima por seus alunos, tornando-os muitas vezes discípulos, no sentido de repassarem não só seus ensinamentos referentes à arte da capoeiragem, mas também adotarem sua filosofia de vida como referência. Como exemplo, podemos citar o caso dos discípulos do mestre Pastinha que fazem das palavras desse mestre, repletas de sabedoria popular, diga-se de passagem, um eixo norteador do ensino e da filosofia da Capoeira Angola (SILVA, 2004, p.150).

> Outro ponto refere-se ao desejo de apropriação do ensino da Capoeira por parte da educação física, que, iniciada com as propostas do Prof. Inezil Penna Marinho, até os dias de hoje busca legitimar a importância desse profissional para o desenvolvimento dessa luta de defesa nacional ou método brasileiro de ginástica, ou ainda, 'esporte genuinamente nacional'. Mais adiante, prosseguiremos no debate desse assunto, dada as repercussões que surgiram sobre o mestre de capoeira face à regulamentação do profissional de educação física, em 1998. Entretanto, não podemos esquecer que a ideia do 1º tenente Lamartine P. da Costa era da Capoeira-luta, defesa pessoal, uma atividade utilitarista, extremamente nacionalista e militarista, que não levava em conta seu caráter de manifestação mais ampla. Por isso, ele buscou mostrar aos seus leitores que é possível aprender a capoeiragem sem a presença de um mestre, e assim propunha o desenvolvimento de exercícios próprios da Capoeira (SILVA, 2004, p.151).

Dentro desse contexto de sobrevivência e ressignificação da capoeira, concomitantemente ao processo de ingerência e tentativa de esportivização e institucionalização da mesma pelo Estado Novo, especificamente em Salvador, edifica-se uma conjuntura que favorece o surgimento e a organização da capoeira em dois estilos que influenciaram e contribuíram determinantemente para a condição de regramento, submissão e mercadorização da prática social da capoeira ao modo de produção capitalista.

Como tratamos previamente, no período antecedente ao Estado Novo, a capoeira enquanto reconhecida como prática criminosa não tinha nenhum método de sistematização em seu processo de aprendizagem e difusão, ou seja, aprendia-se a capoeira na prática, na vivência da mesma. Na linguagem popular da capoeira, era aprendida de oitiva.

Manoel dos Reis Machado, o Mestre Bimba, 25º (vigésimo quinto) filho de Maria Martinha do Bonfim, uma descendente de índios tupinambás, e de Luiz Cândido Machado, um ex-escravo banto, que foi batuqueiro, iniciou-se na capoeira aos 12 (doze) anos de idade, na Estrada das Boiadas, hoje Bairro da Liberdade, em Salvador. Tornou-se capoeira sob os cuidados de Bentinho, um africano que era Capitão da Companhia Baiana de Navegação (REGO, 1968; VIEIRA,1995).

Em 1928, mestre Bimba cria a Luta Regional Baiana, que vai ser delimitada como a Capoeira Regional, que é um sincretismo da capoeira "das antigas" com o batuque e outras modalidades estrangeiras de lutas, como o a Greco-Romana, o Jiu Jitsu e o Judô (REGO, 1968; VIEIRA,1995; CORTE REAL, 2006).

A primeira escola de capoeira, na Bahia, é atribuída a Mestre Bimba, em 1918, quando ministrou aulas de capoeira no Clube União em Apuros, no Engenho Velho de Brotas. Isto, numa época em que a prática de capoeira ainda era prevista como crime no código penal, mas essa liberação foi possível pelo suborno da polícia (REGO, 1968; VIEIRA,1995; CORTE REAL, 2006; ARAÚJO, 2008).

A primeira apresentação pública de capoeira também foi realizada pelo Mestre Bimba, em 1924, com a contribuição de um aluno seu, Joaquim de Araújo Lima, que era universitário e que teria garantido as condições objetivas para esse fato histórico. Em 1930, Bimba já havia criado as condições objetivas necessárias para ministrar aulas aos seus alunos, o Clube da União em Apuros. Mas é no ano de 1932 que realizou o marco do primeiro mestre da capoeira a abrir uma academia de capoeira, registrada e legalizada oficialmente em 9 de julho de 1937, como Centro de Cultura Física Regional (REGO, 1968; VIEIRA,1995; CORTE REAL, 2006; BUENO, 2012).

Instaurava-se com o advento da "Regional" um processo tanto de luta por legitimação da prática social da capoeira, como de possibilidade de reconhecimento como mercadoria a ser vendida, vislumbrada pelos capoeiristas que passaram a dominar sua prática, colocada como esporte cujo foco era o mercado e a concorrência com outras modalidades esportivas de luta, ginástica e dança, em geral (CORTE REAL, 2006; ARAUJO, 2008; BUENO, 2012).

Dessa maneira, o Mestre Bimba foi considerado o primeiro disciplinador e pedagogo da capoeira. Ao criar o primeiro método de ensino para uma nova modalidade genuinamente brasileira, a Capoeira Regional, a qual demonstra a absorção, a apropriação e a articulação entre o saber popular com elementos alheios ao ethos popular, o conhecimento cientificamente sistematizado, o mestre Bimba disciplina e ritualiza a capoeira, utilizando elementos comuns ao meio universitário, apreendidos do convívio com seus alunos, na maioria universitários (VIEIRA, 1995; CORTE REAL, 2006; ARAUJO, 2008; BUENO, 2012).

A partir desse convívio, os acadêmicos atuaram como importantes elementos de ligação entre universos culturais distintos, o saber popular da capoeira com o conhecimento científico, fornecendo ao Mestre Bimba os primeiros meios para que estreitasse seus vínculos com estratos sociais superiores. Isso pode ser percebido nas cerimônias de "batismo, graduação e formatura", herança da capoeira regional, os quais são rituais altamente formais, realizados ao final de cada período do processo de formação na capoeira, incluindo fatores tipicamente acadêmicos: patronos, paraninfos, oradores, discurso e diplomas, evidenciando um empenho deliberado na legitimação e reconhecimento da capoeira junto às camadas sociais mais elevadas (VIEIRA, 1995; CORTE REAL, 2006; ARAUJO, 2008; BUENO, 2012).

Podemos considerar o "Advento da Regional" como um marco na ingerência da reestruturação das forças produtivas e do modo de produção capitalista no aparelhamento da capoeira como mercadoria. Contraditoriamente, esse avanço frente ao processo de mercadorização da capoeira pelo capital inaugura um movimento de vários capoeiras que se opõem à proposta da capoeira Regional de Bimba. Por meio de discursos idealistas, românticos e maniqueístas, esses capoeiras tinham o intuito de preservar os princípios e as características da capoeira jogada até então, e criam outras regras e formas reguladoras, nomeando essa nova/antiga prática de capoeira de Angola (ARAÚJO, 2008; BUENO, 2012).

Entretanto, esse movimento não apresentava uma orientação que demarcava declaradamente uma oposição ao interesse capitalista, ou ainda apresentava uma proposta diferenciada às relações de produção, de maneira a se legitimar como oposta à Capoeira Regional. A capoeira angola era organizada e sistematizada de braços dados com os interesses capitalistas, de modo que seria a mesma mercadoria com uma embalagem diferente, pautada no argumento da defesa e da afirmação da cultura e ampliação dos direitos do povo negro (ARAÚJO, 2008, BUENO, 2012).

Esse movimento de oposição á capoeira Regional ganhou força e promoveu a ascensão de uma polêmica na capoeira que perdura até os dias atuais. É importante evidenciar, conforme Vieira e Assunção (1988) explicitam, sobre a especificidade do movimento da capoeira angola, o qual teve como alicerce a escola de Mestre Amorzinho, e posteriormente, a escola de Mestre Pastinha, sendo esta última a que se consolidou como principal referência do estilo da capoeira Angola.

Vicente Ferreira Pastinha, mais conhecido como Mestre Pastinha, era um negro magro, pequeno, franzino e de fala mansa, nascido em 5 de abril de 1899, em Salvador. Bahia. Filho de um espanhol chamado José Pastinha, tinha como mãe uma negra batizada de Raimunda dos Santos. Aos 12 anos, foi aluno da escola de aprendizes de marinheiro, da marinha brasileira, e ficou conhecido na história da capoeira como o grande divulgador, "o guardião", da Capoeira Angola (REIS, 1997; REGO, 1968; CORTE REAL, 2006).

O caminho traçado pelo mestre Pastinha na sua trajetória histórica do ensino da capoeira teve como marco o ano de 1922, quando o mesmo alcançava os seus 20 anos. Pouco tempo depois de ter dado baixa da escola de aprendizes, Mestre Pastinha abriu sua primeira escola de capoeira no Mirante do Campo da Pólvora, na Bahia de Todos os Santos, a qual funcionou de 1910 a 1922 (REIS, 1997; FALCÃO, 2004; CORTE REAL, 2006).

Mestre Pastinha defendia o nome de Capoeira Angola em decorrência de terem sido os escravos angolanos, na Bahia, os que mais se destacaram na sua prática. Ou seja, aplicava-o visando a justificar seu entendimento da capoeira como um construto sócio-histórico do negro em África, como salientamos anteriormente. Dentre os aspectos que marcaram a trajetória histórica da vida de mestre Pastinha, um dos acontecimentos mais formidáveis foi ter recebido a mestria, da roda da Gengibirra, em 1941. Essa roda da Gengibirra, que acontecia aos domingos no bairro homônimo, em Salvador, foi palco clássico da vadiação de capoeiristas baianos da época. De acordo com relato do próprio Mestre Pastinha, foi a esta roda por insistência de seu aluno Aberrê. Quando lá chegou, o dono da Roda, que era um capoeirista conhecido por Amorzinho, entregou-lhe o comando da mesma, marcando assim o reconhecimento e delegando ao mestre a responsabilidade de preservação do estilo da capoeira angola (REIS, 1997; FALCÃO, 2004; CORTE REAL, 2006).

Vários foram os mestres desse momento histórico que pegaram carona no caminho dos "valores de consumo da identidade cultural e da tradição" (ARAÚJO, 2008, p. 36), com diferentes atalhos na defesa dos "genuínos valores da capoeira", mas apenas os caminhos que Bimba e Pastinha mapearam perdura mesmo que 'descaracterizadamente' até nossos dias, destacando-se como uma severa disputa por posição e poder no interior da prática social da capoeira.

Essa disputa insiste e ganha força e espaço na prática social da capoeira devido à ingenuidade e alienação de grande parte dos sujeitos da capoeira, que insistem em preservar esse embate entre Capoeira Angola e Capoeira Regional como disputa de posição, disfarçada de uma possível afirmação identitária, que segrega e distancia seus praticantes, dando maiores condições ao interesse capitalista de dividir para melhor explorar.

Na produção dos intelectuais simpatizantes e praticantes da Capoeira, possibilita-se o entendimento por nós alcançado de que a capoeira que se joga hoje, independente de sua matriz Angola ou Regional, não é a mesma que se jogava há sessenta ou setenta anos. Isto porque a cultura é dinâmica e o próprio capital, na sua dinamicidade, entra em crise cíclica pela necessidade de se reestruturar para continuar expandindo e acentuando sua lógica de exploração do ser humano pelo ser humano. Sendo assim, é necessário entendermos como essa lógica se atrela à prática social da capoeira e à intervenção dos seus protagonistas.

Podemos perceber que as reinvenções teóricas, valorativas do nosso tempo, encaixam-se dentro da argumentação dos fragmentos historiográficos e da lógica de materialização das forças produtivas. Acreditamos que uma mais profunda compreensão do real vivido e um avanço no entendimento da contribuição da capoeira "enquanto um bem cultural, social e historicamente produzido, em determinadas relações de produção da vida, no modo de produção do capital" (TAFFAREL, 2005, p. 75), uma "práxis capoeirana" (FALCÃO, 2004) revolucionária possa trazer elementos para uma análise crítica e para um salto qualitativo na prática educativa dos capoeiras. Estamos nos referindo à realidade do PERI-Capoeira, que guardando as devidas proporções, seguindo os caminhos traçados por Bimba e Pastinha também promoveu uma ressignificação nos códigos, nas condutas, deixando marcas visíveis na prática social da capoeira em Santa Catarina, a partir da relação dialética entre o saber da capoeira e o conhecimento científico sistematizado, de modo a servir de referência para os demais estados do Brasil.

Entendemos que neste caminho, apesar de todas as contradições e conflitos, é possível contemplar as diversas dimensões e visões da capoeira, que envolvem diferentes aspectos, tanto da prática em si como da dança, da luta, do jogo, da brincadeira, do ritual, da historicidade, entre outros. Além de poder apontar para a possibilidade da capoeira estar ligada às diferentes visões dos seus sujeitos, que a significam de acordo com essas visões, salientamos que é fundante nesse processo a inserção da base material para uma conscientização e possível superação das fundamentações "mitológicas" a respeito das disputas de posições e de poder que estão a serviço da lógica capitalista.

> Não obstante a validade da conclusão dos autores, parece-me, contudo, que faltaria dizer: em grande parte, esses mitos também são sustentados pela postura de pesquisadores(as) – muitas vezes acadêmicos, como eles e eu, que também lutam por posições de poder no seu campo – o universitário; e podem ser influenciados por toda a cegueira que a proximidade com o campo da capoeira pode, a despeito do esforço de vigilância epistemológica que possamos exercer, nos causar, tragando-nos para os discursos dos "fundamentos" míticos.
> Em certa medida, as reflexões lançadas pelos autores vieram na esteira de outros trabalhos de fôlego, empreendidos no campo da pesquisa acadêmica, especialmente por historiadores e outros especialistas (REAL, 2006, p.70).

Assim, defendemos que a fundamentação filosófica da capoeira foi construída no decorrer de todos os períodos, desde a colônia, fornecendo elementos para a história do Brasil. Inúmeros memorialistas e cronistas de costumes fixaram a imagem de capoeiristas célebres e suas peripécias, sendo possível flagrar a construção da identidade brasileira através do acompanhamento da história da capoeira. No entanto, a prática social da capoeira sistematizada como conhecemos hoje é fruto das condições objetivas das forças produtivas do Brasil a partir do período histórico da república, do início do século XX, e vem sendo modificada pela degeneralização frente ao modo de produção capitalista.

Sendo assim, apoiamos a ideia de que a realidade do PERI-Capoeira seja fundamental para a apropriação da cultura da capoeira como uma estratégia na luta do processo de conscientização dos capoeiras para um novo projeto histórico de sociedade. Só a roda de capoeira como manifestação da prática social não é suficiente para a compreensão da capoeira dentro das forças produtivas nas quais estão inseridas os capoeira no modo de produção capitalista; faz-se necessário, também, a articulação com outros saberes e conhecimentos, bem como a articulação com outros setores da sociedade.

3.2   A COLAÇÃO DE GRAU

No contexto da articulação dos saberes da prática social da capoeira aos conhecimentos cientificamente sistematizados da área da Educação e da Educação Física, identificamos que as escolas, universidades, instituições de ensino formal, as teorias e até os currículos são mais destacados do que seus sujeitos. No contexto não formal e, especificamente, no caso da capoeira, pensa-se na reputação do grupo, no seu sistema de graduação, na possibilidade de inserção no mercado de trabalho, e não nos seus trabalhadores ou, por que, não dizer, nos seus Intelectuais Maloqueiros.

Ao constatarmos essa contradição, de valorizar as instituições em detrimentos dos seres humanos, reconhecemos que o trato metodológico aos saberes e aos conhecimentos construídos ao longo do processo de formação dos educadores populares de capoeira no contexto do PERI-Capoeira buscava a superação da mesma.

Sendo assim, usamos o apólogo do ritual acadêmico da colação de grau com o intuito de sensibilizar, contribuir e dar continuidade a esse processo de valorização dos seres humanos, "personificando" as instituições das autoridades que constituem, que legitimam e respaldam essa cerimônia ou ritual acadêmico.

Fizemos uma associação didática e metodológica dos próximos subitens desse capítulo com as autoridades do patrono, da paraninfa e da homenageada nesse rito da colação de grau, que é marcado ao seu término pela autorização do uso do capelo (o chapéu de cardeal usado pelos catedráticos) que logo ao encerramento da cerimônia é atirado ao alto em comemoração, como recurso, técnica e caminho dialético de abstração, análise e síntese no trato do objeto investigado.

Dito isso, defendemos que, para a razão, como reprodutora mental da realidade, nada escapa, isto é, ela conhece todos os fenômenos que se apresentam a sua vista, partindo dos dados que lhe são apresentados aos sentidos e reproduzindo-s em pensamento. Como diria Marx (2008, p. 184), "a sensibilidade deve o embasamento de toda a ciência. Só é ciência legítima quando decorre da sensibilidade, na dupla forma de percepção sensível e de necessidade sensível", fazendo-se uso de todos os recursos e técnicas de captação do objeto e avançando pelo caminho dialético da abstração, da análise e da síntese (MARX, 2002; MARTINS, 2008).

Contudo, em ambos os contextos, não estamos a salvo das armadilhas da atual conjuntura político-econômica do modo de produção capitalista na qual estamos inseridos. Por nos reconhecermos enquanto agentes históricos, buscamos compreender a realidade vivida. Sendo assim, na sociedade globalizada em que vivemos, cenário de várias contradições, a globalização caracteriza-se, de acordo com Gohn (2005, p.8), como "um novo poder, que exclui e inclui, segundo as conveniências do lucro que destrói a cultura e cria continuamente novas formas de desejo no setor do consumo". Com esse processo de globalização da economia, entendemos que a cultura e a produção de saberes e conhecimentos transformou-se em um dos mais importantes "focos de resistência" e luta social.

O processo de globalização[14] ocorre nas mais diversas parcelas da sociedade como uma dominação total do capital. Isto não ocorre sem contradições, desigualdades, conflitos e diferentes possibilidades presentes neste contexto, pois a sociedade e seus indivíduos não são rígidos, imutáveis e inflexíveis à práxis cotidiana.

---

[14] A globalização é o estágio mais avançado do processo histórico da internacionalização da vida econômica, social, cultural e política, correspondendo a uma intensa mudança tecnológica, rápida difusão do novo padrão de organização e aprofundamento da centralização do capital. Constituindo-se, assim, a formação de oligopólios globais, considerados protagonistas poderosos na cena econômica e política (COUTINHO, 1996).

Em um contexto que predomina a total indiferença social, está presente o desinteresse, por parte das instituições e do governo ditos de esquerda, na reinvenção de valores que apontem à reconstrução de propostas amplas para a satisfação das necessidades humanas, contribuindo na busca de sentidos mais integradores das diferentes práticas sociais, mais especificamente na capoeira e na universidade.

Dito isso, percebemos que os princípios que orientam a sociedade é o consumo, a cultura de massa e a mercantilização da informação e da comunicação, superficializando e banalizando as condições de sobrevivência e os modos de pensar os problemas fundamentais da existência humana. Isso visto que, a maior parte da sociedade, sequestrada dos mecanismos efetivos de compreensão e decisões políticas, científicas e culturais, reforça o poder da tecnocracia[15], gerenciadora do funcionamento das instituições de ensino formal a serviço da lógica e do interesse do modo de produção capital.

Percebemos, assim, a importância de estudar e discutir as ações que apontam e indicam para uma outra proposta que se oponha a essa lógica de organização social, numa perspectiva de ver e viver a educação como troca de saberes e conhecimentos, como no caso do PERI-Capoeira.

Persiste, nos meios acadêmicos e em importantes segmentos da sociedade, a compreensão que a universidade e o ensino superior necessitam de mudanças. Estas não podem abrir mão da liberdade no campo das ideias, nem de condições necessárias para produção de novos conhecimentos que não estejam diretamente ligados a investimentos lucrativos. Isto ganha sentido, na medida em que houver democratização dos benefícios produzidos. Entendemos essa luta pela democratização dos benefícios e da autonomia universitária, apesar de dificultosa, mantém-se viva no exemplo da recente greve dos servidores e professores.

Dessa forma, acreditamos que a universidade pautada no tripé do ensino, pesquisa e extensão, desde que articulados, garante a construção de novos conhecimentos e instiga descobertas, autonomia e liberdade na compreensão, explicação e intervenção sobre a realidade. Contudo, há

---

[15] O termo tecnocracia, vem do grego *techne* (ofício, arte, ciência) e *kratéo* (governar). É geralmente empregado para designar o governo pela ciência ou pelos cientistas e foi utilizado como crítica à doutrina tecnocrática desenvolvida pelo Conde Saint Simon, que não admitia nem considerava a luta de classe. Segundo Marcuse (1986), o termo é entendido como ato violento, com objetivo de homogeneização repressiva.

dificuldades no que se refere à massificação do ensino superior e à intensa mercantilização das relações sociais para garantir a democratização e a existência de condições que possibilitem autonomia e qualidade na construção do conhecimento acadêmico (CHAUÍ, 2001). Dito isso, concordamos com (FLEURI, 2001, p.104), quando evidencia tais dificuldades:

> O autoritarismo revela-se como a marca dominante das relações que se estabelecem em nosso contexto, onde o 'saber' científico aparece como superior ao saber popular, de modo a legitimar a ordem opressora e a impor o 'silencio e a submissão' às classes subalternas; na tentativa de romper esse silêncio, aliando universidade e classes populares, intelectuais e associações populares defrontam-se com o 'medo' e a desconfiança inicial que os grupos de base têm em ralação aos agentes de classe média, medo gerado pela situação histórica de opressão de uma classe pela outra; portanto, a superação dessas 'diferenças de classes' só pode se dar na medida em que os intelectuais se colocam a serviço dos interesses objetivos das classes populares, na construção de um novo projeto de sociedade.

De acordo com Fleuri (2001), "a ausência dos sujeitos da classe trabalhadora nas universidades independe das intenções e intervenções pessoais daqueles que habitam a academia, pois é uma ausência estrutural". Como é sabida, a exclusão da classe trabalhadora do ensino superior se dá pela estrutura seletiva do sistema escolar. Os poucos que conseguem quebrar tais barreiras e ingressar na universidade são, muitas vezes, indivíduos em busca de diploma, iludidos pela ideologia de ascensão social. Após um doloroso processo de domesticação escolar, perdem suas origens populares, já despojadas de significados políticos.

Sendo assim, não entendemos que as intervenções individuais de alunos universitários desencadeiem debates e ações que levem a uma mudança estrutural da universidade ou do ensino formal, de modo a colocar a serviço de autênticos processos de organização popular. A universidade encontra-se institucionalmente controlada pela burguesia, cujos interesses econômicos e políticos são opostos aos das classes populares, fazendo-se necessário alterar radicalmente sua estrutura institucional atual (FLEURI, 2001).

Consideramos que há uma intensa discussão nos meios acadêmicos, ou até mesmo fora desses espaços, sobre o papel da educação formal e não formal nas sociedades modernas. Instituições como a família, a igreja ou a comunidade que antes davam um suporte de socialização e acompanhamento do processo de formação dos agentes sociais, hoje, por suas próprias fragilidades, estão delegando essas funções, de uma maneira cada vez mais intensiva, aos sujeitos que assumem a função social de educar e proporcionar a reflexão crítica para uma intervenção política consciente em qualquer que seja o contexto, formal ou não formal.

Nesse sentido, identificamos que as políticas públicas de educação, hoje demasiadamente alinhavadas pelos interesses da reestruturação produtiva, estão transformando os espaços formais e não formais de Educação e produção de saberes e conhecimentos em meras agências vendedoras de certo padrão de competências, determinados pelas exigências dos processos políticos e econômicos de acumulação do capital (SILVA, 2006).

Consideramos essa realidade extremamente danosa quanto à construção das subjetividades e dos interesses dos empobrecidos e excluídos. Dialeticamente, essa reestruturação produtiva, através dos novos mecanismos gerenciais, da alta tecnologia e do trabalho, desemprega e exclui; parece que, até neste aspecto, estamos formando sujeitos, seja no campo da capoeira, seja no campo da ciência, para uma sociedade cujo processo de formação não acompanha as demandas e interesses do mercado.

Dito isso, concordamos com Gohn (2005), que aponta que o processo de formação do saber se constrói numa práxis social cotidiana, com sujeitos sociais, educandos e educadores, mestres e discípulos, Intelectuais Maloqueiros, através das interações com outros agentes sociais, frente às contradições e os conflitos dos demais saberes disponíveis.

Desse modo, defendemos o processo de formação do saber baseado não só no conhecimento valorizado pelas universidades, ou seja, organizado e sistematizado por uma estrutura curricular que denominamos de conhecimento científico. Mas também na "realidade da vida cotidiana", dentro e fora da universidade, na militância e na participação em movimentos sociais organizados, tais como: o movimento negro, estudantil, sindical, grupos de capoeira; enfim, considerando a experiência de vida permeada pela constante discriminação e demais saberes que podem vir a se integrar ao conhecimento científico, dando-lhe um novo sentido e significado na formação dos educandos e educadores.

Acreditamos que estas outras formas e fontes de saber que se diferem do conhecimento científico, como é o caso dos movimentos sociais, constituem-se em um poderoso instrumento das classes populares, com a finalidade de garantir a satisfação das necessidades humanas e a democratização dos meios de produção.

Consideramos que este saber popular articulado com práticas políticas participativas pode gerar mobilizações e inquietações que põem em risco o poder constituído, ainda que este seja exercido por uma administração dita popular. Torna-se, portanto, uma ameaça às classes dominantes, na medida em que o saber popular invade o campo de construção da teia de dominação das redes de relações sociais e da vida social, ao reivindicar espaços nos aparelhos estatais, através de conselhos, associações com caráter deliberativo, dentre outros (GOHN, 1994).

Contribuindo com a discussão de saberes, Japiassú (1986) apresenta um conceito de saber diferenciado. O autor denomina saber amplo o conjunto de conhecimentos metodologicamente adquirido, mais ou menos sistematizado, organizado e susceptível de ser transmitido por um processo pedagógico de ensino, que compreende o saber "especulativo" e a "ciência".

O mesmo autor ainda faz referência a duas disciplinas, a sociologia do conhecimento e a sociologia da ciência. A primeira, estaria estritamente ligada à epistemologia, com autores que se destacam como: Marx, Durkhein, Max Weber, entre outros, que apresentam uma abordagem global e consideram o conhecimento como uma construção autônoma, inserida em um determinado contexto social e cultural, na qual ciência ou o conhecimento científico estão relacionados a uma determinada concepção filosófica e político-ideológica.

Na segunda disciplina, Japiassú (1986) aponta que a sociologia da ciência detém questões mais específicas relacionadas às pesquisas concretas do condicionamento social e aos fatores não científicos concernentes às diversas descobertas científicas (progresso da ciência), questões entre ciência e sociedade.

Dentro desse contexto particularmente, a Educação ganha também seu destaque, como sendo área chave para encarar as novas empreitadas frente à globalização e o avanço tecnológico na era da informação a serviço das organizações financeiras internacionais, recrutada para superar a miséria do povo e a não participação popular no processo de tomada de decisão política, econômica, social e cultural, na perspectiva de se contrapor às exigências do mercado e do modo de produção capitalista.

A partir da década de noventa, por manobra das mudanças econômicas, sociais, do mundo do trabalho e das agências e organismos internacionais como a ONU e a UNESCO, a educação não formal passou a ter outro destaque. Incorporaram-se outros preceitos como uma nova cultura organizacional, a valorização dos processos de aprendizagem em grupos, a importância dos valores culturais, articulando-os com as ações de homens e mulheres, ampliando o campo da educação para além da escola (Silva, 2006).

Conforme Fleuri (2001), é entre fins do século passado e começo deste que surge a primeira vertente da educação popular, que se identifica com a ampliação da educação escolar para todos os cidadãos, usando-se pela primeira vez a expressão "educação popular" de modo sistemático e militante, por intelectuais e educadores latino-americanos na luta pela escola pública.

> No Brasil, a bandeira da escola pública é defendida pelos republicanos no final do império. Porém, apenas com a criação, em 1924, da Associação Brasileira de Educação (ABE) é que a primeira grande batalha é travada. Os pioneiros da Educação nova conseguiram inseri-la na Constituição de 1934. Após o declínio com a ditadura de Getúlio Vargas, a luta pelo ensino público e gratuito reacende-se no período de discussão de Lei de Diretrizes e Bases (1948-1961). Após a promulgação desta, a UNE persiste na luta pelo ensino público e gratuito em todos os níveis, por considerá-lo um importante instrumento para avanço das lutas populares, como defende na Declaração da Bahia (FLEURI, 2001, p. 33).

Para os movimentos populares, a educação popular constitui-se pelo conjunto de práticas educativas desenvolvidas pelas próprias classes populares. Objetiva-se, em última instância, à superação das relações sociais de exploração e dominação numa perspectiva socialista, constituindo-se como o conjunto de processos educativos desenvolvidos pelas classes populares em suas lutas pela construção de sua resistência à exploração e à dominação capitalista (FLEURI, 2001).

A divergência entre a educação formal e a educação não formal, especificamente em nosso trabalho a formação acadêmica e a formação na capoeira, dá-se numa dimensão ético-política, na medida em que reflete a luta de classes e manifesta o confronto entre o projeto burguês e o projeto popular de sociedade e de educação.

Sendo assim, as propostas de formação acadêmica elaboradas pelo Estado e por seus aparelhos possuem como sujeitos uma elite que, mediante metodologias domesticadoras, busca a subalternação das classes populares à estrutura vigente. Já as propostas encaminhadas pelos movimentos sociais são conduzidas de forma participativa pelas próprias classes populares, tendo como horizonte a superação da lógica capitalista e a construção de uma sociedade socialista (FLEURI, 2001).

> O saber negado à classe trabalhadora pela escola (tanto pelo seu caráter seletivo, quanto alienante) é, contudo, necessário para que ela possa se organizar e construir sua hegemonia. O saber popular, construído historicamente pelas classes populares em suas lutas de resistência, é fundamental, mas não suficiente, para que estas assumam a direção da sociedade (FLEURI, 2001, p. 41).

Dito isso, acreditamos na articulação entre os diferentes saberes da educação formal e não formal, distanciando-se da concepção de educação não formal dos anos oitenta, encarada como de menor importância entre os educadores. Naquele período, a disponibilização de políticas públicas era confundida, "inocentemente", com programas de alfabetização de adultos ou com outros conjuntos de processos transgênicos, que mobilizaram a participação individual e coletiva em ações de extensão rural, animação comunitária, treinamento voluntário ou técnico, educação básica, planejamento familiar, entre outros (GOHN, 2005).

Baseamo-nos numa concepção de educação/formação que, segundo Gohn, (2005), promova mecanismos e ações práticas, efetivas e concretas, para a inclusão social. Entendemos este conceito como oposto ao de exclusão, que se manifesta de várias formas em nossa sociedade, sendo uma delas o cerceamento dos direitos mais elementares, tais como: alimentação, acesso à saúde, educação e moradia, deixando em condições subumanas a grande massa, em razão da sua raça, gênero, sexualidade, religiosidade e classe social. Outra manifestação de exclusão são as armadilhas que a sociedade cria, aumentando a distância entre os que têm acesso aos bens de consumo e a grande massa, que é deixada à margem da sociedade (SILVA, 2006).

Dessa forma, nossa concepção de educação/formação numa perspectiva de inclusão social tem a finalidade de derrotar essas desigualdades. Estamos nos referindo a uma concepção que amplia os domínios da educação para além dos muros das instituições de ensino formal, que possibilita vislumbrar propostas perante os desafios, as contradições e os conflitos impostos pelo sistema capitalista, incluindo novas metodologias e conteúdos significativos e sociais. Este é o primeiro passo para a expansão de uma nova condição de sujeitos individuais e coletivos.

A formação acadêmica que apenas reproduz e repassa o saber, contribui para excluir a maioria dos trabalhadores, fragmentando e desvinculando o saber da práxis social. Impede-se, portanto, uma compreensão crítica da realidade, necessária à participação ativa no processo de transformação social, servindo apenas para formar cidadãos alienados e funcionários obedientes facilmente cooptáveis e manipuláveis pela classe dominante (SILVA, 2006).

A estrutura seletiva do sistema universitário, financiado pela sociedade, faz com que o saber historicamente produzido seja apropriado por apenas uma minoria, a serviço do capital. Dessa forma, na sociedade de classes, a função social que serve de justificativa para a existência da educação formal, ou seja, para socializar o saber socialmente produzido, é invertido. Torna-se, assim, o conhecimento coletivamente construído acessível apenas por uma minoria, sendo empregado para manter um caráter essencialmente antissocial e sectário, fazendo uma divisão social entre o trabalho intelectual e o trabalho manual a fim de manter o sistema de exploração e dominação sobre a maioria.

Ao abordarmos em nosso tema de pesquisa a formação, tanto no âmbito da universidade quanto no âmbito da capoeira, mostra-se de fundamental importância uma reflexão acerca do contexto histórico em que vivemos na contemporaneidade, na qual acontecem transformações nas práticas econômicas, políticas, sociais e culturais, exigindo-se uma reestruturação da sociedade nos mais diferentes setores (CALDEIRA, 2001).

> Esse processo amplo de mudanças, resultado do avanço cada vez mais rápido da ciência e da tecnologia, vem alterando a estrutura do sistema de produção e de contratação e, consequentemente, vem requerendo também novas exigências profissionais (novos conhecimentos, habilidades, atitudes e valores). Tal situação pressiona uma reconversão permanente de todas as profissões mostrando, então, a necessidade urgente da introdução de mudanças no sistema educacional (CALDEIRA, 2001, p.88).

Tais transformações no contexto mais amplo, a que nos referimos anteriormente, provocam mudanças significativas na educação/ formação; consequentemente, influenciam também o processo de ensino-aprendizagem e a relação entre os sujeitos, bem como a apropriação dos métodos de validade do saber científico. Sendo assim, é necessária uma reflexão profunda sobre as condições objetivas e o processo de formação acadêmica na prática social da capoeira (CALDEIRA, 2001).

Ademais, o referido processo de mudanças gera uma dicotomia na relação entre teoria e prática, conforme subentendida nos currículos dos cursos de licenciatura.

> Os conhecimentos teóricos e as técnicas das ciências básicas e aplicadas antecedem o ensino das habilidades em usar teorias e técnicas para solucionar os problemas práticos. Essas habilidades ligadas à prática são consideradas um conhecimento de segunda classe em relação aos conhecimentos que lhes dá sustentação (SANTOS apud BORGES, 1998, p. 47).

É necessário refletir a respeito da educação formal e não formal, como forma de revalorizar os seus fundamentos, articulando essa relação na perspectiva de contribuir para a transformação da prática pedagógica. Dessa forma, torna-se possível oportunizar a formação de intelectuais maloqueiros em ambos os contextos, a compreensão crítica de suas implicações, considerando-os enquanto agentes do processo de ensino-aprendizagem. Significa, portanto, entender que os mesmos atuam como sujeitos de seu processo de aprendizagem, o que implica vê-los não somente pelo aspecto cognitivo, mas também a partir de suas crenças, sentimentos e capacidade de relacionamento. Assim, contribui-se não apenas para sua formação profissional, como também, para a sua formação pessoal, como Intelectuais Maloqueiros que atuam nos seus diferentes espaços de intervenção, conscientes de suas responsabilidades profissionais e, sobretudo, preparados para intervir e melhorar a qualidade da produção dos saberes.

De um modo geral, não se acredita nos saberes da prática, isto é, nos saberes do "senso comum", pois na educação formal não incorporamos o fato de que, fora dos muros da universidade, os docentes intervêm em outros espaços de formação, duvidando que outros agentes e/ou instituições possam estar formando estes intelectuais fora do currículo. É no decorrer da trajetória e da reflexão a respeito sua "prática cotidiana", enquanto **intelectuais maloqueiros,** que estes vão se formando.

> Desse modo a formação inicial é apenas uma parte desse processo, que prossegue com a formação contínua, que também não pode se limitar 'à atualização e à suplência'. Por mais completa que seja a formação inicial, é por meio da prática docente reflexiva que o professor continua seu processo de formação (CALDEIRA, 2001, p.89).

Dessa maneira, Borges (1998) defende que a produção do saber se dá na inter-relação dos saberes docentes com os saberes da prática, em que o primeiro se compõe na verdade de vários saberes provenientes de diversas fontes, baseando-se ainda nas investigações de sua prática profissional. Podemos conceituar o saber docente como "um conjunto de saberes que o professor possui não só sobre os conhecimentos já produzidos que ele transmite, mas também, ao conjunto de saberes que integram sua prática e com os quais ele estabelece diferentes relações" (BORGES, 1998, p. 50).

Sendo assim, Borges (1998) afirma ainda que os saberes são provenientes de quatro fontes, citadas a seguir: a) Saberes da formação profissional (das ciências da educação e da ideologia pedagógica, mobilizada em conformidade com essas atividades, transmitidas pelas instituições formadoras); b) Saberes das disciplinas (que correspondem aos saberes sociais sistematizados e tematizados nas instituições universitárias); c) Saberes curriculares (saberes sociais que a escola/sociedade selecionou para serem transmitidos às futuras gerações), e d) Saberes da experiência (aqueles desenvolvidos pelo professor no exercício de sua profissão).

É na prática social que os intelectuais maloqueiros produzem ou tentam produzir saberes, por meio dos quais compreendem e dominam sua prática, constituindo os fundamentos de sua intervenção e propondo reformas a serem introduzidas nos programas, currículos, metodologias e práticas, adequando-as a sua realidade (SILVA, 2006).

Os estudos sobre os saberes da prática situam-se num contexto de busca por outras fontes de referência para a intervenção, na qual as experiências sirvam como elementos de validação e análise da sua prática pedagógica.

> Ao mesmo tempo em que se concede aos docentes um papel de importância, sua formação se restringe cada vez mais ao saber compartimentado e especializado em "disciplinas científicas", e isto numa perspectiva de educação limitada à tarefa de meros transmissores desses saberes, como técnicos especializados em "repetir" os conhecimentos produzidos por outros. Contraditoriamente, o processo social de valorização da produção do saber é desvinculado de sua transmissão (THERRIEN apud BORGES, 1998, p.52).

A partir do processo formativo, numa perspectiva que identifique o trabalho dos intelectuais maloqueiros como uma prática profissional pautada na articulação dos saberes historicamente construídos, constatamos que o processo de formação e produção dos saberes se dá a partir de dois âmbitos complementares e inseparáveis: o saber científico, adquirido através do currículo, e o saber da experiência, oriundo dos próprios intelectuais maloqueiros.

Contudo, para refletirmos sobre o processo das práticas cotidianas é necessário clareza do significado das nossas ações como intelectuais. Considerando-se que, de uma maneira geral, as ações cotidianas dos sujeitos que promovem a sua subsistência e intervenção político-ideológica na capoeira têm seus efeitos ignorados, tem-se que não são reconhecidos os seus significados, o que nos impede de reconhecê-las como ações políticas (CALDEIRA, 2001).

>Esse processo de reflexão de partir da prática e buscar elementos teóricos que ajudem a compreendê-la. Como a realidade imediata de nossa prática cotidiana não é transparente, para compreendê-la é necessário penetrar no seu interior, em seus processos mais íntimos, em suas múltiplas relações, captando seus significados ocultos (CALDEIRA, 2001, p. 91-92).

Dito isso, faz-se necessário discutir nesta tese as possibilidades, para a comunidade capoeirana, mais especificamente que participou da realidade do PERI-Capoeira, para lutar pela superação da precariedade das condições objetivas e atitudes inerentes aos interesses da classe trabalhadora da capoeira.

Dessa maneira, buscamos resgatar as contribuições de Gramsci (1988) no sentido da cultura como um instrumento de emancipação política das classes populares, ressaltando que a luta pela emancipação não se coloca apenas no campo econômico, mas também no campo da superação da subalternidade[16] intelectual.

Podemos perceber que há preocupação na valorização do popular e na dicotomia existente entre os valores e os saberes populares e o "autoritarismo das elites". Muitas vezes, podemos ter a ilusão que essa dicotomia se dá num processo transparente e provida em relações suficientemente nítidas, impedindo o deslizamento do popular no "autoritarismo das elites" e vice e versa (CHAUÍ, 1989).

Apontamos para a superação da extrapolação do debate circunscrito na esfera política, entre a cultura do povo e os detentores do poder do Estado. Entendemos que a política não se restringe ao exercício efetivo do poder através do Estado e suas instituições, mas também por meio das representações que circulam o poder e a noção de autoridade, sua origem, sua forma, sua finalidade, sua legitimidade ou ilegitimidade, sua permanência ou destruição.

---

[16] Termo usado pelo autor a partir das formulações gramscianas no âmbito do marxismo, mediante a interação dialética entre estrutura e superestrutura, economia e política, cunhada mais ao final do período de redação dos Cadernos, que evidência a necessidade da construção de novos modos de pensar, a elaboração de uma concepção crítica de mundo e as possibilidades de fortalecimento das lutas da classe trabalhadora, sobretudo em momentos de forte desmobilização da participação popular.

Dito isso, defendemos que os Intelectuais Maloqueiros, na sua formação nos diferentes contextos, devem fazer uma análise crítica de sua práxis educativa, pois na justificação do exercício do poder os dominantes precisam que as representações do social e do político coincidam com o real. Neste sentido, povo e elite constituem âmbitos contraditórios e antagônicos da divisão e da luta de classes; dessa maneira, não podemos ser coniventes com o fato da capoeira, por vezes, servir aos interesses dessa elite (CHAUÍ, 1989).

> O autoritarismo das elites se manifesta na necessidade de dissimular a divisão, vindo abater-se contra a cultura do povo para anulá-la, absorvendo-a numa universidade abstrata, sempre necessária à dominação em uma sociedade fundada na luta de classes. Elite significaria precisamente elitismo e segregação, mas, ao mesmo tempo, afirmação de um padrão cultural único e tido como o melhor para todos os membros da sociedade. Salta aos olhos, então, o caráter paradoxal do autoritarismo das elites, visto que a ideia de padrão único e melhor implica, por um lado, à imposição da mesma cultura para todos e, por outro lado, simultaneamente, a interdição do acesso a essa cultura 'melhor' de pelo menos uma das classes da sociedade. Assim, negando o direito à existência para a cultura do povo (como cultura 'menor', 'atrasada' e 'tradicional') e negando o direito à fruição da cultura 'melhor' aos membros do povo, as elites surgem como autoritárias por 'essência' (CHAUÍ, 1989, p. 40).

Concordando com Bosi (1991), entendemos que os sujeitos da classe burguesa acreditam viver de forma racional o progresso, enquanto os indivíduos da classe popular viveriam miticamente sua cultura. Sendo assim, o culto, o erudito, utiliza-se de elementos como o folclore e as manifestações culturais nos limites da descrição, sem compreender os sujeitos do povo que são responsáveis pela criação e renovação de sua cultura, feitas por e para os mesmos. Entretanto, a capoeira, principalmente os seus sujeitos históricos na função de Intelectuais Maloqueiros, podem exercer um papel de articulação entre as duas culturas; mas, para isso, faz-se indispensável uma visão crítica da capoeira e da realidade, superando uma visão romântica e mitificada daquela na conquista da hegemonia ético-político- cultural dos interesses da classe trabalhadora.

Nesse processo de produção científica e intervenção na capoeira, defendemos que por meio do modelo teórico-metodológico marxiano se estabeleça uma relação orgânica entre movimento histórico-social e o processo de conhecimento. Este não é um simples ato de conhecer, desvinculado da realidade econômica, social, política e cultural. O conhecimento deixa de ser uma tarefa eminentemente teórico-ideal, totalmente desvinculada do contexto da realidade, na qual o sujeito e o objeto estão inseridos, mas torna-se sua parte integrante, parte que interage com as demais e com o todo, produzindo novas realidades e novos conhecimentos. Esse conhecimento torna-se, realmente, uma prática histórico-social, um processo organicamente vinculado à realidade, de tal forma que estabelece com ela uma íntima relação (MARTINS, 2008).

> O mundo sensível que o rodeia (o homem) não é coisa dada diretamente da eternidade, sempre igual a si mesma, mas antes produto da indústria e do estado em que se encontra a sociedade, e precisamente no sentido de que é um produto histórico, o resultado da atividade de toda uma série de gerações, cada uma das quais aos ombros da anterior e desenvolvendo a sua indústria e o seu intercâmbio e modificando a sua ordem social de acordo com as necessidades já diferentes (MARX, 1982, p.27).

No nosso trabalho, encaramos o desafio de colocar os conceitos em linguagem acessível à comunidade da capoeira, tendo o princípio de transformar o conceito em metáfora, ou em imagem, se não, continuaremos falando em linguagens alienígenas, ou para "inglês ver". Buscamos evitar o risco de puxar o diálogo para uma linguagem "intelectualóide".

A análise marxiana supõe o resgate do tempo como história. Entender profundamente os modos de produção anteriores, para entender como se chegou ao modo de produção capitalista, na perspectiva de superação do mesmo. Em nosso entendimento, história é aquilo que homens e mulheres fazem, mas o neoliberalismo está detonando essa perspectiva. Esse entendimento histórico é fundamental para que os Intelectuais Maloqueiros possam visualizar o processo, articulando o saber com o conhecimento científico, ambos historicamente produzidos pela sociedade e na maioria das vezes não socializados, e colocados dentro de um "balaio" de juízo de valores no qual prevalece os princípios e valores de uma classe sobre a outra.

Uma das contradições da formação do Intelectual Maloqueiro é o conflito no âmbito da formação acadêmica frente ao âmbito da capoeira. Na formação universitária, existe a necessidade de um quadro curricular – a formação torna-se escrava de uma cronologia curricular -; já a formação no âmbito da capoeira é incompatível com a cronologia curricular, porque depende do tempo dos sujeitos e não do tempo do currículo. O desafio é construir uma formação na qual os sujeitos sejam responsáveis pela sua auto-organização e pela construção das burocracias, princípios metodológicos que não caiam nas tocaias do controle e dos interesses políticos do governo.

Nesse sentido, questionamo-nos: é possível criar uma realidade de formação que contemple as necessidades e as demandas do intelectual maloqueiro? Será possível uma formação que contemple as exigências do âmbito acadêmico com a particularidade da formação na prática social da capoeira.

Estamos nos referindo à construção coletiva da realidade do PERI-Capoeira! Não temos a ingenuidade ou a ilusão de que um espaço previamente institucionalizado como muitas vezes se crê e se defende na universidade e em outras instituições de ensino formal esteja de portas abertas à espera de nossa entrada como Intelectuais Maloqueiros, pautados sob a concepção metodológica da Educação Popular, onde se possa fazer um trabalho, com toda liberdade. Haverá sempre tensões, contradições e, como diria Gramsci, guerra de posições pela conquista de espaços.

Temos a clareza que toda essa discussão dos capoeiras como Intelectuais Maloqueiros é uma questão séria, polêmica, complicada e contraditória. Cada vez mais os setores populares estão premidos pela sobrevivência imediata. E quando a pessoa está muito angustiada pela sobrevivência imediata, não tem tempo nem disposição para participar de reuniões, espaços de formação, encontros para uma qualificação da sua intervenção enquanto sujeitos históricos do processo educativo da capoeira.

Isso é um fator complicador para o nosso trabalho. Como trataremos com pessoas que se encontram em condições adversas para a produção de sua subsistência. Ninguém consegue mobilizar um sujeito que "tá lascado", preocupado com a comida de cada dia. As mobilizações, no Brasil, surgiram no setor mais elitizado do operariado brasileiro, que eram os metalúrgicos. Temos que ter clareza, dentro de um processo social mais amplo, onde investir na formação de novas lideranças populares.

Estamos nos referindo à iniciativa da realização do Curso de Formação de Educadores Populares de Capoeira na Perspectiva Intercultural. A concepção do curso foi oriunda do Programa de Educação e Relações Interculturais (PERI). Por isso, o mesmo passou a ser chamado PERI-Capoeira. Foi um do projeto integrado de pesquisa na perspectiva da Educação Intercultural com finalidade de elaboração de referenciais epistemológicos, teóricos e pedagógicos para práticas educativas escolares e populares[17], desenvolvido pelo Núcleo de Educação Intercultural e Movimentos Sociais (MOVER), do Centro de Ciências da Educação (CED), da Universidade Federal de Santa Catarina/UFSC (FLEURI et al., 2007; FALCÃO et al., 2009).

Foi esse fato concreto, em parceria com a Confraria Catarinense de Capoeira, que possibilitou a realização desse curso piloto de formação de educadores populares de capoeira, visando à consolidação de um campo empírico de investigação para a formulação de referenciais teórico-metodológicos e didático-pedagógicos para práticas educativas na perspectiva da interculturalidade (FLEURI et al., 2007; FALCÃO et al., 2009).

Em atendimento à demanda de formação de educadores de capoeira, defendida pela Confraria Catarinense de Capoeira, o curso PERI-Capoeira foi materializado ao longo dos anos de 2005 e 2007. Foi embasado em planejamento e proposta de encontros presenciais quinzenais, com carga horária de 9 horas-aula cada, nas dependências da UFSC (Centro de Ciências da Educação/CED, Centro de Desportos/CDS e Centro de Cultura e Eventos). Foram convidados à participação educadores populares de capoeira que representavam vários grupos e estilos de capoeira do estado de Santa Catarina. No ano de 2007 foi realizada a segunda versão do curso, com um formato diferenciado, com carga horária reduzida devido a escassez das condições objetivas e diminuição dos recursos financeiros (FLEURI et al., 2007; FALCÃO et al., 2009).

Por fazermos parte organicamente dessa construção histórica,

---

[17] Projeto de pesquisa realizado com apoio do CNPq (Processos 473965/2003-8 e 304741/2003-5), sob coordenação do Prof. Dr. Reinaldo Matias Fleuri – Professor Titular do Departamento de Estudos Especializados em Educação (EED/CED/UFSC).

identificamos essa realidade como um possível espaço de formação humana que atenda demandas para uma formação política que engaje para a luta, bem como uma formação que contribua para a produção da vida de maneira imediata e entendimento das contradições do mundo do trabalho a partir da apropriação do método do materialismo histórico dialético e a crítica da inserção da base material como produção da vida.

O PERI-Capoeira na sua primeira edição em 2005 reuniu 90 participantes, entre organizadores e participantes, dentre eles pessoas vinculadas à universidade e ao mundo da capoeira, constituindo-se numa profícua experiência pedagógica e de pesquisa educacional. Possibilitou, assim, a produção de referências teórico-metodológicas e didático-pedagógicas significativas para a formação de educadores populares, possibilitando a emersão de contradições, que investigamos a partir da inserção da base material como condição essencial para produção da vida.

A continuação do curso, bem como a sistematização da análise da primeira edição, com vistas à formulação de um projeto de ampliação e multiplicação desse processo de formação pedagógica de educadores de capoeira, na segunda versão do mesmo, tornou-se possível graças ao apoio suplementar da Fundação Cultural Palmares, do Ministério da Cultura (MinC), concedido mediante o convênio com a Fundação de Apoio à Pesquisa e Extensão Universitária (FAPEU). Mas, contraditoriamente, devido a uma reestruturação das rubricas das políticas públicas, as condições objetivas ficaram mais escassas, e a segunda edição do curso teve um formato reduzido e uma diminuição na carga horária, assim como número reduzido de cursistas, de modo a envolver um coletivo de 56 pessoas. O curso foi reduzido, mas as contribuições e contradições permaneceram (FLEURI et al., 2007; FALCÃO et al., 2009).

3.3 A COMISSÃO DE FORMATURA: A CONSTITUIÇÃO DO "PERI-CAPOEIRA"

No período histórico do século XX, mais precisamente no final da ultima década, ocorreu na prática social da capoeira um aumento no número das escolas e/ou grupos de capoeira[18] e a inserção de docentes

---

[18] Organização coletiva em forma de grupos encontrados internacionalmente desde o final dos anos 60, quando a capoeira passou a se difundir por todo o Brasil. Para saber mais, ver: Falcão, 2007.

de capoeira, mestres ou professores, no ensino formal e não formal. Projetos sociais e educacionais em todo o país tiveram a prática da capoeira como uma de suas principais atividades, o que possibilitou evidenciar os diversos fazeres, saberes e conhecimentos dos sujeitos que produzem sua subsistência na capoeira, nas mais diferentes características, como atividades terapêuticas, esportivas e, especialmente, educativas (FLEURI et al., 2007; FALCÃO et al., 2009).

Em decorrência dessa realidade, constituiu-se, então, uma necessidade crescente de se discutir a relação existente entre os saberes da prática social da capoeira e os decorrentes de processos formais e não formais de educação. No Estado de Santa Catarina, apesar da grande disputa entre os grupos de linhagens e estilos distintos, que se articulam em diferentes movimentos, atividades e instituições, surgiu a Confraria Catarinense de Capoeira, que se constitui pela iniciativa da organização coletiva das lideranças de alguns grupos com o intuito de pensar a capoeira para além dos seus grupos, sem que cada um perca a sua, estando aberta À participação democrática independente de grupo, linhagem e estilo (Triplo-C) (FLEURI et al., 2007; FALCÃO et al., 2009).

Dessa maneira a Confraria Catarinense de Capoeira assumiu o comprometimento na busca de informação, organização e qualificação para os profissionais da Capoeira e, de forma semelhante a outras iniciativas e experiências de formação, segue na difícil luta paraarticular e integrar a realidade da prática social da capoeira com a realidade da universidade. Nesse contexto, no início de 2005, esta iniciativa de auto-organização de educadores de capoeira (Intelectuais Maloqueiros em potencial) une esforços com os processos de pesquisas desenvolvidas por integrantes do Núcleo MOVER (CED/UFSC), construindo as condições objetivas necessárias para a materialização deste primeiro curso de formação pedagógica de educadores de capoeira (FLEURI et al., 2007; FALCÃO et al., 2009).

Essas condições objetivas que desencadearam a formatura da realidade do PERI-Capoeira foi vislumbrada no primeiro encontro do Curso Experimental de Formação de Educadores na Perspectiva Intercultural, denominado de PERI, que aconteceu entre 10 e 11 de setembro de 2004, no CED/UFSC. Nele, essa comissão de formatura do PERI-Capoeira, os capoeiras que participaram do Peri, levantaram e passaram a investigar os seguintes desafios presentes em suas práticas: ausência do corpo negro; valorização do potencial existente nas crianças; dificuldades em lidar com a diversidade cultural; valorização da dimensão educativa da música; existência de condutas disciplinares acríticas. Essas questões, entre as quais a presença da música como preocupação dos educadores de capoeira, serviram como base para a organização da programação e das atividades para um curso específico de formação de educadores populares de capoeira: o referido curso PERI-Capoeira (FLEURI et al., 2007; FALCÃO et al., 2009).

Como desdobramento daquela etapa de curso PERI, concretizou-se o curso específico de educadores populares de capoeira, o PERI-Capoeira, ornando-se uma realidade que exerceu um papel fundamental e inovador na mediação das práticas educativas da capoeira no estado de Santa Catarina, que pode e deve servir como referência básica e inicial para os outros estados no que se refere a demais iniciativas com o mesmo propósito - assunto que aprofundaremos mais adiante, no subitem a Homenageada Capoeira! Do PERI ao PERI-Capoeira (FLEURI et al., 2007; FALCÃO et al., 2009).

3.4   O PATRONO: O NÚCLEO MOVER (CED/UFSC)

Dando continuidade a esse ritual da colação de grau, convidamos o patrono para contribuir na contextualização desse processo. No início da década de 1990, o Centro de Educação da Universidade Federal de Santa Catarina (UFSC), sob a mediação do Programa de Pós-Graduação em Educação (PPGE), passou a fomentar a realização de projetos de pesquisa vinculados a movimentos sociais. Com condições objetivas favoráveis aos pesquisadores cujo objeto de investigação foram os seus próprios movimentos de origem, esse fomento gerou como frutos projetos bem sucedidos, consolidando esses projetos de pesquisas sobre movimentos sociais como referência do programa ao longo da década de 90 até o ano de realização do II PERI-Capoeira, em (FLEURI et al., 2007; FALCÃO et al., 2009).

A construção de um ambiente favorável pela articulação de diferentes instituições, entre elas diversas representações de organizações não governamentais locais, movimentos sociais, pesquisadores e professores da UFSC, culminaram com a criação do Núcleo MOVER, em 1994, sob a coordenação do Prof. Dr. Reinaldo Matias Fleuri: nasce o nosso patrono. Denominado inicialmente de Universidade e Movimentos Sociais, esse núcleo de pesquisa passou a eleger como objetivo principal promover a mediação entre os movimentos sociais e a universidade[19]. Dessa forma, o Núcleo MOVER possibilitou, dentre várias ações, a realização em 1996 do primeiro curso de formação de educadores populares (FLEURI et al., 2007; FALCÃO et al., 2009).

Ao retornar do seu estágio de Pós-Doutorado na Universidade de Perugia/Itália (1995-1996), o pai do patrono, Prof. Reinaldo Matias Fleuri, reestrutura as ações do Núcleo MOVER, para o qual nas as "relações interculturais" passaram a ter centralidade nas discussões, tornando-se a principal temática de investigação em 1997. Em outubro deste mesmo ano, o nosso patrono, Núcleo Mover, realizou o I Seminário Internacional Educação Intercultural e Movimentos Sociais, contando com a participação de diversos conferencistas internacionais, inaugurando um ciclo de debates sobre o tema no âmbito da graduação e da pós-graduação em Educação na Universidade Federal de Santa Catarina (FLEURI, 2007).

Dentre as publicações sistematizadas durante o I Seminário Internacional Educação Intercultural e Movimentos Sociais resultaram duas publicações (FLEURI, 1998; FLEURI; FANTIN, 1998). A Capoeira foi tema em uma das obras (FLEURI; FANTIN, 1998, p. 101-108), no artigo "Cultura popular e de movimento", que versa sobre a importância de seu ensino como prática cultural popular. Posteriormente, a publicação "Intercultura: estudos emergentes" (FLEURI, 2001), apresentou novo artigo sobre Capoeira e Educação (PINTO et al., 2001), em que se destaca o caráter de resistência cultural do ensino da capoeira em Florianópolis e a identificação de aspectos étnicos e de classe na história de seu ensino na região.

O nosso patrono, que apresentava em seu histórico publicações relacionadas à cultura afro-brasileira (TRAMONTE, 1996; 2001), abraçaria então pesquisadores cujos temas se relacionavam especificamente à capoeira. Em 2002, com a integração do projeto de tese de Márcio Penna Corte Real, sobre práticas de resistência cultural, a capoeira passa a figurar como destacado objeto/tema de pesquisa. A produção posterior das dissertações de mestrado de Valmir Ari Brito (2005) e de Drauzio Pezzoni Annunciato (2006), bem como a inserção de Bruno Emmanuel Santana da Silva (2006) como pesquisador colaborador, e as pesquisas concluídas de Benedito Carlos Libório Caires Araújo (2008), Leandro de Oliveira Acordi (2009) e Marcelo

---

[19] Sobre os principais pontos de referência e dados históricos acerca do Núcleo Mover, ver: www.mover.ufsc.br.

Backes Navarro Stotz (2010) ampliaram e aprofundaram os estudos sobre a capoeira. Estas pesquisas, juntamente com os trabalhos de José Luiz Cirqueira Falcão (1996; 2004), Muleka Mwewa (2005; 2006) e Adriana D'Agostini (2004), colocam a Universidade Federal de Santa Catarina, atualmente, no país, como uma das principais referências na produção acadêmica sobre capoeira (FLEURI et al., 2007; FALCÃO et al., 2009).

3.5   A PARANINFA: A CONFRARIA CATARINENSE DE CAPOEIRA

Em 2003, operacionalizando a proposta de governo do Partido dos Trabalhadores, o Ministério dos Esportes convocou lideranças da Capoeira, em todos os estados brasileiros, para a organização do I Congresso Nacional de Capoeira[20]. A partir desse evento, a comitiva catarinense, na maior parte formado pelos capoeiras que participaram também do curso Peri que nessa tese denominamos de comissão de formatura, apresentou propostas previamente sistematizadas nos congressos regionais para a mobilização de um número maior de representantes locais, discussão dos temas que seriam levados ao âmbito nacional e eleição de delegados.

Surgiu, assim, o I Congresso Catarinense de Capoeira[21]. A mobilização e realização do I Congresso Catarinense de Capoeira fomentou a participação de diversos grupos e segmentos da capoeiragem[22] catarinense, especialmente da capital Florianópolis e região (FLEURI et al., 2007; FALCÃO et al., 2009).

A partir desse fato concreto, a anteriormente citada comissão de formatura, com todos seus conflitos, contradições e êxitos provenientes das ações conjuntas de capoeiristas catarinenses de diversos grupos, decorrentes do I Congresso Catarinense de Capoeira e do I Congresso Nacional de Capoeira, ficou evidente a necessidade de continuidade dessa organização conjunta, visando à sustentabilidade da prática da capoeira em Santa Catarina. Estavam dadas, então, as condições para a criação de uma instituição que congregasse diversos capoeiristas, de diferentes grupos e linhagens; uma organização pioneira na história da

---

[20] Realizado em São Paulo, em agosto de 2003, na perspectiva de ampliar o debate e garantir sua representação no meio capoeirístico.
[21] Congresso realizado em Florianópolis, em 19 de julho de 2003.
[22] O termo *capoeiragem* designa o âmbito da prática propriamente dita.

Capoeira do Estado: foi eleita a nossa paraninfa, a Confraria Catarinense de Capoeira (FLEURI et al., 2007; FALCÃO et al., 2009).

Eleita a nossa paraninfa, a Confraria Catarinense de Capoeira (Triplo-C) congrega representantes e líderes dos mais diversos grupos de capoeira (Beribazu, Camará, Cordão de Ouro, Gunganagô, Irmão Capoeira, Roda Livre, Chapéu de Couro, dentre outros), pesquisadores e praticantes de diversos segmentos da capoeira do Estado de Santa Catarina. Deu-se início às atividades de auto-organização em 2003, foi registrada oficialmente no Cadastro Nacional de Pessoas Jurídicas (CNPJ), sob o número 08.265.344/0001-34, em 07 de junho de 2006.

A paraninfa é constituída por um coletivo que procura ampliar o entendimento sobre a capoeira, objetivando o seu pleno e democrático desenvolvimento. Sua metodologia de trabalho utiliza o conceito de rede multifacetada e opera com uma dinâmica de muitos pontos, e seus integrantes estão interligados e conectados por meio de vários mecanismos, como internet, telefones, endereços, visitas, etc.

A organização da confraria avançou e avança muito pelo fato de que a rivalidade vigente entre os diferentes grupos, que em muitas ocasiões derivou explícitas relações de confronto, começou a ser substituída por um clima de respeito, cordialidade e cooperação. Um novo contexto surgiu a partir da articulação entre os capoeiras de Santa Catarina, contudo, sem a anulação das diferenças existentes.

3.6 A HOMENAGEADA CAPOEIRA! DO PERI AO PERI-CAPOEIRA

No decorrer do segundo semestre de 2004, a relação entre o patrono Núcleo MOVER e a paraninfa Confraria Catarinense de Capoeira se estreitou. Pesquisadores(as) e capoeiristas ligados à Confraria Catarinense de Capoeira participaram do primeiro Curso Experimental de Formação de Educadores na Perspectiva Intercultural (PERI), promovido pelo Núcleo MOVER. Foram realizados quatro encontros de fins de semana, totalizando 90 horas-aula, com a participação de diferentes agentes sociais[23] (FLEURI et al., 2007;

---

[23] Iniciaram o curso 31 pessoas convidadas de 11 grupos diferentes: (1) dez pessoas do Entrelaços do Saber, projeto de extensão universitária e estágio de estudantes, promovido pela Faculdade de Educação (FAED) da Universidade do Estado de Santa Catarina (UDESC) junto à comunidade Nova Esperança, na periferia de Florianópolis; (2) uma pessoa do Projeto Oficina do Saber, promovido pelo Centro de Evangelização e Educação Popular (CEDEP), que atua na comunidade Chico Mendes; (3) três pessoas do Núcleo de Estudos Negros (NEN); (4)

FALCÃO et al., 2009).
Desse estreitamento, a participação dos capoeiristas durante o primeiro curso PERI, desenvolvido com educadores de múltiplos contextos (movimentos sociais, organizações não governamentais, etc.) foi determinante, construindo as condições objetivas para a realização de um novo PERI (FLEURI et al., 2007; FALCÃO et al., 2009).
A nova edição de um curso de 120 horas, durante o ano de 2005 recebeu a denominação de PERI-Capoeira e se concretizou pela articulação entre diversas representações da capoeira de Santa Catarina, por meio da Confraria Catarinense de Capoeira e o Núcleo MOVER, possibilitando a construção conjunta do primeiro curso de formação de educadores populares de capoeira no Estado de Santa Catarina, dirigido a docentes capoeiristas de diversos grupos (FLEURI et al., 2007; FALCÃO et al., 2009).
Pautados na proposta metodológica freiriana, os participantes "tematizaram" os desafios emergentes em suas práticas e contextos educativos, "re-conheceram", sob múltiplos olhares, as situações-limite enfrentadas e fomentaram a constituição de uma rede de educadores de capoeira para a continuidade do intercâmbio de informações. No período de fevereiro a dezembro de 2005, foram realizadas diversas reuniões de planejamento e avaliação com a participação dos cursistas, concretizando onze encontros (oficinas), nas quais os processos de investigação e intervenção educativa se articulavam (FLEURI et al., 2007; FALCÃO et al., 2009).
Reconhecemos a importância e a contribuição dos cursos como um espaço de formação qualificada de Educadores populares de Capoeira, principalmente na investigação dos saberes e fazeres dos docentes capoeiristas, permitindo a reflexão sobre a constituição de políticas públicas e a potencialização de referenciais teórico-práticos para a atuação/formação de educadores. Porém, justamente por fazer parte do processo e estarmos organicamente intervindo naquela realidade, sentíamos a necessidade de buscar um olhar mais rigoroso sob

---

uma pessoa do Movimentos dos Trabalhadores Rurais Sem Terra (MST); (5) uma pessoa indicada pelo Grupo de Educação à Distância da Universidade do Vale do Itajaí (UNIVALI); (6) duas pessoas da Associação de Pais e Amigos dos Excepcionais (APAE), de Florianópolis; (7) duas pessoas do Projeto RONDON, seção de Florianópolis; (8) duas pessoas da Universidade Estadual de Londrina (UEL); (9) duas pessoas do Grupo de Apoio à Prevenção à AIDS (GAPA); (10) duas pessoas do grupo popular ARREDA-BOI; (11) cinco pessoas, entre mestres e pesquisadores de capoeira, ligados ao Programa de Pós-Graduação em Educação da UFSC e a grupos de capoeira de Florianópolis (FLEURI et.al., 2007).

o enfoque do materialismo histórico dialético para qualificar a mesma.

3.7 O CAPELO: CONCEPÇÕES EDUCACIONAIS E METODOLOGIAS NA REALIDADE DO PERI-CAPOEIRA

A história da constituição do curso PERI-Capoeira não é linear; em determinado momento no decorrer do processo nos questionamos: esse é um movimento contestador e revolucionário que propõe uma série de transformações na produção científica cultural da universidade, ou se caracteriza como uma forma de trabalho pedagógico que necessita de uma maior radicalidade na tomada de consciência sobre as necessidades político-científico-culturais da inserção dos interesses populares? Nesse sentido, começamos a refletir sobre as concepções educacionais e metodológicas buscando o entendimento e confrontando-o com o método do materialismo histórico dialético.

A realidade desse curso PERI-Capoeira, como um avanço na articulação entre os saberes da prática social da capoeira e o conhecimento cientificamente sistematizado, pode ser percebido no rigor do processo de organização dos encontros pedagógicos e das ações de pesquisa do curso, que estiveram referenciadas na interculturalidade.

Assim, o coletivo responsável pela coordenação do curso, constituído de membros do Núcleo MOVER e da Confraria Catarinense de Capoeira, procurou alcançar o universo temático presente nas práticas de educadores(as) de capoeira do estado de Santa Catarina, delimitando um conjunto de temas articulados em um determinado momento histórico propício para a efetivação dessa ação objetiva concreta.

Por meio de um conjunto temático, foi possível aprofundá-los, propiciando uma visão de conjunto dos desafios desses educadores. Esses temas foram chamados de temas geradores porque a ação por eles desencadeada possibilitou o desdobramento em novos temas e ações, que configuraram uma construção curricular ativa sobre os desafios reais e cotidianos dos educadores populares de capoeira.

No decorrer do trabalho pedagógico fundado na investigação-ação, possibilitou-se um salto qualitativo, principalmente através dos aspectos colaborativo e participativo de todo coletivo envolvido no processo educativo, caracterizando a ação concreta de promover interações dialógicas para o enfrentamento das contradições vividas por educadores em contextos multiculturais, como é o caso do universo cultural da capoeira e que também apareceram na realidade do curso (FLEURI et al., 2007; FALCÃO et al., 2009).

Dessa maneira, ao longo das duas edições dos cursos, os(as) protagonistas foram desafiados a apresentar e analisar as temáticas levantadas através do uso de linguagens subjacentes ao seu próprio universo cultural da capoeira, tais como, danças, dramatizações, dinâmicas, músicas típicas da capoeira, poesias, cartazes, narrativas, jogos de capoeira, etc., representando os resultados do processo de investigação-ação e tematização dos desafios emergentes (FLEURI et al., 2007; FALCÃO et al., 2009).

No caso do PERI-Capoeira, configurou-se uma produção de concepções e estratégias educativas que favoreceram o enfrentamento de conflitos na direção da superação das estruturas sociais e culturais geradoras de discriminação, de exclusão ou de sujeição entre indivíduos ou grupos sociais, mais especificamente, na contradição presente entre a formação acadêmica e a formação capoeirana.

Coerente com a nossa proposta de investigação, olhando pelo panorama da inserção da base material como condição essencial para a produção da vida, analisamos que a realidade do PERI-Capoeira só foi possível pelas condições objetivas favoráveis no momento histórico propício.

Estamos nos referindo à mobilização do coletivo, constituído pelos sujeitos da Confraria Catarinense de Capoeira, unidos e articulados com pesquisadores e capoeiras, que estavam vinculados aos programas de pós-graduação em Educação - PPGE/CED/UFSC e Educação Física - PPGEF/CDS/UFSC e ao núcleo de pesquisa MOVER/CED/UFSC, que no período de "fomento" da produção cultural da capoeira pelo governo Lula visualizou um contexto profícuo e opulento para a produção de saberes e conhecimentos. Todos esses fatos materializaram as condições necessárias para a realização do PERI-Capoeira .

Nas duas edições do curso PERI-Capoeira, foram encaminhadas correspondências para os professores de capoeira de Santa Catarina com "questionário diagnóstico" para um levantamento detalhado das realidades da capoeira no estado. A partir dessa ferramenta, foi possível uma catalogação e sistematização dos dados para a seleção de participantes, e constituição do coletivo de formadores e coordenadores do curso pela comissão organizadora inicial, composta de membros da

Confraria Catarinense de Capoeira e do Núcleo Mover (FLEURI et al., 2007; FALCÃO et al., 2009).

Os cursos PERI-Capoeira I e II foram organizados na forma de encontros-oficinas, com duração total de aproximadamente nove horas cada, sendo divididas em dois turnos de trabalho no mesmo dia, matutino e vespertino, com o intervalo mínimo de 15 dias entre as oficinas-encontro. Foi operacionalizado por meio de reuniões de planejamento e avaliação pelo coletivo da coordenação, com convite estendido a todos os cursistas, mas dos quais apenas um ou outro, esporadicamente, tinham a curiosidade de participar. Como discorremos anteriormente, o I PERI-Capoeira foi realizado na região da grande Florianópolis, entre abril e novembro de 2005, envolvendo cerca de 90 pessoas ao todo; foram realizadas 12 encontros-oficinas de duração total aproximada de 9h, dividas em dois períodos de trabalho durante um mesmo dia. A carga horária presencial, estipulada e cumprida, perfez um total de 120 horas-aula. Não é atribuída a essa soma a carga horária das atividades individuais e coletivas de observação, participação, pesquisa, sistematização de informações e composição de trabalhos, realizadas externamente às oficinas pedagógicas, compreendendo 4 etapas diferentes de realização.

Já na segunda edição do curso, houve uma diminuição na estrutura do curso, especificamente na carga horária e nos encontros presenciais devido à redução no orçamento e apoio financeiro das agências financiadoras, sendo essas nomeadamente a Fundação Palmares do Ministério da Cultura e o Conselho Nacional de Desenvolvimento Científico Tecnológico (CNPq).

Na tentativa de garantir a realização da segunda edição do PERI-Capoeira, mesmo com um formato reduzido, o curso foi agregado ao projeto Práticas Corporais no Contexto Contemporâneo: Esporte e Lazer Ressignificados na Cidade, financiado pelo Ministério do Esporte (ME), integrando o conjunto de pesquisas desenvolvidas pela Rede CEDES (Centro de Desenvolvimento do Esporte Recreativo e do Lazer), vinculada à Secretaria Nacional de Esporte e Lazer (SNDEL) do mesmo Ministério.

Na segunda edição do PERI-Capoeira, que aconteceu no segundo semestre de 2007, envolvendo cerca de 56 participantes, foram realizados 04 encontros presenciais mantendo a mesma estruturação dos encontros-oficinas do I PERI-Capoeira, sendo a carga horária complementada com mais 60 horas de atividades não presenciais. Durante as reuniões de planejamento, antecedentes a cada encontro-oficina, uma série de atividades era previamente discutida para a posterior composição da programação. Os coletivos de sujeitos participantes e protagonistas do curso PERI-Capoeira nas duas edições 2005 e 2007 foram compostos por membros do Núcleo MOVER, da Confraria Catarinense de Capoeira e dos professores de capoeira do estado de Santa Catarina selecionados para participar do curso. Desses participantes, era deliberada uma equipe coordenadora por critérios como disponibilidade, interesse e vínculo.

4 MALOQUEIRANDO NA UNIVERSIDADE: A CONSTRUÇÃO DO INTELECTUAL MALOQUEIRO

Sou capoeira
Fui menino de rua
Pois é seu moço
Hoje a vida continua
Quando era criança
Quando eu era criança
Eu era discriminado
Muita gente me dizia
Para eu deixar a capoeira de lado
Dizia que capoeira era coisa pra maloqueiro
Que eu tinha que ir para escola
Estudar para ganhar muito dinheiro
Que eu tinha que ir para escola
Estudar e ser formado
Para ter uma profissão
Ser doutor, engenheiro, advogado
Mas olha moço
Para mim isso era besteira
Por que eu queria mesmo
Era aprender a arte da capoeira
Mas o tempo foi passando
Tudo só ficou para traz
Hoje eu viajo o mundo inteiro
Mal de mim não falam mais
Não falam da capoeira
Não falam mal de ninguém
Por que hoje eles já sabem
O valor que a capoeira tem
(Mestre Barrão).

  Esta tese não é só o cumprimento do requisito básico para obtenção do título de pós-graduação em nível de doutorado, mas um compromisso em busca de uma reflexão sobre o desafio da produção do conhecimento e da articulação com os saberes populares no campo de luta do meio socio-político-cultural, através de um recorte específico, oriundo da complexa e contraditória realidade da formação de educadores populares de capoeira.
  Ao iniciarmos esse capítulo, gostaríamos de apresentar, inspirados pela epígrafe, as "maloqueiragens" que darão o contexto e a

dinâmica dessa construção. Será a partir do nosso concreto real, do nosso acúmulo teórico e da nossa práxis como capoeira, educador e pesquisador, que dialo(jo)garemos, na perspectiva de um possível avanço na discussão e reflexão sobre a formação dos educadores populares de capoeira e a construção do Intelectual Maloqueiro.

Dessa maneira, refletindo sobre o ensino e a formação de educadores(as) populares, percebemos que a redução da autonomia dos seus agentes e a invasão e a ocupação de racionalidades tecnocráticas e instrumentais pode se dar por fatores como: as condições socioeconômicas e a representação social; a fragmentação e a descontextualização do processo de formação; a desarticulação entre teoria/produção de conhecimento e prática pedagógica dos(as) educadores(as). Assim, tais questões podem ser encaradas como ameaças e desafios não só para a área da educação, mas para a sociedade como um todo.

Sendo assim, entendemos que se faz necessária uma análise crítica do processo de ensino e de formação de educadores e dos aspectos da realidade, das comunidades e dos sujeitos envolvidos que se relacionam na ação educativa.

Dessa forma, buscamos contribuições em Gómez (1998) para refletir sobre a função da ação educativa, segundo o qual pode ser encarada como processo de socialização das novas gerações a partir de instrumentos, artefatos, costumes, normas e códigos de comunicação e convivência, imprescindível para a sobrevivência dos seres humanos.

Dito isso, Gómez (1998) nos traz ainda que o objetivo explícito ou latente, a partir de um certo consenso nas perspectivas teóricas mais diversificadas, é que as instituições formadoras, como a escola, em razão do processo de socialização das novas gerações, sejam responsáveis pela construção da cidadania e pela preparação daquelas para a futura incorporação no "mundo do trabalho".

A grande discussão entre as perspectivas teóricas é justamente a definição do que seria esse processo de socialização, construção da cidadania e preparação para o "mundo do trabalho", bem como, suas consequências na promoção da igualdade de oportunidades e possibilidades de mobilização social, ou a produção e reafirmação das diferenças sociais de origem dos indivíduos e grupos (GÓMEZ, 1998).

O mundo do trabalho nas sociedades pós-industriais se caracteriza por um processo de mutações constantes do dito "mercado de trabalho", os quais tornam o processo de socialização das novas gerações, na perspectiva da sua futura incorporação, cada vez mais difícil e contraditório na conjuntura atual, pautada pela "democracia do mercado". Estas contradições se evidenciam mais explicitamente no contexto socio-político-cultural, a partir da hierarquização dos saberes e conhecimentos priorizados para a eficiente atuação do mercado de trabalho moderno em relação aos saberes e conhecimentos referentes à participação e à intervenção na vida social mais ampla (TAFFAREL, 2005).

Isso possibilita que o ambiente no interior das instituições de formação se torne cada vez mais competitivo, desde os primeiros momentos da ação educativa; consequentemente, naturaliza-se a desigualdade como processo inevitável e conveniente. Isso, por sua vez, torna o processo de inserção das novas gerações progressivamente mais difícil para os desfavorecidos social e economicamente.

Dessa maneira, entende-se que é facilitada a invasão e a apropriação das racionalidades tecnocráticas e instrumentais e a perda de autonomia dos educadores. Dessa forma, contribui-se para o que Giroux (1997) chama de proletarização do trabalho docente, isto é, a desvalorização do trabalho crítico e intelectual dos agentes da ação educativa, reduzindo os mesmos a técnicos especializados. Nessa perspectiva, não se reconhece o potencial de intervenção e atuação do (as) educadores (as) como intelectuais transformadores.

Nessa lógica, as instituições formadoras acabam por reproduzir as práticas e as relações de um contexto social mais amplo, sem uma análise critica e, ainda assim, de forma autoritária, numa perspectiva de homogeneização. Para a mudança desse quadro, consideramos que as mesmas devam estar diretamente ligadas aos conflitos da vida cotidiana e à discussão de classe, raça, gênero e organização social dos sujeitos que se relacionam na ação educativa.

No escopo da reflexão do conceito de intelectual, entendemos que a luta pela emancipação política não se dá apenas no campo econômico, mas também nas condições de subalternidade intelectual, à qual, historicamente, as classes trabalhadoras estão submetidas. Em tal perspectiva, Gramsci (1998) faz uma reflexão crítica sobre a função social dos intelectuais e como a realidade social é diversificada, criativa e dinâmica. Dessa maneira, iniciaremos, nesse momento, a defesa de nossa síntese sobre a categoria de "Intelectual Maloqueiro" como sendo o sujeito que promove conscientemente a sua intervenção na prática social da capoeira.

Nas suas contribuições, Gramsci (1998, p. 07) argumenta que "não existe atividade humana da qual se possa excluir toda intervenção intelectual, não se pode separar o homo faber do homo sapiens". Dessa maneira, é possível discutir o conceito de intelectual a partir de dois critérios: o primeiro, pelo lugar e função que exerce na estrutura social; e o segundo pelo lugar e função que desempenha em um determinado processo histórico, derivando-se dessa discussão diversas categorias de intelectuais, sendo tratadas como principais duas categorias de intelectuais: o orgânico e o tradicional.

Pautados nessa contribuição do pensamento gramsciano é que forjamos e defendemos uma nova categoria de intelectual, o intelectual que vende sua força de trabalho e estabelece a relação com as forças produtivas a partir da prática social na capoeira: o "Intelectual Maloqueiro", que aprofundaremos no decorrer desse capítulo.

Ao tratar a categoria de intelectual tradicional como um amplo conceito utilizado numa perspectiva histórica, que permite analisar como os intelectuais se apresentam nas diferentes configurações sociais do bloco histórico, utiliza-se o termo para designar aos mesmos que compõem a classe historicamente progressista e que desempenham a função de assimilar e exercer a hegemonia política e científica sobre o conjunto das diversas classes sociais constituídas no todo (SIMIONATTO, 2004).

Já no trato da categoria de intelectual orgânico, tem-se que essa é criada pela classe, isto é, diferencia-se do tradicional porque não se justapõe a uma classe, mas foi formado por ela e está ligado organicamente as suas classes fundamentais.

Mas, como dissemos anteriormente, para Gramsci, o que define o homem e a mulher não é o caráter manual ou intelectual do seu trabalho, mas a forma como ele/ela se coloca no modo de produção vigente. Dessa forma, um intelectual tradicional ou orgânico pode assumir um papel reacionário ou revolucionário, a medida em que a formação histórica lhe confira homogeneidade ou consciência da sua própria função - não apenas no campo econômico, mas também no social e político (SIMIONATTO, 2004), a fim de promover a construção da hegemonia da classe a qual o mesmo se vincula. Dito isso, analisaremos no campo da capoeira a possibilidade de forjar e defender a categoria do *Intelectual Maloqueiro* como formação histórica que confere homogeneidade e consciência no âmbito social, econômico e político.

A partir dessa reflexão, entendemos que se caracteriza como necessidade no ensino e na formação de educadores (as) uma articulação maior entre a reflexão teórica, a pesquisa/produção de saberes e a formação política de forma concreta e palpável na realidade da educação do Brasil.

Nesse sentido, concordamos com Giroux (1997) quando ressalta a importância da discussão e da reflexão da categoria de intelectual, pois oferece uma base teórica e esclarece os tipos de condições ideológicas e práticas necessárias para que os(as) educadores(as) intervenham como intelectuais, em contraste com a definição em termos puramente instrumentais ou técnicos. Pode ainda ajudar no processo de tomada de consciência do papel dos educadores(as) na produção e legitimação de interesses políticos, econômicos e sociais variados, através das pedagogias por eles endossadas e utilizadas.

Giroux (1997) defende também a reestruturação e ressignificação da atividade docente, encarando os(as) educadores(as) como uma nova categoria de intelectuais, os intelectuais transformadores, pois na forma como está organizado o ensino e formação de educadores(as) - a qual apresenta uma divisão de trabalho na qual educadores(as) têm pouca influência sobre as condições ideológicas e econômicas - é inviável uma crítica teórica às ideologias tecnocráticas e instrumentais, visto que se mostra dificultoso o fato de educadores(as) assumirem o compromisso, a identificação e a função como intelectuais transformadores.

O mesmo autor considera condição fundamental para a nossa atuação docente, como intelectuais transformadores, a "necessidade de tornar o pedagógico mais político e o político mais pedagógico" (GIROUX, 1997, p. 25). Isso significa inserir o processo de socialização das novas gerações na esfera política, utilizar formas pedagógicas que incorporem interesses políticos que tenham natureza emancipadora, implica apropriar-se do diálogo crítico e afirmativo em prol de um mundo qualitativamente melhor para todas as pessoas.

Assim, consideramos que a relevância social, teórica e a originalidade da tarefa acadêmica que ora nos propomos se encontra na possibilidade de preencher possíveis lacunas nos estudos referentes à práxis da capoeira e na possibilidade de contribuição na produção de conhecimentos referentes ao processo de ensino e formação de educadores(as) de maneira restrita à área da Educação Física e, no sentido amplo, ao campo da Educação.

Os saberes e conhecimentos apropriados e tratados nessa tese só foram possíveis de ser sintetizados devido à nossa formação orgânica na capoeira, que carinhosamente chamamos de "A Universidade Chapéu de Couro", que é o grupo de capoeira ao qual pertencemos e à articulação com os conhecimentos da área da Educação Física, que teve seu início na Escola Superior de Educação Física da Universidade de Pernambuco. Pois, a partir das contradições emergentes dessas duas realidades distintas, mas que se articulam e emergem em forma de questionamentos que nos acompanham em nossa existência, fomos dando corpo às nossas formulações teóricas, práticas, políticas e científicas. Contradições, estas, que especificaremos a seguir, discorrendo sobre o nosso processo histórico na capoeira e o início na área do conhecimento da Educação Física, já que, como salientamos na introdução, essas contradições, aliadas ao contexto do PERI-Capoeira, materializaram essa tese.

4.1 A RODA TEM CIÊNCIA, SEU DOUTOR: A FORMAÇÃO DA/NA CAPOEIRA

Ao longo do nosso processo histórico na capoeira e da aproximação com o método do materialismo histórico-dialético, defendemos que, para um salto qualitativo efetivo no processo de formação de educadores populares de capoeira e na construção de consciência de classe por parte dos sujeitos envolvidos nas ações educativas da capoeira na perspectiva da articulação e não hierarquização entre o saber da capoeira e os conhecimentos científicos das áreas da Educação e Educação Física, faz-se necessário uma formação omnilateral.

O conceito de omnilateralidade é de grande importância para a reflexão da Educação no materialismo histórico-dialético. Esse conceito se refere a uma formação humana oposta à formação unilateral provocada pela divisão social do trabalho e pelas relações burguesas de estranhamento e alienação; ou ainda, podemos dizer que essa formação unilateral hegemônica no modo de produção capitalista é provocada pela divisão social dos saberes e conhecimentos, que provoca uma hierarquização entre os mesmos. Nessa hierarquização, o saber popular fica subjugado ao conhecimento científico (MANACORDA, 1990).

A unilateralidade capitalista pode se revelar de diferentes formas: pela divisão e separação da sociedade em classes antagônicas, ou ainda pela especialização da formação; pelo quase exclusivo desenvolvimento no plano intelectual ou no plano manual; pela internalização de valores burgueses relacionados à competitividade, hierarquização e exclusão. Mas, acima de tudo, a unilateralidade se revela na obediência alienada do conjunto da sociedade à dinâmica de exploração do ser humano pelo ser humano do capitalismo.

Na obra de Marx, é possível encontrar indicações para que o conceito de omnilateralidade seja compreendido como uma ruptura ampla e radical com o homem limitado pela lógica do capital. Ou seja, a formação omnilateral deve atingir aspectos da formação do ser social, com expressões nos campos da moral, da ética, do fazer prático, da criação intelectual, artística, da afetividade, da sensibilidade e da emoção (MARX, 2008).

Dessa maneira, superar a unilateralidade a partir da omnilateralidade não pressupõe uma formação de indivíduos "geniais", mas de homens que se afirmam historicamente, que se reconhecem mutuamente em sua liberdade e que submetem as relações sociais a um controle coletivo, que superam a fragmentação entre trabalho manual e intelectual e, especialmente, que superam o individualismo, o maniqueísmo e os preconceitos da vida social burguesa.

No que diz respeito à formação de indivíduos "geniais", esse tipo de capacidade criativa individual sempre existiu na história da humanidade. Em todas as épocas houve homens e mulheres cuja competência inventiva ultrapassava a média de seu tempo; mas não é a isto que se refere o conceito de omnilateralidade de Marx. O autor se remete ao vasto e complexo campo das dimensões humanas: ética, afetiva, moral, estética, sensorial, intelectual, prática; aos diferentes planos dos gostos, dos prazeres, das aptidões, das habilidades, dos valores, que serão propriedades da formação humana em geral, desenvolvidas socialmente. Portanto, não correspondem à genialidade de um indivíduo formado num determinado sentido especial, ou ainda que seja em sentidos distintos (MARX, 2008).

O sujeito, no processo da formação omnilateral, é aquele que se define não propriamente pela fortuna dos seus conhecimentos, mas pela abastança com que busca se apropriar de maneira absoluta e indispensável das realidades mais diversas, criadas pelo trabalho humano como ação consciente que muda a si mesmo e à natureza.

Percebemos o esforço na direção de uma formação pautada na omnilateralidade no contexto do PERI-Capoeira; porém, muitas vezes não conseguimos aprofundar essa discussão nos encontros gerando uma certa contradição entre a formação intercultural e a formação omnilateral, e como essas estavam inseridas no âmbito da capoeira, o que criou a necessidade da reflexão da formação dos educadores populares de capoeira para além das exigências da formação para o mercado de trabalho.

Marx apresenta elementos para a compreensão da omnilateralidade como riqueza da formação humana ampla e livre. Tal riqueza gera necessidades que não são determinadas pelo caráter de mercadoria, mas como um conjunto variado de manifestações humanas que garanta a sua plenitude, nas quais se reconheça e pelas quais se constitui, tendo como condição a superação da alienação e do capital (MARX; ENGELS, 1987).

Sendo assim, podemos defender que é na intervenção sobre o mundo que o sujeito da formação omnilateral se afirma como tal. No entanto, ele precisa intervir na realidade com todo o potencial de suas faculdades humanas, como ser não fragmentado; logo, essa formação não deve ser tida como sinônimo de uma formação ou intervenção politécnica.

Consideramos fundamental a distinção entre os dois conceitos de formação, pois o conceito de formação politécnica representa uma proposta de formação aplicável no âmbito das relações burguesas, já a omnilateralidade apenas se faz possível no conjunto de relações de ruptura com o trabalho alienado e a lógica capitalista. O conceito de politécnica, enquanto formação polivalente ou pluriprofissional, modo como Manacorda (1991) e Nosella (2006) nomeiam a noção de politécnica defendida pelo capital é, em grande medida, uma realidade imposta pelo próprio desenvolvimento da grande indústria. Esse entendimento de uma formação politécnica era o mais presente e reproduzido pelos cursistas no primeiro momento do PERI-Capoeira, o que foi sendo tratado no decorrer do mesmo.

O conceito de politécnica, para Marx, surge das experiências teóricas e práticas dos socialistas utópicos. Contudo, esse conceito adquire uma ênfase diferente, que também tem uma conotação de confrontamento e ruptura com a formação unilateral e os malefícios da divisão do trabalho capitalista (NOSELLA, 2006).

Como podemos perceber, não há uma dissociação entre os conceitos de politécnica e omnilateralidade, e sim uma diferenciação. A formação politécnica se realiza no âmbito das relações burguesas, diferente da formação omnilateral, que apenas se realiza com a superação destas relações. Porém, as duas compõem concretizações da práxis revolucionária que se manifestam em diferentes graus e estágios históricos da vida social. Essa compreensão foi sendo problematizada no decorrer da realidade do PERI-Capoeira.

Dessa maneira, durante o PERI-Capoeira, avançamos para a compreensão de que a formação politécnica seria a reunião de diversos aspectos que, uma vez associados, constituiriam uma formação mais elevada dos filhos dos trabalhadores em relação às demais classes sociais. Assim, a experiência do trabalho nas mais diferentes atividades, associada aos estudos dos fundamentos teóricos do trabalho e à formação escolar, e ainda aos elementos da cultura corporal, poderia representar um salto na formação dos trabalhadores, pois viabilizariam impor fortes elementos contrários à empobrecedora formação decorrente das condições de trabalho capitalistas.

Entendemos que a omnilateralidade é o exercício, o movimento dialético, da busca por uma práxis revolucionária no presente; porém, sua concretização integral apenas se mostra possível com a superação das determinações históricas da sociedade do capital. A ruptura e a superação gradual da unilateralidade burguesa deve se dar na prática cotidiana, por meio de relações diferenciadas no mundo do trabalho, com a natureza, com a propriedade, com o outro, com as crianças, com as artes, com o saber, por intermédio de relações éticas não alienadas entre os indivíduos, no intercâmbio com a natureza e no intercâmbio social em geral (MARX; ENGELS, 2006).

A configuração da proposta politécnica toma como ponto de partida a contribuição dos socialistas utópicos e a observação do próprio movimento material da produção capitalista, que avança com a reestruturação das forças produtivas. Sua realização se manifesta na opressão a que estão submetidos os trabalhadores, não tendo a possibilidade de, como forma de resposta, alcançar a formação plena do homem livre, mas a formação técnica e política, prática e teórica dos trabalhadores, no sentido de elevá-los na busca da sua emancipação, não tendo como condição para sua realização a ruptura ou superação das determinações históricas da sociedade do capital (MARX, 1982).

A atuação na práxis revolucionária se configura como a principal ação político-pedagógica da formação do proletariado como sujeito social transformador. Nesse processo, são geridos elementos que se concretizarão com a superação da alienação e do estranhamento no interior das novas relações não-estranhadas; somente assim é e será possível a formação omnilateral (MARX; ENGELS, 2006). Sendo assim, a formação politécnica e a formação omnilateral se complementam no processo, desde a formação do sujeito social revolucionário até a consolidação do ser social emancipado. O processo histórico da formação omnilateral ainda se apresenta distante como formação plena; porém, consideramos como uma perspectiva germinal a realidade do curso PERI-Capoeira. Precisamente neste formato de formação intercultural é que aparece como proposta de educação de grande importância, até que se consolidem as condições históricas de possibilidade de realização plena da formação omnilateral.

Dessa maneira, consideramos que a realidade do PERI-Capoeira precisa continuar, radicalizar e se superar como proposta de formação que, unida aos outros elementos da proposta do materialismo histórico dialético para Educação, pode encontrar o caminho entre a existência alienada e a emancipação humana em que se constrói o homem omnilateral.

4.2 PRÁXIS CAPOEIRANA

Considerando que as propostas educacionais e metodológicas do processo educativo nas duas edições do PERI-Capoeira se constituíram em uma das formas eficazes de qualificar as intervenções com vistas à formação social a partir das experiências dos próprios sujeitos do curso, que concebiam a capoeira como um "complexo temático", o conceito de práxis foi fundante diante desse desafio.

No processo de construção coletiva de nosso trabalho, o qual parte do pressuposto que a capoeira se constitui como uma prática social realizada por seres humanos em relação, praticada e ratificada na integração entre ser humano, cultura e natureza, o trato com o conceito de práxis, em contraposição às pedagogias de assimilação - em que os sujeitos mediados na ação educativa aprendem as representações, conceitos e conteúdos previamente determinado pelos formadores -, também se tornou fundamental na discussão da constituição do Intelectual Maloqueiro como o intelectual que emerge da prática social da capoeira.

Dessa maneira, fomos buscar no trato dos conceitos de práxis em Marx e práxis capoeirana (FALCÃO, 2004) na perspectiva de contribuir como base e aporte para as categorias de conteúdo que emergiram no decorrer do processo de construção dessa tese, possibilitando reflexão e crítica ao concreto vivido do PERI-Capoeira I e II na constituição do Intelectual Maloqueiro.

Nesse sentido, para a emancipação humana é imprescindível a análise, a compreensão e a consciência do que se faz e de si mesmo. Ressaltamos que, embora o conceito de trabalho, um conceito fundante na concepção do materialismo histórico dialético, muitas vezes assuma a configuração de práxis em sua origem, a práxis se distingue do trabalho e cria valores que o trabalho, por si só, não pode criar. Dessa maneira, os seres humanos assumem a práxis como umas das atividades de maior valor no contexto social e histórico (FALCÃO, 2004; FALCÃO et al., 2009).

Foi a partir das formulações de Marx sobre o conceito de práxis, que José Luiz Cirqueira Falcão, em 2004, buscou os fundamentos para sistematizar o entendimento e criar o conceito de "práxis capoeirana". É através desse conceito que o autor defende que, no processo de formação da capoeira, a teoria passa a se articular visceralmente com a prática. A teoria carece estar efetivamente impregnada e vinculada às necessidades práticas dos sujeitos, ou seja, às necessidades que correspondem aos interesses sociais coletivos (FALCÃO, 2004; FALCÃO et al., 2009)

Concordamos com Falcão (2004) quando aponta que na formação da capoeira a teoria fora da práxis constitui uma "teorética escolástica", uma teoria banalizada meramente especulativa. A fertilidade da atividade teórica só pode ocorrer se não perder os laços com a realidade objetiva e com a atividade prática que é sua fonte perene, elucidando os acertos e desacertos da prática social que a fundamenta (FALCÃO, 2004; FALCÃO et al., 2009).

Dessa maneira, pactuamos com a concepção marxiana segundo a qual a prática não deve se reduzir ao ativismo utilitário, nem tampouco a teoria deve se prostituir à lógica produtivista de eficácia e egoísmo do capital. Teoria e práxis devem compor uma unidade dialética como ferramenta para a transformação social, mantendo sua interdependência, caracterizando a teoria como um momento necessário da práxis, necessidade esta que a distingue das atividades meramente repetitivas, alienadas e mecânicas (KONDER, 1998).

A produção teórica por si só não transforma o mundo, às vezes pode ser capaz apenas de interpretá-lo. Essa produção deve contribuir para sua transformação, mas para isso se faz necessário sair de si mesma, e prioritariamente perspectivar essa apropriação pelos sujeitos de maneira concreta e efetiva, os quais irão possibilitar com suas ações e intervenções essa possível transformação (VÁZQUEZ, 2007).

Entre a produção teórica e a atividade prática transformadora se insere um trabalho de conscientização, de organização dos meios materiais e planos concretos de ação, tudo isso como passagem imprescindível para a materialização das ações reais, efetivas. Dessa maneira, entendemos que a produção teórica necessita de uma articulação com a atividade laboral, para não se tornar especulativa, pois quando a teoria se automatiza, se distancia da ação, torna-se insustentável e complicada, e por si só, não é plausível na transformação da realidade. Interpretação não é transformação; mediações adequadas são fundamentais para que essa produção seja arrancada de seu campo das ideias para ser materializada, confrontada com a prática e, dessa maneira, efetivamente, promover uma transformação social (VÁZQUEZ, 2007; KONDER, 1998).

Dito isso, entendemos que para Marx a busca da verdade é um problema que atravessa toda a história da Filosofia; não é meramente um problema teórico, epistemológico, e sim uma questão prática. Consequentemente, a revolução social ou, mais especificamente, uma revolução na prática social da capoeira, só será possível mediante uma "práxis revolucionária", ou ainda uma "práxis capoeirana" (FALCÃO, 2004). Revolucionária, para que converta as condições práticas de vida e que, ao fazê-la, promova a revolução social e a transformação da comunidade capoeirana, pois, como diria Pistrak (2003, p. 29), "sem teoria pedagógica revolucionária, não poderá haver prática pedagógica revolucionária. Sem uma teoria de pedagogia social, nossa prática levará a uma acrobacia sem finalidade social".

Como "cantaria" Falcão:

> Uma prática pedagógica, sintonizada com as necessidades do sujeito contemporâneo, deve incorporar problemáticas significativas relacionadas ao meio ambiente, às questões de gênero, às diferenças, à produção simbólica e aos processos identitários locais. Em outras palavras, uma prática pedagógica deve estar sintonizada com as necessidades vitais do ser humano e não ser contemplativa, baseada em abstrações e idealismos que encobrem e fantasiam a realidade

e em nada contribuem no processo de construção de uma outra humanidade (FALCÃO et al., 2006, p. 112).

Deste modo, defendemos que os dilemas particulares específicos concebidos na prática social da capoeira reproduzem os dilemas mais amplos da sociedade em geral. Por isso, a nossa maloqueiragem científico-pedagógica é centrada na possibilidade da construção de uma "práxis capoeirana" na perspectiva da conquista de direitos sociais, com vistas à superação das condições de exploração; ou seja, a luta da/na capoeira deve ser contra todo e qualquer tipo de opressão e discriminação, e pela construção de uma sociedade justa, livre e democrática (FALCÃO et al., 2006).

A prática social da capoeira é produto e processo do grau de desenvolvimento da sociedade em seu conjunto, sendo, portanto, síntese de múltiplas determinações. Todas as suas formas atualmente consumidas são configurações transitórias, porque, no seu cerne, essa prática se configura como movimento permeado por contradições e conflitos. Sendo assim, as propostas pedagógicas inovadoras, forjadas sem a observância do contexto sócio- político-econômico - as quais estão inseridas e sem a devida articulação com os movimentos sociais que combatem a lógica destrutiva do capital - são facilmente modeladas, cooptadas, ou mesmo aniquiladas pelas sutis e poderosas forças hegemônicas do modo de produção capitalista (FALCÃO, 2004; FALCÃO et al., 2009).

A experiência histórica da capoeira também se caracteriza como produto e processo dos seus sujeitos protagonistas. Logo, não há a capoeira (jogo) sem os capoeiras (jogadores); a luta desses sujeitos por transformações sociais, através da "práxis capoeirana", deve levar em consideração as difíceis conexões de interação entre os componentes econômicos, políticos, sociais e culturais em suas ações concretas.

Embora a construção histórica da capoeira tenha sido determinada pelos interesses do capital, como mercadoria, na vivacidade das contradições do seu desenvolvimento histórico consolidou saberes significativos que, se forem tratados pedagogicamente com os subsídios teórico-metodológicos referenciados pelos princípios da "práxis capoeirana", a qual pode contribuir para proliferar uma prática pedagógica numa perspectiva autônoma, solidária, reflexiva, crítica e criativa, que efetivamente se manifesta na roda de capoeira.

4.3 TEM MALOQUEIRO NA RODA: PROCESSO PEDAGÓGICO DA FORMAÇÃO DA PRÁTICA SOCIAL DA CAPOEIRA

Ao entrarmos no jogo da discussão dessa roda de capoeira, chamamos para o jogo SAVIANI (1986, p. 58), com suas contribuições a respeito da necessidade da constituição de nossa consciência filosófica, pois "quanto mais adequado for nosso conhecimento da realidade, tanto mais adequados serão os meios que dispomos para agir sobre ela". Sendo assim, consideramos que as vivências das rodas de capoeira, exclusivamente, por mais ricas que possam ser essas vivências, não garantem a elucidação e a superação das condições de alienação que se impõem a um grande quantitativo dos sujeitos da prática social da capoeira.

Pautados pelo conceito de práxis capoeirana, a roda de capoeira pode se caracterizar como um espaço de formação singular na perspectiva da criticidade e da emancipação humana. Porém, a roda de capoeira também pode ser apropriada pelos sujeitos de sua prática como uma mera atividade com fim em si mesma (FALCÃO, 2004). Dessa maneira, entendemos que a roda de capoeira se constitui tradicionalmente de um círculo humano, mas não se limita a esse espaço físico, onde os capoeiras se encontram para jogar, de acordo com os convenções e rituais e a musicalidade composta de cantigas, toques e instrumentos de percussão específicos do tipo berimbaus, atabaques e pandeiros, entre outros, que cada grupo adota, e orientados pelos estilos de capoeira angola e/ou regional. A roda de capoeira é um ritual coletivo que mantém suas especificidades na gestualidade e musicalidade, possibilitando uma observação, interpretação e explicação do mundo por varias referências, ou seja, nos diferentes ângulos de se ver o mundo de cabeça para baixo.

Em outras palavras, defendemos que a roda de capoeira constitui uma possibilidade concreta e plena do exercício de produção de saber e conhecimento, bem como um momento de intervenção na formação da prática social da capoeira. Essa defesa se dá pelo fato do par dialético espaço-tempo poder agregar um coletivo interessado em trocar e produzir saberes, conhecimentos, emoções e gestos, sem o crivo da padronização, da uniformidade e da opressão, na perspectiva de uma possível intervenção consciente e socialmente referenciada.

Sendo assim, a dinâmica da roda de capoeira varia de acordo com a musicalidade, o ritmo dos sons e toques executados com os instrumentos tocados pelos participantes, que devem ser respeitados pelos sujeitos protagonistas do jogo. Na roda, a gestualidade do jogo e a musicalidade do toque e do canto são indissociáveis, influenciando-se simultaneamente, quando essa influência entra em sintonia, ou seja, ocorre uma harmonização entre o cantador que puxa o coro, o tocador que auxilia na bateria e o os jogadores que estão protagonizando o jogo; na capoeira se diz que a roda tem axé, tem dendê.

Nesse par dialético tempo-espaço da roda de capoeira, normalmente acontece do coletivo dos seus participantes se afinarem, integrando interativamente o campo da gestualidade com o da musicalidade; em outras palavras, quando o jogo, o toque e o canto se articulam, influenciam diretamente no comportamento dos sujeitos praticantes, levando os capoeiras que compõem a roda à melancolia ou à euforia, de acordo com a mensagem embutida nos jogos, toques, letras e versos das cantigas, resultando uma verdadeira ópera.

A tese de doutorado do professor Marcio Penna Corte Real, que se iniciou antes do PERI-Capoeira e foi uma das principais contribuições para articulação e desencadeamento das ações que deram início à realidade do PERI-Capoeira, é notadamente uma das produções acadêmicas que apontam a dinâmica da roda de capoeira como momento de produção de saber e conhecimento e, mais especificamente, a importância, as funções e os subsídios da musicalidade da roda de capoeira nesse processo.

Essa importância e subsídios vai além do aspecto da animação, exercendo um papel fundamental nas questões ritualísticas que fornecem à roda ritmo e dinâmica, Exercendo também a função de mantenedora das tradições, que reaviva a memória da comunidade capoeirana sobre os acontecimentos importantes em seu processo histórico, e a função ética, que promove um constante repensar da história e dos princípios éticos e morais das/nas rodas de capoeira. Consideramos ainda, para além das funções assinaladas por essa formidável produção, que a postura e a conduta dos capoeiras para com a musicalidade acabam interferindo diretamente no processo de formação da/na capoeira, podendo orientar a formação na perspectiva da omnilateralidade ou da unilateralidade.

Entendemos a roda de capoeira como um fato social concreto, singular e dialético. Sendo assim, a probabilidade da roda voltar a se repetir da mesma forma é mínima, pois sofre a ação das subjetividades e das objetividades humanas. A roda de capoeira constitui-se numa densa, intensa e expressiva atividade que os capoeiras produzem no mesmo momento de seu consumo. O gesto, o toque e o canto se articulam, materializando composições originais que dificilmente se repetem. Recorremos à sabedoria da poesia matuta de Jessier Quirino quando compôs o "Pensamento Sertanejo", poesia que ratifica um pouco desse inédito inreprisável ao retratar a saudade, o sofrimento e o banzo sentidos pelos nordestinos por ocasião da necessidade de êxodo para as regiões sul e sudeste, na tentativa iludida de melhoria das condições de subsistência.

>Pensamento Sertanejo
>É assim
>O sertanejo chega na cidade grande com o
>arrependimento na garupa
>Com a vista zarolha da saudade
>Enxerga mato e barreiro em tudo que vê
>para aquelas bandas de lá
>E nas esporas dos sonhos, nos cabrestos os
>do falar
>Com o choro em carne viva é aquele
>pensamento sertanejo [...]
>To pensando no homem paciente, com o
>direito de ali nunca ter nada
>Do trabalho arrastado na enxada
>cavoucando o terroso continente
>E apesar de sofrido esse valente, solta um
>riso, risido e clareado
>Faz um verso na hora improvisado
>Tão inédito que nunca é repetido
>Quem não presta atenção sai ressentido e
>perde o que nunca é reprisado (1996, s.p.).

Em nossa perspectiva, a roda de capoeira é compreendida como uma espécie de diálogo dialético não verbal no qual os argumentos, perguntas e respostas são transcritos pela gestualidade numa relação de desafio, cujo objetivo é colocar o outro em situação de contradição em seus argumentos. Para isso, os jogadores utilizam-se de um longo repertório de perguntas e respostas que variam entre as sutilezas e as brutalidades, a simplicidade e as complicações apresentadas no momento oportuno. Porém, como se trata de diferentes diálogos, o imprevisível e o improvável também configuram um campo de possibilidades. No entanto, os diálogos também compreendem o inacabado, de forma que o desafio acabe sem vencedor ou vencido, ou ainda o vencido de hoje terá a possibilidade de fortalecer seus argumentos, aprender com erros, construir novos argumentos e propor novos desafios.

Dessa maneira, uma roda de capoeira de qualidade pode ser considerada aquela em que os diálogos estejam bem fundamentados, com seus argumentos calcados sobre uma base sólida. Nesse caso, os aspectos da gestualidade, como os floreios e negaças, podem ser compreendidos como linguagens diferenciadas, utilizadas para evidenciar possíveis contradições dos seus interlocutores, ou seja, movimentos utilizados para trabalhar a plasticidade e a estética do jogo necessariamente articuladas com a intenção de descontrair, distrair e dissimular, envolvendo o outro desafiado para que o mesmo fique sem resposta para o diálogo.

Porém, na roda, os diálogos se materializam de diferentes formas e se expressam não somente como um diálogo dialético de movimentos de pergunta e resposta, floreios e negaças entre dois capoeiras protagonistas do jogo, mas também nos argumentos, intervenções dos tocadores e cantadores. A roda de capoeira ocorre em um triplo de intervenções dos jogadores, tocadores e cantadores, que se revezam nesse protagonismo. São intervenções realizadas por meio do toque e do canto, interferindo no que está acontecendo, contribuindo com as contradições e os conflitos que compõem o diálogo dialético. Essa interatividade promove uma extraordinária alternância de papéis e desafia cada sujeito a lidar com diferentes estímulos sonoros, visuais, físicos e musicais. É essa interação contaminada de estímulos diferenciados que sem dúvida constitui a riqueza desse processo pedagógico da formação da prática social da capoeira.

Foi pautado nessas vivências e na apropriação da roda de capoeira como um imprescindível contexto de formação da/na capoeira, que sistematizamos as categorias empíricas de jogador, tocador e cantador que auxiliaram no trato e na defesa para a elaboração da categoria de Intelectual Maloqueiro como sendo o intelectual forjado na prática social da capoeira, que aprofundaremos na sequência.

4.4   A CONSTRUÇÃO DO INTELECTUAL MALOQUEIRO

Para a proposta da discussão sobre a relação entre o saber popular e o conhecimento científico, e as possíveis determinações dessa construção histórica, mostra-se necessária uma análise e uma crítica da estrutura da sociedade capitalista e a respeito de como a mesma delega para aqueles que têm a função de "intelectuais" a responsabilidade de soldar a hegemonia ético-política da classe dominante.

Nesse sentido, optamos pelo termo Intelectual Maloqueiro devido à coerência com o nosso processo histórico de formação na capoeira e com o princípio de prática como critério de verdade, que sofre uma maior determinação com o contexto da realidade pernambucana, pois poderia ser eleito também o termo Intelectual mandingueiro e/ou malandro, que mais comumente pode ser empregado ao sujeito que produz sua subsistência na capoeira, principalmente na região sul do país. Porém, ao assumirmos o princípio básico de que a produção e a reprodução da vida material determinam a produção e a reprodução das relações sociais historicamente construídas, elegemos o termo intelectual maloqueiro por ser mais pertinente ao contexto da nossa tese.

Sendo assim, podemos entender a possibilidade do pensamento de Gramsci, o qual não rompe com o princípio básico de que a produção e reprodução da vida material determinam a produção e a reprodução das relações sociais historicamente construídas, para análise da produção/relação entre os saberes e o conhecimento científico, que é uma das discussões centrais do nosso projeto, juntamente com o "papel dos intelectuais", porém amplia o conceito de superestrutura, dando aos seus fenômenos importância decisiva para análise do desenvolvimento das sociedades capitalistas.

Dessa maneira, no quadro do Materialismo Histórico Dialético, a posição e a eleição do pensamento de Gramsci, o qual conceitua as relações entre estrutura e superestrutura, não abandonando a estrutura como base econômica da sociedade, ou seja a relação Capital X Trabalho que determina as relações sociais (K x T = RELAÇÕES SOCIAIS) que condiciona a superestrutura, ou seja, o modo de produzir a vida material condicional o processo da vida social, política e intelectual, mostra-se adequado para a proposta dessa tese

Dito isto, podemos afirmar que os intelectuais também compõem a classe dos trabalhadores, por mais que distante da *aceitação* e reconhecimentos de certa parcela de intelectuais, por se acharem uma classe social independente. Dado que várias camadas de intelectuais tradicionais tais como os administradores, cientistas, teóricos e filósofos não eclesiásticos sentem-se com "espírito de grupo", sua ininterrupta continuidade histórica e sua qualificação, os mesmos se consideram como autônomos e independentes do grupo social dominante. Nesse sentido:

> Esta autocolocação não deixa de ter consequência de grande importância no campo ideológico e político: toda a filosofia idealista pode ser facilmente relacionada com esta posição assumida pelo complexo social dos intelectuais e pode ser definida como a expressão desta utopia social segundo a qual os intelectuais acreditam ser "independentes", autônomos, revestidos de características próprias (GRAMSCI, 1988, p. 06).

Para ilustrar e ser coerente com a proposta de diálogo entre o conhecimento científico e o saber popular, considero que a poesia de Nicolas Behr pode ajudar na reflexão: "O guardador de carros do estacionamento do jumbo da 502 sul é meu amigo, isso é poesia? Pergunta um membro qualquer da academia... Só sei que o sorriso dele é poesia, a gentileza dele é poesia, o sofrimento dele é poesia. O seu não é".

Porém, ao refletirmos, podemos perceber que os intelectuais vendem sua força de trabalho para produção de algum bem de consumo, como vários outros trabalhadores, como o marceneiro que vende sua força de trabalho e produz cadeiras, mesas ou banquinhos, ou o operário fabril que vende sua força de trabalho e produz carro, tornos, computadores ou máquinas que produzem outras máquinas; mas os intelectuais que vendem sua força de trabalho produzem que bem de consumo? De que forma a produção do trabalho do Intelectual Maloqueiro, como um intelectual orgânico da capoeira, pode contribuir para um novo projeto histórico de sociedade?

Mais especificamente, o Intelectual Maloqueiro produz algum bem de consumo? O intelectual da capoeira que vende sua força de trabalho produz a aula de capoeira, o treino de capoeira, a apresentação de capoeira; as pesquisas na capoeira podem defender que isto se caracteriza como bem de consumo? Acreditamos que a relevância social e acadêmica dessa proposta se caracteriza justamente pela análise inédita da função produtiva ético-político-cultural, a partir da prática social da capoeira, nesse processo de possível construção ou não da categoria do Intelectual Maloqueiro como um intelectual orgânico da capoeira.

Nesse sentido, argumentamos que a função intelectual é soldar a hegemonia ético-política da classe dominante, pois antes de uma classe se tornar dominante política e economicamente, uma camada intelectual, cujos interesses objetivos eram idênticos aos interesses desta nova classe emergente, consolidou tais ideias e interesses como hegemônicas. De acordo com Antonio Gramsci:

> A mais típica destas categorias intelectuais é a dos eclesiásticos, que monopolizaram durante muito tempo alguns serviços importantes: a ideologia religiosa, isto é, a filosofia e a ciência da época, através da escola, da instrução da moral, da justiça, da beneficência, etc. A categoria dos eclesiásticos pode ser considerada como a categoria intelectual organicamente ligada à aristocracia, com a qual dividia o exercício da propriedade feudal da terra e o uso dos privilégios estatais ligados à propriedade. Mas o monopólio das superestruturas por parte dos eclesiásticos não foi exercido sem luta e sem limitações e nasceram, consequentemente, em várias formas, outras categorias, favorecidas e ampliadas à medida que se reforçava o poder central do monarca, até chegar ao absolutismo. Assim foi-se formando a aristocracia togada com seus próprios privilégios, bem como uma camada de administradores, cientistas, teóricos e filósofos não eclesiásticos (GRAMSCI, 1988, p. 5-6).

Entendemos que a acepção geral de "intelectual" surge desse processo de monopólio das superestruturas; porém, identificamo-nos com Gramsci ao nos inquietar com seu questionamento acerca dos limites "máximos" da categoria de intelectual ou um possível critério unitário para a caracterização das diversas atividades intelectuais que possa distingui-las, ao mesmo tempo e de modo essencial, das atividades dos outros agrupamentos sociais, vindo a ser uma classe social à parte (GRAMSCI, 1988).

Dito isso, nossa intenção explícita é a análise da função produtiva ética, política e cultural a partir da prática social da capoeira nesse processo de possível construção ou não da categoria do Intelectual

Maloqueiro como um intelectual orgânico da capoeira, de modo que ele seja reconhecido e identificado como qualquer outra categoria de intelectual, ainda que não vinculado com aqueles que produziram a revolução científico-mecanicistas e os interesses de uma camada social que na época detinha os meios de produção. Tal encontro de interesses possibilitou a consolidação econômica e política que, pela contribuição da categoria dos intelectuais na produção de uma ideologia coerente com esses interesses, estabeleceu a hegemonia ético-político da burguesia (GRAMSCI, 1988).

Sendo assim, fundamentamo-nos na reflexão teórica gramsciana, a qual "trabalha o real a partir de categorias que se elevam do abstrato ao concreto" (SIMIONATTO, 2004, p. 37), ao articular a nossa vivência na capoeiragem com nosso acúmulo teórico na sistematização do conhecimento científico, a partir da análise crítica da realidade e das condições históricas que se apresentam no processo de construção dessa tese, para defendermos a categoria de Intelectual Maloqueiro.

Reafirmando o que foi dito anteriormente, compreendemos que a luta pela emancipação política não se coloca apenas no campo econômico, mas também nas condições de subalternidade intelectual, às quais historicamente são submetidas as classes trabalhadoras. Faz-se necessária a tomada de consciência, mobilização e encaminhamento de um projeto cultural que se contraponha ao domínio ideológico burguês. Gramsci faz uma reflexão crítica sobre o real na qual demonstra como a realidade social é diversificada, criativa e dinâmica. Debruçando-nos na realidade como totalidade, desvendando suas contradições e evidenciando a sua constituição por mediações, processos e estruturas, construímos essa categoria de pesquisa.

Baseado nos pressupostos metodológicos da teoria social de Marx, a reflexão gramsciana colabora na crítica ontológica de outras estruturas que não sejam estritamente a econômica, por considerar que a esfera econômica já havia sido suficientemente estudada por Marx e Lênin. Dessa forma buscaremos não reduzi-la apenas a um meio de investigação, e sim trazê-la como contribuição como um processo de tomada de consciência e perspectiva para mudança do real (SIMIONATTO, 2004).

A contribuição de Gramsci configura-se como um movimento dialético de conservação e renovação a partir da produção de Marx e Lênin, na medida em que a teoria social marxiana é compreendida como proposta em diferentes momentos do processo histórico, e não por dogmas a serem repetidos mecanicamente. Nestes termos, "(...) novos campos de pesquisa, que avançam além do terreno da análise marxiana, mas ao mesmo tempo, nesse processo de conservação/renovação, entendem que os pressupostos teóricos do marxismo devem continuar a ser o fio condutor de uma proposta de caráter revolucionário" (SIMIONATTO, 2004, p. 37-38).

Conscientes do nosso processo histórico de formação no âmbito da capoeira e da ciência, e comprometidos com a intervenção do sujeito social atuante na sociedade, oriundo de uma classe social oprimida que luta pela sua emancipação, almejamos com a confecção dessa categoria contribuir para a socialização, a discussão, a reflexão, a ampliação e a superação do debate da capoeira pelos sujeitos que produzem sua subsistência a partir da prática da mesma.

A ousadia de forjar e defender uma categoria de intelectual que produz sua subsistência na prática social da capoeira que abraçamos, configura-se como uma articulação e superação da relação entre o saber popular da formação na capoeira e o conhecimento científico na formação de professor da área da Educação Física. Neste sentido, estamos atentos não apenas ao que dizem os intelectuais tradicionais, orgânicos, reacionários ou revolucionários, mas atentos ao que dizem todos os Intelectuais Maloqueiros trabalhadores da construção de um novo projeto histórico de sociedade anticapitalista. De acordo com Simionatto (2004, p.80), assim como os saberes populares:

> O senso comum é explorado e utilizado pelas classes dominantes para cristalizar a passividade popular, bloquear a autonomia histórica que poderia resultar, para as massas, no seu acesso a uma filosofia superior. O que importa, neste projeto da burguesia, é fazer com que as massas não tenham a possibilidade de assimilar em profundidade uma nova concepção de mundo, embora elas possam ter acesso apenas para que o senso comum assuma uma coerência formal e não seja desvendada sua incoerência real.

Dessa maneira, acreditamos que se caracteriza um campo de disputa em que se digladiam o conhecimento científico e os saberes populares. Por isso, buscamos a partir da realidade da capoeira e de seus intelectuais investigar como se configura tal conjuntura.

Podemos identificar no conceito de ideologia de Gramsci, fundamentado na produção marxiana, a necessidade da formação de uma nova cultura, a qual está, portanto, também, ligada à crítica e à superação do "senso comum" em direção ao "bom senso". Busca-se realizar a crítica à concepção imposta às classes subalternas, na perspectiva de avanço qualitativo, superação e construção de uma nova concepção que possibilite estabelecer a unidade entre conhecimento, saberes e ação, entre "teoria e prática", entre o formal e o não formal, entre os intelectuais orgânicos e os intelectuais tradicionais. Pois a falta da concepção de unidade caracteriza a visão de mundo das classes subalternas, que permanecerão na condição de subalternidade enquanto persistir tal distorção (SIMIONATTO, 2004).

> A passagem do senso comum, do modo de pensar desorganizado e folclórico, a um pensar crítico e histórico se faz através da luta concreta, a partir das situações práticas vividas pelas classes subalternas, as quais, mediante a discussão dos seus problemas, chegarão a um nível de cultura sempre mais crítico das situações impostas pelo modo capitalista de produção (SIMIONATTO, 2004, p.84).

Contudo, podemos perceber que a noção de ideologia em Gramsci nos remete à afirmação de Marx sobre a "solidez das crenças populares". Segundo essa, a condição de solidez se configura a partir das novas condições históricas, na medida em que as críticas e a ressignificação de tais crenças podem transformar o senso comum no que Gramsci chamaria de "bom senso" (SIMIONATTO, 2004).

Dentro da perspectiva da discussão da articulação entre os saberes populares e o conhecimento científico, no recorte da construção da categoria do intelectual maloqueiro, não poderíamos deixar de discutir sobre a relação do intelectual com as controvérsias e os jogos de poder que permeiam o conceito de intelectual orgânico e tradicional na sociedade. Essa discussão aparece nas entrelinhas de Marx e Engels, mas é no decorrer da produção teórica de Gramsci que essa discussão vai se aprofundando e tomando corpo (SIMIONATTO, 2004).

> Quando se distingue entre intelectuais e não-intelectuais, faz-se referência, na realidade, tão somente à imediata função social da categoria

> profissional dos intelectuais, isto é, leva-se em conta a direção sobre a qual incide o peso maior da atividade específica, se na elaboração intelectual ou se no esforço muscular-nervoso. Isso significa que, se pode falar de intelectuais, é impossível falar de não intelectuais, por que não existe não intelectuais. Mas a própria relação entre o esforço de elaboração intelectual-cerebral e o esforço muscular-nervoso não é sempre igual; por isso existe, existem graus diversos de atividade específica intelectual (GRAMSCI, 1988, p.7-8).

Essa reflexão é de suma importância se levarmos em conta que os capoeiristas, como intelectuais, constituem-se em "pedagogos" não formais que "acaloram" a cultura e constroem história, a partir de elementos empíricos da vida cotidiana, os quais se constituem também nas bases para a formação humana daqueles que vivenciam a capoeira enquanto prática social. Isto posto, pode-se inferir que

> Não existe atividade humana da qual se possa excluir toda intervenção intelectual, não se pode separar o homo faber do homo sapiens. Em suma, todo homem fora de sua profissão, desenvolve uma atividade intelectual qualquer, ou seja, é um "filósofo", um artista, um homem de gosto, participa de uma concepção do mundo, possui uma linha consciente de conduta moral, contribui assim para manter ou modificar uma concepção do mundo, isto é, para promover novas maneiras de pensar (GRAMSCI, 1988, p.7-8).

Nas suas contribuições, Gramsci (1988) argumenta que se pode discutir o conceito de intelectual a partir de dois critérios que seriam: o primeiro, pelo lugar e função que exerce na estrutura social e o segundo pelo lugar e função que desempenha em um determinado processo histórico, derivando-se dessa discussão duas categorias de intelectual, o orgânico e o tradicional.

A categoria de intelectual tradicional é um amplo conceito utilizado numa perspectiva histórica, que permite analisar como os intelectuais se apresentam nas diferentes configurações sociais ou blocos históricos, "servindo para designar os intelectuais que a classe historicamente progressista deve assimilar para exercer a hegemonia sobre o conjunto das classes sociais constituídas da sociedade como um todo" (SIMIONATTO, 2004, p, 56). No caso da categoria de intelectual orgânico, é criado pela classe, isto é, diferencia-se do tradicional por que não se justapõe a uma classe, foi formado por ela, estão ligados organicamente as suas classes fundamentais.

Mas como foi dito anteriormente, para Gramsci o que define o homem não é o caráter manual ou intelectual do seu trabalho, mas a forma como ele se coloca no modo de produção capitalista. Dessa forma, um intelectual tradicional ou orgânico pode assumir um papel revolucionário ou reacionário na medida em que passe de uma formação histórica que lhe dê homogeneidade e consciência da própria função, não apenas no campo econômico, mas também no social e político (SIMIONATTO, 2004).

A partir da contribuição gramsciana, percebemos que o erro metodológico mais comum consiste em se ter buscado o critério de distinção no que é intrínseco às atividades intelectuais, ao invés de buscá-lo no conjunto geral das relações sociais. São os intelectuais os primeiros a negar o Estado como uma instância de poder que regula o mundo material, mas pensam e difundem o mesmo como um órgão de representação da sociedade (BARROS, 1977).

Sendo assim, podemos defender que o produto do trabalho do intelectual como trabalhador que vende sua força de trabalho e intervém no campo do conhecimento, da natureza e do Estado é que torna possível a hegemonia ético-política e o controle dos meios de produção na sociedade pela classe burguesa, ou seja, o que se pode chamar de ditadura de classe, no caso, a ditadura burguesa (BARROS, 1977).

Dessa maneira podemos afirmar que a função do intelectual numa sociedade de classes é a luta pela conquista da hegemonia ético-político-cultural dos interesses da classe a que organicamente ele se vincula. No caso da revolução burguesa a camada intelectual tinha interesses objetivos coerentes com os interesses da classe ascendente, ou seja, a disputa pela hegemonia e domínio estatal.

Em Gramsci:
> Os intelectuais são os 'comissários' do grupo dominante para o exercício das funções subalternas da hegemonia social e do governo político, isto é : 1) do consenso 'espontâneo' dado pelas grandes massas da população à orientação impressa pelo grupo fundamental dominante à vida social, consenso que nasce 'historicamente'

do prestígio e portanto da confiança que o grupo dominante obtém por causa de sua posição e de sua função no mundo da produção; 2) do aparato de coerção estatal que assegura 'legalmente a disciplina dos grupos que não 'consentem' nem ativa nem passivamente, mas que é constituído para toda a sociedade, na previsão dos momentos de crise no comando e na direção, nos quais fracassa o consenso espontâneo (GRAMSCI, 1988, p. 11).

A função do Intelectual Maloqueiro em soldar a hegemonia ético-político-cultural popular também pode ser um processo de construção de poder, na história da humanidade. Principalmente no último século, foram poucas as vezes em que os desejos das massas de um país como o Brasil se combinaram com os desejos da força política dirigente; podemos dizer que quando isso acontece é o encontro da consciência da classe com a esperança da massa que identifica e faz nascer uma nova cultura e uma nova forma de poder (BOGO, 2010).

Essa possível nova forma de hegemonia ético-político-cultural popular e de poder se concretiza em um novo exercício do fazer, do saber e do exercer essa nova cultura e poder, pois a visão de mundo de uma época é também o resultado da situação de vida de uma determinada sociedade, classe ou grupo social (BOGO, 2010).

Ao afirmar essa nova hegemonia ético-político-cultural e o poder popular é preciso negar o poder das elites. Para isso, faz-se necessário compreender onde estes se situam; estes não são um sentimento abstrato de mudança confiado a uma minoria, antes de tudo são relações concretas manifestadas pela estrutura social e política em vigor. Lutar contra a hegemonia e o poder das elites significa colocar-se em determinados postos que permitem assumir outra posição como sujeitos da história (BOGO, 2010).

A hegemonia e o poder dominantes são, então, a expressão das relações concretas estabelecidas pela própria classe dominante. É pelas relações dominantes que se expressa a cultura dominante. O sistema capitalista não gera somente miséria, guerras e destruição; além disso, faz com que os dominados expressem uma "falsa consciência", como se fossem suas ideias, quando na verdade são decorrentes da ideologia dominante que nos leva a ver a realidade invertida (BOGO, 2010).

A hegemonia e o poder, antes de estar com as pessoas, está nas forças produtivas e improdutivas da sociedade e se sustenta pela propriedade privada; ou seja, pelo capital, a natureza da hegemonia e do poder burguês reside na identidade com a propriedade privada dos meios de produção, configurando a hegemonia e o poder como nova cultura que se desenvolve a partir do exercício do próprio poder. O risco de tomá-lo parcialmente, sem considerar as forças do capital que permanecem intactas, obriga as forças em ascensão a se tornarem coniventes com os interesses do capital (BOGO, 2010).

A função do Intelectual Maloqueiro, ao soldar essa nova cultura, insurgir-se-á contra todos os tipos de dominação, primeiramente de classes, depois nas demais relações, sejam profissionais, de gênero ou institucionais. Mas para que essas condições se tornem possíveis, é preciso mecanismos para se concretizar, mecanismos estes presentes na sociedade civil; mas ,para se tornarem verdadeiramente expressivos, precisam ir além e se apoderarem da estrutura de poder sociopolítico que determina as leis, a moral, a produção de conhecimento e as relações sociais (BOGO, 2010).

A práxis revolucionária nos aponta um caminho para a possibilidade de soldar hegemonia ético-político-cultural popular na desconstrução dos empecilhos que evitam a transformação do meio e dos sujeitos, mas é preciso que haja um impulso revolucionário criado pelas contradições, e não pela simples vontade humana (BOGO, 2010).

Em suma, defendemos a categoria do intelectual "MALOQUEIRO" por ser um termo que na historicidade da nossa formação acadêmica, capoeirana e humana, no sentido mais amplo, tem um valor significativo no processo científico. Ao nos dedicarmos à ciência como profissão e como função social, constatamos a necessidade de que essa ciência signifique, que esta ciência produza, que exista socialmente, exigindo-nos liberdade de expressão, essa tal liberdade de expressão que está intimamente ligada ao conjunto das conquistas políticas burguesas.

Sendo assim, entendemos que não é por força do acaso ou por uma escolha voluntarista, ou, ainda, por uma questão de influência de determinada leitura ou autor de caráter progressista, revolucionário ou reacionário, que chegamos à constatação que o que determina essa dedicação e decisão é nossa função e atividade social. Esta constatação é determinada pela tarefa social executada em nossa prática diária, que no primeiro momento se caracteriza de maneira ingênua e romântica.

Posto isto, com o aprofundamento na prática social da capoeira e o acesso aos meios, instrumentos e ferramentas técnico-científicas, defendemos que a tarefa intelectual primordial é tornar consciente essa constatação na instância da prática social. Seria o que Gramsci aponta como "o especialista + o político", e que podemos mencionar como científico + político, mais especificamente ainda, capoeirístico mais político. O Intelectual Maloqueiro é o sujeito que produz sua subsistência na capoeira, que conhece seu campo e tem uma larga visão sobre outros aspectos do mundo; ou seja, o capoeira que usa sua experiência para sistematizar saberes, conhecimentos e questionamentos e busca captar a realidade de maneira consciente e profunda; é aquele ou aquela que tem coragem para questionar a autoridade e que se recusa a agir contra sua própria vivência e consciência.

Então, é a partir da reflexão sobre a categoria de Intelectual Maloqueiro que buscamos em Kosik (1976) fundamentação para tratar das projeções dos fenômenos externos na consciência dos homens, produzida por uma práxis fetichizada, desenvolvendo formas ideológicas de seu movimento, a fim de dialogar na perspectiva de uma análise crítica, para um salto qualitativo na prática social dos capoeiras. Essa busca possui como foco uma possível superação da visão idealizada sem, contudo, buscar estabelecer um juízo de valores entre as diversas categorias de intelectuais.

Antes de qualquer argumentação ou interpretação equivocada, gostaria de ressaltar o nosso compromisso com a capoeira e com os sujeitos que produzem sua subsistência na prática social da mesma, para uma maior compreensão da realidade etendo em vista o avanço na contribuição para uma **práxis revolucionária**[24] na capoeira.

> Buscar a compreensão da essência historicamente construída na capoeiragem é uma atitude científica da qual depende a nossa emancipação enquanto classe social. Portanto, temos que questionar com radicalidade estes falsos problemas colocados em relação ao conhecimento científico e ao conhecimento popular. Trata-se muito mais de acessar o método do pensamento

---

[24] Ver Taffarel no artigo elaborado para conferência de abertura do VI SNUC (Simpósio Nacional Universitário de Capoeira), principal simpósio universitário de capoeira do Brasil, ocorrido entre os dias 12 e 14 de novembro de 2004, na Universidade Federa de Santa Catarina.

para compreender o real. O que acontece no mundo da pseudoconcreticidade é que 'os fenômenos e as formas fenomênicas das coisas se reproduzem espontaneamente no pensamento comum como realidade, pois é produto natural de práxis cotidiana. O pensamento comum é a forma ideológica do agir humano de todos os dias'. A representação da coisa não constitui uma qualidade natural da coisa e da realidade: é a projeção, na consciência do sujeito, de determinadas condições históricas petrificadas (TAFFAREL, 2005, p. 85).

Portanto, a categoria de Intelectual Maloqueiro que sistematizamos faz referência aos sujeitos da prática social da capoeira que, no Recife, eram conhecidos como brabos valentões ou maloqueiros, e no Rio de Janeiro como a figura do malandro carioca que se contrapunha à lógica da organização social vigente. Desordeiro, maloqueiro, malandro, assassino, sempre às voltas com a polícia, sempre temível e temido; esta é a imagem que se tem do capoeira e que, na atualidade, por determinação da mudança das forças produtivas, é outra, na qual o sujeito que produz sua vida na prática social da capoeira é reconhecido como um "operário da cultura".

De começo foram os capoeiras, modalidade mais ágil e pública dos valentes. A capoeiragem, no Recife, como no antigo Rio, criou tais raízes que se julgava um herói sobrenatural que tivesse de acabar com ele. Que nada! Saísse uma música para uma parada ou uma festa e lá estariam infalíveis os capoeiras à frente, gingando, piruetando, manobrando cacetes e exibindo navalhas, faziam passos complicados, dirigiam pilherias, soltavam assovios agudíssimos, iam de provocação em provocação até que o rolo explodia correndo sangue muito e ficando defuntos na rua. Havia entre eles partidos. Os mais famosos foram o 'Quarto' e o 'Espanha'. E as bandas musicais por sua vez, possuíam dos brados das predileções de uma ou da outra facção desordeira. O dobrado 'Banha Cheirosa' era um desses. Tocá-lo constituía já uma ameaça à ordem pública (SETTE, 1938, p. 97-98).

Para ilustrar esse processo de transição na prática social da capoeira, que vai contribuir para as condições objetivas, para o processo de tomada de consciência na apropriação da função social do intelectual "MALOQUEIRO" por parte dos sujeitos, pegamos de assalto a linguagem poética de Chico Buarque ou, se preferirem, Francisco Buarque de Holanda, na sua obra "Homenagem ao Malandro".

> Eu fui fazer um samba em homenagem
> à nata da malandragem, que conheço de
> outros carnavais.
> Eu fui à Lapa e perdi a viagem,
> que aquela tal malandragem não existe mais.
> Agora já não é normal, o que dá de malandro
> regular profissional, malandro com o
> aparato de malandro oficial,
> malandro candidato a malandro federal,
> malandro com retrato na coluna social;
> malandro com contrato, com gravata e
> capital, que nunca se dá mal.
> Mas o malandro para valer, não espalha,
> aposentou a navalha, tem mulher e filho e
> tralha e tal.
> Dizem as más línguas que ele até trabalha,
> Mora lá longe, chacoalha, no trem da
> central (BUARQUE, 1978).

Entendemos a capoeira como um bem cultural, social e historicamente produzido, acumulado e praticado no contexto de determinadas relações sociais de produção da vida. Os capoeiras, como sujeitos históricos, que constroem suas histórias, não somente conforme as suas vontades, mas conforme o grau desenvolvimento das forças produtivas e o legado deixado pelos que os antecederam. Dessa maneira, entendemos as forças produtivas como base da história, sua forma de produção e sistemas de relações em que se estabelecem, e é pela sua compreensão que vamos entender a história global da sociedade (TAFFAREL, 2005).

Por nos reconhecermos como sujeitos participantes desse aprendizado de tomada de consciência, destacamos que além das mudanças das forças produtivas como base da história, a apropriação e a utilização dos conceitos políticos de "tática e estratégia" pelos sujeitos são fundamentais para a compreensão e a mudança da realidade, bem como no exercício e intervenção da função do intelectual "Maloqueiro" na perspectiva de luta por um projeto histórico de sociedade anticapitalista.

Podemos dizer então que a estratégia e a tática fazem parte das ações na produção político-capoerística do Intelectual Maloqueiro. Neste sentido, entendemos como estratégia e tática sua conduta política, ou seja, o caráter, a orientação e os procedimentos de sua atuação política em relação a uma situação política concreta. A estratégia revolucionária determina o caminho geral pelo qual devem ser canalizadas as produções e as atuações do intelectual Maloqueiro na luta pela hegemonia do proletariado, isto é, a forma do planejamento, organização e orientação dos diferentes combates sociais para o êxito desse objetivo (HARNECKER, 2006).

> A estratégia política implica um conhecimento das leis que regulam a luta de classes, de como uma classe se situa em relação a outras dependendo do grau de desenvolvimento do movimento revolucionário. Aproveitando esse conhecimento objetivo, o estrategista político é capaz de prever o curso que a luta de classe possivelmente adotará, podendo assim, determinar o caminho a seguir para que essa luta consiga conquistar mais plenamente seus objetivos. Essa previsão é o fator subjetivo que intervém na direção estratégica. Nem sempre ele é aplicado ao pé da letra; a realidade é muito complexa e mutante; nela intervém, como um dos fatores difíceis de se prever, a estratégia do inimigo (HARNECKER, 2006, p. 82).

No que diz respeito ao conceito de tática, podemos evidenciar que o mesmo está diretamente relacionado com a ação política concreta do intelectual Maloqueiro; isto significa dar respostas objetivas, que não admitam duas interpretações, às questões das atividades políticas imediatas de acordo com as circunstâncias históricas concretas. Cada vez que surgir uma nova conjuntura política, a tática do Maloqueiro deve responder com ações e formas de organização e de lutas apropriadas à nova situação. Porém se faz necessário uma atenção à avaliação e à identificação correta da situação concreta que se vive.

Além disso, a elaboração da categoria de Intelectual Maloqueiro evidencia a base teórica da discussão sobre os intelectuais no questionamento das condições ideológicas e econômicas sob as quais os sujeitos oriundos da prática social da capoeira, como um grupo social, podem trabalhar e intervir como seres humanos críticos, reflexivos e criativos, revestidos de uma dimensão política a serviço de uma ordem democrática para a construção de um projeto de sociedade anticapitalista, sugerindo ainda, novas formas de cultura, para a prática social da capoeira, bem como sua sistematização na produção do conhecimento científico.

5 ÀS VEZES O CAMINHO MAIS LONGO É O VERDADEIRO ATALHO: CONSIDERAÇÕES PROVISÓRIAS

*Na vida do capoeira,
mandinga e sabedoria
Sabedoria da história
Mandinga do dia a dia
Meu mestre sempre me disse
Moleque tenha cuidado
Às vezes o caminho mais longo
Às vezes o caminho mais longo
É o verdadeiro atalho.... Camará
Iê... Vamos embora.....*

Em nossas considerações, apresentaremos o atalho da síntese das reflexões temporárias desse longo caminho de estudo de doutoramento. Ao abordarmos a relação entre o saber popular da prática social da capoeira e o conhecimento cientificamente sistematizado, faz-se necessária uma reflexão sobre a concepção de ciência hegemônica que se considera único conhecimento verdadeiro e válido, desconsiderando e colocando num patamar de inferioridade os saberes populares e negando a construção histórica dos sujeitos.

Para tanto, consideramos pertinente resgatar a diferenciação apresentada no início dessa tese e tratada ao longo da mesma entre o saber, como técnicas práticas e processos de apreensão e produção de conhecimentos que são organizados na prática social da capoeira e na ação de seus sujeitos protagonistas, e o conhecimento científico, como conhecimento produzido validado por meio de métodos e critérios aceitos pela ciência-epistemologia, que são reconhecidos socialmente.

Dessa maneira, compreendemos que o saber científico-tecnológico não é neutro e, ao realizarmos a opção por um caminho, estamos fazendo uma escolha sociopolítica de longo prazo, que implica e representa a definição de uma série de questões relacionadas ao padrão de consumo, à força de trabalho e, sobretudo, à estruturação do sistema educacional e da produção de pesquisa, com inevitáveis interferências na produção da nossa vida.

Ao fazermos uma opção/definição por uma fundamentação teórico-metodológica que se aproxima do marxismo, sofremos uma série de juízos, críticas e pressões dos mais diferentes setores da sociedade, principalmente nas universidades. Sendo assim, assumimos o compromisso e salientamos a importância de qualificar essa opção na construção dessa pesquisa da prática social e na formação dos educadores populares de capoeira, que antes de qualquer coisa são nossos companheiros de classe, profissão e maloqueiragens. Assim, apontamos que a relevância social e teórica e a originalidade dessa pesquisa se encontram na possibilidade de preencher lacunas do estudo referente à práxis educativa da capoeira como uma possível contribuição na produção de saberes e conhecimentos referentes ao processo de formação de educadores populares, de maneira que fomente a possível formação dos Intelectuais Maloqueiros como intelectuais orgânicos revolucionários, forjados na prática social da capoeira.

Realizando uma autocrítica, temos claro que algumas condicionantes[25] não nos permitiram ir tão longe quanto desejávamos, nomeadamente na elaboração de análises mais profundas acerca das categorias que preencheram nosso estudo. Contudo, tivemos o cuidado de, minimamente, tentar trazer as pistas de outras temáticas a serem debatidas, refletidas e investigadas. As nossas próprias considerações têm, assim, um caráter provisório - estão aqui para serem questionadas, refletidas e superadas. Sendo assim, resgatamos a reflexão de Saviani (1986): "uma questão, em si, não se caracteriza por problema, nem mesmo aquela cuja resposta é desconhecida; mas uma questão cuja resposta que se desconhece e se necessita conhecer, eis aí um problema".

Não pretendemos defender ou elaborar teorias demasiadamente rebuscadas que pudessem servir como referências teórico-epistemológicas; seria muita ousadia e pretensão de nossa parte. Pretendemos, sim, sistematizar o nosso entendimento provisório sobre as relações entre o saber popular da capoeira e o conhecimento cientificamente sistematizado.

Assim, partiu-se do resgate das reflexões e considerações fomentadas pelo problema de pesquisa delimitado pela seguinte questão: *de que maneira a realidade dos cursos PERI-Capoeira I e II contribuiu e/ou contribui para a articulação entre o saber popular da capoeira e o conhecimento científico, mais especificamente, o PERI-Capoeira contribuiu e/ou contribui no processo de formação do possível*

---

[25] Pressão dos prazos (limites de tempo e "lógica da produtividade"), dificuldade de subsistência (principalmente no primeiro ano do curso), dificuldades logísticas e estruturais e, mesmo, possibilidades de maior aprofundamento de alguns aspectos teóricos.

intelectual orgânico forjado na prática social da capoeira?
Configurado-se a tese numa práxis de pesquisa não neutra, caracterizada pela intervenção e pela construção coletiva do conhecimento, e não em uma concepção e processo de pesquisa cuja característica seja a explicação de determinada parte do real ou fenômeno social.

Não pretendemos encerrar a discussão sobre a relação entre o saber popular e o conhecimento cientifico e a formação dos Intelectuais Maloqueiros na prática social da capoeira; muito pelo contrário, buscamos oportunidades para discussão, ampliando dessa maneira o debate e a reflexão a respeito da "pedagogia da capoeira e a cultura popular como conteúdo, estratégia, método e teoria da transmissão do conhecimento e formulação do saber" (BARBIERI, 1993, p. 109), preservando sua integridade histórica, filosofia, mandinga, dendê, malícia, valores, identidade cultural e tudo mais que tiver para ser preservado.

Defendemos que a questão de pesquisa que sustentou as ações desenvolvidas nas duas edições do PERI-Capoeira I e II, delimitada pela possibilidade de formulação de referenciais teórico-metodológicos e didático-pedagógicos para as práticas escolares e populares, bem como para a formação de educadores na perspectiva intercultural, partindo da tematização dos desafios presentes nas práticas de educadores de capoeira, já foi respondida e ampliada pelas produções das quatro dissertações referentes à capoeira, provenientes dos sujeitos participantes e protagonistas desse processo.

O contexto do PERI-Capoeira levou em consideração aspectos da realidade, como hierarquia, diferenças e disputas subjacentes à prática social da capoeira e da universidade, que se configuram como relações de saber e poder; os avanços e desafios metodológicos e a constituição da redes de educadores populares de capoeira na perspectiva de ações futuras também foram abordados. Entretanto, a descentralização do foco de estudo do Núcleo MOVER sobre a capoeira, a transferência e a incorporação de professores doutores que davam estrutura acadêmica, política e financeira na realização e elaboração da realidade do PERI-Capoeira para outras universidades, bem como a dispersão e o enfraquecimento da rede de educadores populares de capoeira, e desarticulação da Confraria Catarinense de Capoeira, foram fatos determinantes para ima mudança conjuntural no sentido do desaparecimento das condições objetivas que contribuíram para a existência da realidade do PERI-Capoeira.

Dessa maneira, consideramos que ações dos cursos PERI-Capoeira I e II se configuram como um salto qualitativo considerável no que diz respeito ao processo de auto-organização para o enfrentamento no mundo do trabalho de maneira mais imediata. Mas, a falta de fundamentação e de aproximação com o referencial do materialismo histórico dialético dificultou a possibilidade de uma reestruturação da auto-organização, para desencadear o processo de formação de consciência de classe pelos capoeiras participantes dessa realidade. Isso gerou um hiato no desenvolvimento do seu processo histórico, escasseando as condições objetivas para sua continuidade em direção a maiores saltos.

Na "sociedade civil", as ideologias dominantes capturam as classes subalternas. A classe dominante consegue impor sua ideologia por deter a posse do Estado e dos principais instrumentos hegemônicos, tais como: organizações de educação formal e não formal, religiosas e a mídia. Possui ainda o poder econômico e político, que se caracteriza como principal força no interior da sociedade civil, pois estes controlam a produção, distribuição e organização dos bens econômicos e das ideias. Portanto, é nessa seara ideológica que se produzem e mantêm, em função da luta de classes, as resistências ao processo de unificação da consciência humana (GRAMSCI, 1988).

Dessa maneira, apontamos a necessidade de criar Intelectuais Maloqueiros na prática social da capoeira sobre novas formas de atividade que introduzam no seu processo de formação as condições de luta pela conquista e assimilação dos valores de uma "práxis capoeirana" revolucionária, apropriada e socializada, de maneira que a defesa dos interesses da classe trabalhadora não sofra as privações e negações/discriminações, inclusive dos próprios companheiros de classe que não tenham essa conscientização, submetidos pela camada dos intelectuais tradicionais e pelos conhecimentos impostos pela lógica da produção do conhecimento da sociedade do capital.

Sendo assim, defendemos que é necessário que os sujeitos envolvidos na ação formativa tenham clareza, no sentido de serem construtores de suas próprias elaborações de concepções e conceitos, poucos discutidos na realidade dos cursos do PERI-Capoeira I e II, como: formação política, trabalho, luta de classe e uma apropriação do método do materialismo histórico dialético, como também na fundamentação e orientação epistemológica do curso, pois só assim será possível evitar uma assimilação passiva, exterior, ocasional, desagregada e acrítica. Mas, para que isso aconteça, é preciso uma formação pedagógica articulada entre conhecimentos científicos, saberes populares e os interesses da classe a que estão organicamente vinculados.

Entendemos que refletir acerca da constituição do Intelectual Maloqueiro se torna significativo, dentro do contexto sócio-político-cultural atual, ao procurar desvincular a capoeira de uma prática social descontextualizada das condições objetivas e do processo das relações de produção humana, determinadas historicamente. Assim, acreditamos que a relevância social e teórica dessa tese se encontra na possibilidade de preencher lacunas nos estudos referentes à práxis da capoeira e à formação dos seus sujeitos, Intelectuais Maloqueiros em potencial.

Temos consciência da dificuldade do processo de constituição do Intelectual Maloqueiro, porém ratificamos que a formação do intelectual esteja totalmente desvinculada à formação hegemônica unilateral tecnocrata burguesa. Abraçamos uma formação pautada nessa perspectiva pela importância de "desmarginalizá-la" e de romper com preconceitos, contribuindo para a sua popularização. Traz-se, dessa forma, elementos para repensar os conceitos de conhecimento científico e de universidade, ressignificando-os e atribuindo-lhes uma função social, de compromisso político com os saberes populares, que coloque no seu centro a vida e o ser humano em sua totalidade.

A partir das experiências vividas, e durante a construção desse estudo, identificamos que a formação na prática social da capoeira pode possibilitar a preservação da integridade histórica, o que nem sempre ocorre, apresentando a capoeira como elemento desencadeador de possíveis mudanças no contexto social, contribuindo com a construção de uma consciência de classe. Entendendo a capoeira como sendo mais do que uma prática de exercícios, uma atividade física ou simples conteúdo a ser tratado pela Educação Física, reconhecemo-la, antes, como uma prática social que pode assumir um papel de resistência e de organização popular, ação humana que absorva níveis de conhecimento, crenças, artes, moral, leis, e quaisquer outras capacidades e hábitos adquiridos historicamente por homens e mulheres enquanto sujeitos históricos.

Sem perder o contexto sócio-político-econômico, buscamos refletir a respeito das questões formuladas acerca do processo de formação dos Intelectuais Maloqueiros. Dessa maneira, acreditamos que os sujeitos da prática social da capoeira, ao construírem a capoeiragem, não o fazem exclusivamente pelas suas próprias cabeças, mas segundo as condições objetivas e do próprio processo das relações de produção humana determinadas historicamente. Essa realidade torna a capoeira uma prática social de grande importância para o processo de desenvolvimento cultural, educativo e civilizatório de todo Brasil.

Devido à submissão ao modo capitalista, ao qual nos encontramos escravizados, a prática social da capoeira sofre e continua sofrendo um processo de degeneração, decomposição e destruição de seus valores, princípios, ritos e rituais. Dentro dessa lógica, a terceirização, a lucratividade, a produtividade geram uma repercussão social destrutiva identificável no mundo do trabalho, na crise do desemprego estrutural, tornando praticamente insustentável a luta e a garantia de direitos, vida digna, acesso à cultura e políticas sociais, reforçando a necessidade da formação do Intelectual Maloqueiro, que luta pela conquista da hegemonia ético-político-cultural dos interesses da classe trabalhadora.

Os Intelectuais Maloqueiros têm por compromisso buscar uma visão crítica da realidade vivida e ter clareza de que o confronto entre o projeto burguês e o projeto popular de sociedade e de educação se dá numa dimensão ético-política. Dessa maneira, acreditamos que os Intelectuais Maloqueiros, enquanto sujeitos históricos, agentes educativos e lideranças de seus grupos de capoeira, têm fundamental importância no processo de transformações políticas, sociais e culturais de reestruturação da sociedade.

Além disso, devem ter sua "práxis capoeirana" comprometida com a emancipação política e superação de uma subalternidade econômica, política e intelectual (GRAMSCI, 1988, p. 09), superando-se, dessa forma, a prática pedagógica presente na capoeira que, na maioria das vezes, caracteriza-se como descontextualizada e alheia aos problemas sociais, servindo à lógica do modo de produção capitalista, pois o mundo da capoeiragem não está salvo dessa cruel realidade.

Contudo, gostaríamos ainda de chamar atenção para indicativos que podem subsidiar uma formação dos Intelectuais Maloqueiros numa perspectiva revolucionária, tais como:

- Necessidade de atitudes para a promoção do processo de formação da consciência de classe e de apropriar-se das discussões das produções político-científicas, bem como das demandas da classe trabalhadora;

- Discussão e criação de ações pelo combate e pela resistência da tentativa de apropriação, destruição e degeneração da capoeira pelo modo capitalista, e luta por sua superação na "práxis capoeirana";
- Reconhecimento da necessidade de maior discussão teórica, formação política e condução de forma democrática das propostas levantadas no interior da prática social da capoeira a partir das discussões acumuladas, mesmo que isso não aconteça de forma satisfatória.

Nossa avaliação da tarefa investigativa caracterizou-se pela problemática de refletir sobre a relação do saber popular da prática social da capoeira e o conhecimento cientificamente sistematizado no processo de constituição dos Intelectuais Maloqueiros. É que ao nos "embrenharmos" por essa questão ainda pouco investigada, à luz do que pensam, dizem, investigam e fazem os sujeitos da prática social da capoeira, em nosso entendimento, contribuímos para um salto qualitativo na análise e proposição de ações e formação de educadores populares de capoeira, tanto no âmbito da prática social da capoeira quanto no da universidade, na identificação de elementos empíricos que ajudam na análise crítica das posturas e do papel desses intelectuais, no âmbito da construção desses saberes e conhecimentos socialmente referenciados sob a luz do referencial do materialismo histórico dialético.

Assim, consideramos que conseguimos trazer elementos que contribuam na análise, que possam construir um novo sentido e significado para o olhar acerca da função e do papel do intelectual e da formação dos educadores populares de capoeira. Contudo, o conceito de intelectual Maloqueiro que por hora cunhamos, o qual se coaduna com a identidade do sujeito que luta pela conquista da hegemonia ético-político-cultural dos interesses da classe a que organicamente ele se vincula, ou seja, aquele que conhece seu campo e tem uma larga visão sobre outros aspectos do mundo, ou seja o capoeira que usa sua experiência para sistematizar saberes, conhecimentos e questionamentos, e retoma a busca de captar a realidade de maneira consciente e profunda, é aquele que tem coragem para questionar o autoritarismo e que se recusa a agir contra sua própria vivência e consciência.

Para encerrar, gostaríamos de recuperar a epígrafe dessas considerações, destacando que ainda há um caminho muito longo a ser percorrido no campo social da pesquisa; há muitas rodas a serem jogadas, muitas rasteiras a serem levadas e dadas e muitos saltos mortais a serem contemplados e tentados. Não é função apenas do "Intelectual Maloqueiro"; porém, o processo de formação e constituição do mesmo, a partir da articulação entre o saber popular e o conhecimento científico, pode contribuir na constituição de relações concretas e comprometidas na prática social da capoeira, para buscar elementos que apontem para um novo projeto histórico de sociedade.

Inspirados em dois maloqueiros, o primeiro maloqueiro Jorge Bem Jor, quando canta na música Galileu na Galiléia - "se malandro soubesse como é bom ser honesto, seria honesto só por malandragem", e no maloqueiro Che Guevara ,no seu discurso da ONU, quando afirma "muitos me chamam de aventureiro e o sou, só que de um tipo diferente, dos que entregam a própria pele para provar sua verdades, podem matar uma, duas ou até três flores, mas nunca deterão a primavera", optamos por esse ajustamento poético para finalizarmos nossas considerações provisórias sobre esse problema existencial de investigação. Se maloqueiro soubesse como é necessário ser intelectual, seria intelectual só por maloqueiragem. Muitos me chamam de maloqueiro e o sou, só que de um tipo diferente, dos que entregam a própria pele na construção de suas verdades. Podem tentar nos impedir de jogar em uma, duas ou até três rodas, mas nunca deterão o nosso jogo, toque e canto na práxis revolucionária da capoeira.

REFERÊNCIAS

ABIB, P. R. J. **Capoeira Angola**: cultura popular e jogo dos saberes na roda. 2004. 178f. Tese (Doutorado em Educação). Universidade Estadual de Campinas, Campinas, 2004.

ABREU, F. J. de. **Bimba é Bamba**: a capoeira no ringue. Salvador: Instituto Jair Moura, 1999.

ACORDI, L. O. **Memória e Experiência**: Elementos de Formação do Sujeito da Capoeira. 2009. 293f. Dissertação (Mestrado em Educação). Universidade Federal de Santa Catarina, Florianópolis, 2009.

ADORNO, T.W. **Teoria da semicultura**. Tradução de Oliveira, N.S. de. São Carlos: UFSCAR, 1992, texto fotocopiado.

ALVES-MAZOTTI, A. J. O método nas ciências sociais. In: ALVES-MAZOTTI, A. J. e GEWANDSZNAJDER, F. **O método nas ciências naturais e sociais**: pesquisa quantitativa e qualitativa. São Paulo: Pioneira, 1998.

ANNUNCIATO, D. P. **Liberdade disciplinada**: relações de confronto, poder e saber entre capoeiristas em Santa Catarina. 2006. 110f. Dissertação (Mestrado em Educação). Universidade Federal de Santa Catarina, Florianópolis, 2006.

ARAÚJO, P. C. **Abordagens Sócio-Antropológicas da Luta/Jogo da Capoeira**. Porto: Instituto Superior da Maia – Série "Estudos e Monografias", 1997.

ARAÚJO, B. C. L. C. **A Capoeira Na Sociedade Do Capital**: A Docência como Mercadoria-Chave na Transformação na Capoeira no Século XX. 2008. 98f. Dissertação (Mestrado em Educação). Universidade Federal de Santa Catarina, Florianópolis, 2008.

AREIAS, A. **O que é Capoeira**. São Paulo: Coleção Primeiros Passos, 1989.

ARNAUT. A. **Coletânea Poética**. Recife: Fundação Cidade do Recife, 2003.

ARRAIS, R. **Recife Culturas e Confrontos**. Recife: EDUFRN, 1998.

ARROYO, M. G. **Ofício de Mestre: imagem e auto-imagem**. Rio de Janeiro: Vozes, 2000.

ASSUNÇÃO, M.R. & VIEIRA, L.R.; **Mitos e controvérsias na história da capoeira**. In: Estudos Afro-Asiáticos. N.34, Rio de Janeiro: Publicação do Centro de Estudos Afro-Asiáticos – CEAA, Universidade de Cândido Mendes, 1988.

AZANHA, J. M. P. **Uma Idéia de Pesquisa Educacional**. São Paulo: Ed. Universidade de São Paulo, 1992.

ALZIBEIRO, N. E. **Que cara tem a Aroeira?** Uma Contribuição à sistematização de uma prática de educação popular e inclusão cidadã. Florianópolis: CEPEC, 2006.

BARBIERI, C. A. S. **Um jeito brasileiro de aprender a ser**. Brasília: DEFER (CIDOCA/DF), 1993.

BAZARIAN, Jacob. O **problema da realidade:** teoria do conhecimento. 4ª edição. São Paulo: Alfa-Ômega, 1994.

BOGDAN, R.; BIKLEN, S. **Investigação Qualitativa em Educação:** uma introdução a teoria e aos métodos. Portugal: Porto Editora, 1994.

BORGES, C. M. F. **O Professor de Educação Física e a Construção do Saber**. São Paulo: Papirus. 1998.

BRACHT, V. A construção do campo acadêmico 'educação física' no período de 1960 até nossos dias: onde ficou a educação física?. In: **Anais do IV Encontro Nacional de História do Esporte, Lazer e Educação Física**. Belo Horizonte, 1996, pp. 140-148.

BRITO, V. A. **A (in)visibilidade da Contribuição Negra nas Rodas de Capoeira de Florianópolis**. 2005. 85f. Dissertação (Mestrado em

Educação). Universidade Federal de Santa Catarina, Florianópolis, 2005.

BRUYNE, P. D.; HERMAN, J.; SCHOUTHEETE, M. D. **Dinâmica da Pesquisa em Ciências Sociais:** os pólos da prática metodológica. Rio de Janeiro: Francisco Alves, 1991.

BOGO, A. **Identidade e luta de classes.** São Paulo: Expressão Popular, 2010.

BOSI, E. **Cultura de massa e cultura popular: leituras operárias.** Petrópolis: Vozes, 1991.

BUARQUE, Chico. **Homenagem ao Malandro**, 1978. Disponível em: http://letras.mus.br/chico-buarque/45135/. Acesso em: 15 set. 2012.

BUENO, M. C. **O Fetiche da Capoeira Patrimônio:** Quem quer abrir mão da história da Capoeira?. 2012. 272f. Dissertação (Mestrado em Educação Física). Universidade Federal de Pelotas, Pelotas, 2012.

CAPOEIRA, N. **Capoeira:** os fundamentos da malícia. Rio de Janeiro: Ed. Record, 1992.

_____.**Capoeira galo já cantou.** Rio de Janeiro: Record, 1999.

CARR, W.; e KEMMI'S, S. **Teoria crítica de La enseñanza: investigación-acción em La formación Del professorado.** Barcelona: Martinez Roca, 1988.

CARIBÉ, Pseud. **O Jogo da Capoeira**: 24 desenhos de Carybe. Salvador: [s.n], 1955.

CASTELLANI FILHO, L. Regulamentação da Profissão: The day after 2. **Revista Brasileira de Ciências do Esporte**, Ijuí, v. 20, nº 1, set. 1998, pp. 32 - 64.

CASCUDO, L. D. C. **Vaqueiros e cantadores.** Porto Alegre: Globo, 2005.

_____. **Dicionário do Folclore Brasileiro**. São Paulo: Global, 2001.

_____. **Política Educacional e Educação Física**. Campinas: Autores Associados, 1998.

CASTRO JÚNIOR, L. V. Capoeira Angola: olhares e toques cruzados entre historicidade e ancestralidade. **Revista Brasileira de Ciências do Esporte**, Ijuí v.25, n.2, p.143-158, 2004.

CASTRO JÚNIOR, L. V; ABIB, P. R. J., SOBRINHO, J. S. Capoeira e os diversos aprendizados no espaço escolar. **Revista Motrivivência**, Florianópolis, Ano XI, n.º 14, maio/2000.

CALDEIRA, A. M. S. A Formação de Professores de Educação Física: quais saberes e quais habilidades? **Revista Brasileira de Ciências do Esporte**, Ijuí, v.22, n.3, p.87-103, 2001.

CHAUI, M. Universidade em liquidação. **Folha de São Paulo** - Caderno mais, 11 de julho de 2001.

_____. **Conformismo e resistência:** aspectos da cultura popular no Brasil. São Paulo: Brasiliense, 1986.

_____. Notas sobre cultura popular. In: OLIVEIRA, P.S. (org.) **Metodologia das ciências humanas**. São Paulo: HUCITEC/UNESP, 1998.

_____. **Cultura e Democracia**. 4ª ed São Paulo: Cortez, 1989.

CHAVES, M.; GAMBOA, S. S. **Prática de Ensino:** Formação Profissional e Emancipação. Maceió: EDUFAL, 2000.

CHEPTULIN, A. **A dialética materialista**: categorias e leis da dialética. São Paulo: Alfa Omega,1982.

CHICÃO *et al*. **Recife Marginal**. Recife: Fundação de cultura da cidade do Recife, 2003.

COLETIVO DE AUTORES. **Metodologia do ensino da Educação Física**. São Paulo: Cortez, 2009.

COUTINHO, C. N. **Marxismo e política:** a dualidade de poderes e outros ensaios. São Paulo: Cortez, 1996.

CORTE REAL, M. P. **As musicalidades das Rodas de Capoeira(s):** diálogos interculturais, campo e atuação de educadores. 2006. 346f. Tese (Doutorado em Educação). Universidade Federal de Santa Catarina, Florianópolis, 2006.

D'AGOSTINI, A. **O jogo da capoeira no contexto antropológico e biomecânico**. 2004. 85f. Dissertação (Mestrado em Educação Física). Universidade Federal de Santa Catarina, Florianópolis, 2004.

DUARTE, S. G. **Dicionário Brasileiro de Educação**. Rio de Janeiro: Edições Antares Nobel, 1986.

ELIOT, T. S. **Notas para uma definição de cultura**. São Paulo, Perspectiva, 1988.

ENGELS, F. **A Origem da Família, da Propriedade Privada e do Estado**. Lisboa: Presença, 1976.

ENGUITA, M. F. **Trabajo, escuela e ideologia**. Madri: Akal/ Universitária, 1985.

ESTEVES, A. P. **A "Capoeira" da Indústria do Entretenimento:** Corpo, Acrobacia, e Espetáculo para "Turista Ver". Salvador: A. P. Esteves, 2003.

FALCÃO et. al. A Experiência do "PERI-Capoeira": Curso de formação de educadores populares de capoeira na perspectiva intercultural. In: FALCÃO, J. L. C.; SARAIVA, M. C. **Práticas Corporais no contexto contemporâneo**: (in) tensas experiências. Florianópolis: Copiart, 2009.

FALCÃO, J. L. C. Os movimentos de organização dos capoeiras no Brasil. **Revista Motrivivência**, Florianópolis, Ano XI, n.º 14, maio/2000.

_____. **A escolarização da capoeira**. Brasília: Royal Court Editora, 1996.

_____. **O Jogo da Capoeira em Jogo e a construção da práxis capoeirana**. 2004. 416f. Tese (Doutorado em Educação). Universidade Federal da Bahia, Salvador, 2004.

FALCÃO, J. L. C.; VIEIRA, L. R. (orgs.) **Capoeira** – História e fundamentos do Grupo Beribazu. Brasília: Starprint, 1997.

FALCÃO, J. L. C.; SARAIVA, M. C. **Esporte e lazer na cidade:** a prática teorizada e a teoria praticada. Florianópolis: Lagoa, 2007.

FILGUEIRAS, J. P. **Capoeira em tradução**: representações discursivas em um corpus paralelo bilíngue. 2007. FOLHAS? Dissertação (Mestrado em Ciências Sociais Universidade Federal de Santa Catarina, Florianópolis, 2007.

FLEURI, R. M. (org.) **Intercultura e Movimentos Sociais.** Florianópolis: Mover/NUP/UFSCor, 1998.

_____. **Educação Popular e Universidade.** Contradições e perspectivas emergentes nas experiências de extensão universitária em educação popular da Universidade Estadual de Campinas. Florianópolis: NUP/CED/UFSC, 2001.

_____. Intercultura e Educação. **Revista Brasileira de Educação**, Ijuí, n.23, maio/ago. 2003, p.16-35.

FLEURI, R. M.; FANTIN, M. (orgs.). **Culturas em Relação.** Florianópolis: Mover/Nup/UFSC, 1998.

FLEURI, R. M.; CORTE REAL, M. P.; FALCÃO, J. L. C.; ANNUNCIATO, D. P.; SILVA, B. E. S. da; NARDI, I. ACORDI, L. O. **Relatório Técnico do I Curso de Formação de Educadores de Capoeira na Perspectiva Intercultural – PERI-Capoeira.** Florianópolis: UFSC, 2007.

FREIRE, P. **Pedagogia do Oprimido**. São Paulo: Paz e Terra, 2005.

_____. **Pedagogia da autonomia**: saberes necessários à prática educativa. Rio de Janeiro: Paz e Terra, 1996.

FERREIRA, A. B. H. **Dicionário da Língua Portuguesa**. Curitiba: Posigraf, 2004.

GADOTI, M. **Pedagogia da Práxis**. São Paulo: Cortez 2010.

GAMBOA, S. S. Pesquisa em Educação Física: As inter-relações necessárias. **Motrivivência**, Florianópolis, ano V, vol 5,6,7, 1994, pp. 34 - 46.

GIROUX, H. **Escola Crítica e Política Cultural**. São Paulo: Cortez Editora, 1997.

GOHN, M. D. G. **Movimentos Sociais e Educação**. São Paulo: Cortez, 1994.

_____. **Educação Formal e Cultura Política**. São Paulo: Cortez, 2005.

GRABAUSKA, C. J.; DE BASTOS, F. da P. Investigação-ação educacional: possibilidades críticas e emancipatórias na prática educativa. In: MION, R. A. e SAITO, C. I. (orgs.). **Investigação-ação: mudando o trabalho de formar professores**. Ponta Grossa: Gráfica Planeta, 2001.

GRAMSCI, A. **Os Intelectuais e a Organização da Cultura**. Rio de Janeiro: Civilização Brasileira, 1988.

_____. **Cartas do Cárcere**. Rio de Janeiro: Civilização Brasileira, 2005, vol. 1.

GUEVARA, C. **Revolução Cubana**. Passagens da Guerra Revolucionária. São Paulo: Edições Populares, 1987.

HAGUETE, T. M. F. **Metodologias qualitativas na sociologia**. Petrópolis: Vozes, 1987.

HARNECKER, M. **Estratégia e Tática**. São Paulo: Expressão Popular, 2006.

HOBSBAWM, E. J. **Mundos do Trabalho**. São Paulo: Paz e Terra, 1988.

JAPIASSÚ, H. **Introdução ao pensamento epistemológico**. Rio de Janeiro: F. Alves, 1986.

KONDER, L. **Marx**: vida e obra. São Paulo: Expressão Popular. 1998.

KOPNIN, P. V. **A dialética como lógica e teoria do conhecimento**. Rio de Janeiro: Civilização Brasileira, 1978.

KOSIK, K. **Dialética do Concreto**. São Paulo: Paz e Terra. 1976.

KUENZER, A. Z. Desafios teóricos metodológicos da relação trabalho-educação e o papel social da escola. In: Frigotto, G. (org). **Educação e crise do trabalho:** perspectiva de final de século. Petrópolis: Vozes, 1998.

LESSARD-HÉBERT, M., GOYETTE, G. e BOUTIN, G. **Investigação Qualitativa:** Fundamentos e Práticas. Lisboa: Instituto Piaget, 1994.

LAVILLE, C.; IDIONNE, J. **A construção do saber:** manual de metodologia da pesquisa em ciências humanas. Porto Alegre: Artes Médicas; Belo Horizonte: Editora UFMG, 1999.

LEFEBVRE, H. **Lógica Formal, Lógica Dialética**. São Paulo: Civilização Brasileira, 2002.

LÖWY, M. **Para uma sociologia dos intelectuais revolucionários**. São Paulo: Lech, 1979.

LIMA JÚNIOR, A. D. C. **A capoeira e a Educação Física:** considerações sobre como tratar o conteúdo nas aulas. 1997. 48f. Monografia (Licenciatura Plena em Educação Física). Universidade de Pernambuco. Recife, 1997.

LUDKE, M.; ANDRÉ, M. **Pesquisa em educação:** abordagens qualitativas. São Paulo: EPU, 1986.

MANACORDA, M. A. **O Princípio Educativo em Gramsci**. Porto Alegre: Artes Médicas, 1990.

MARTINS, M. F. **Marx, Gramsci e o conhecimento ruptura ou continuidade.** São Paulo: Editores Associados. 2008

MARX, K; ENGELS, F. **A Ideologia Alemã**. São Paulo: Hucitec, 1987.

_____. **O Manifesto do Partido Comunista.** São Paulo: Martin Claret, 2002.

MARX, K. O Trabalho Alienado. In: OLIVEIRA, P.S. (org.) **Metodologia das ciências humanas**. São Paulo: HUCITEC/UNESP, 1998, pp. 151 - 164.

_____. **O Capital.** (Crítica da economia política). São Paulo: DIFEL,1982, livro 1 - O processo de produção do capital.

_____ **Contribuição à crítica da economia política**. São Paulo: Martins Fontes, 1982.

_____. **Contribuição à Crítica da Economia Política**. São Paulo: Expressão Popular, 2008.

MESTRE ZULU. **Idiopráxis da Capoeira**. Brasília: Fundação Educacional do Distrito Federal (FEDF), 1995.

MELO, O. **Recife Sangrento**. Recife: Propriedade e Direitos Reservados, 1953.

MEKSENAS, P. **Pesquisa social e ação pedagógica:** conceitos, métodos e práticas. São Paulo: Loyola, 2002.

MILLS, W. **A imaginação sociológica**. Rio de Janeiro: Zahar, 1982.

MINAYO, M. D. S. **O desafio do conhecimento:** pesquisa qualitativa em saúde. São Paulo/ Rio de Janeiro: HUCITEC-ABRASCO, 1996.

_____ **Pesquisa Social:** teoria, método e criatividade. Rio de Janeiro: Vozes, 2003.

_____ O conceito de representações sociais dentro da sociologia clássica. In: GUARESCHI, P. A.; JOVCHELOVITCH, S. (orgs). **Texto em representações sociais.** Rio de Janeiro: Vozes, 2002.

MWEWA, M. **Indústria cultural e educação do corpo no jogo de capoeira**: Estudos sobre a presença da capoeira na sociedade administrada. 2005. 120f Dissertação (Mestrado em Educação). Universidade Federal de Santa Catarina, Florianópolis, 2005.

NOSELLA, P. Trabalho e perspectivas de formação dos trabalhadores: para além da formação politécnica. **I Encontro Internacional de Trabalho e Perspectivas de Formação dos Trabalhadores.** Fortaleza, Universidade Federal do Ceará, 07 a 09 de setembro de 2006.

OLIVEIRA, V. **Frevo, Capoeira e Passo.** Recife: Companhia Editora de Pernambuco, 1971.

OLIVEIRA, J. P. **No tempo dos Valentes.** Os capoeiras na cidade da Bahia. Salvador: Quarteto, 2005.

PAIS, J. M. Paradigmas sociológicos da vida cotidiana. **Revista Análise Social**, Lisboa, vol. XXII (90), 1986.

PASTINHA, V. F. (Mestre Pastinha). **Capoeira Angola.** Salvador: Escola Gráfica Nossa Senhora de Loreto, 1964.

PINTO, F. M.; MENEGHELLO, D.; CORREA, J. P.; DA ESPADA, R.; BRITO, V. A. O Ensino da Capoeira em Florianópolis. In: FLEURI, R. M. (org.). **Intercultura:** Estudos Emergentes. Ijuí: Unijuí, 2001.

PIRES, A. L. C. S. **A capoeira no jogo das cores:** criminalidade, cultura e racismo na cidade do Rio de Janeiro (1890-1937). 1996. 258f.

Dissertação (Mestrado em História). Universidade Estadual de Campinas, Campinas, 1996.

PISTRAK. M. M. **Fundamentos da Escola do Trabalho**. São Paulo: Editora Expressão Popular, 2003.

QUIVY, R.; CANPENHOUDT, I. V. **Manual de Investigação em Ciências Sociais**. Lisboa: Padiva, 1998.

QUIRINO, J. **Paisagem de Interior**. Recife: Bagaço, 1996.

REGO, W. **Capoeira Angola**: Ensaio Sócio-Etnográfico. Salvador: Editora Itapuã, 1968.

REIS, L. V. D. S. **O mundo de pernas para o ar** – A Capoeira no Brasil. São Paulo: Publisher Brasil, 1997.

RENK, A. **Dicionário Nada Convencional**: sobre a exclusão no Oeste Catarinense. Santa Catarina: Grifos, 2000.

RUBEM, A. **Entre a ciência e sapiência:** o dilema da Educação. São Paulo: Loyola, 2005.

SADER, E. (org.) **Gramsci – Poder, Política e Partido**. São Paulo: Editora Expressão Popular, 2005.

SANTANA. **O Cantador**. Compact Disc. Duração 88 min. Sony Music, 1999.

SAVIANI, D. **Educação:** do senso comum à consciência filosófica. São Paulo: Cortez;Autores Associados, 1986.

SAVIANI, D. **Pedagogia Histórico-Crítica:** Primeiras Aproximações. Campinas: Autores Associados, 2005.

SETTE, M. **Maxambombas e Maracatus**. Recife: UNIVERSAL, 1938.

SILVA, B. E. S. **Menino Qual é teu Mestre? A Capoeira Pernambucana e as Representações Sociais de Seus Mestres**. 2006.

91f. Dissertação (Mestrado em Educação Física). Universidade Federal de Santa Catarina, Florianópolis, 2006.

SILVA, G. D. O. **Capoeira do engenho à Universidade**. São Paulo: O Autor, 1993.

SILVA, P. C. D. C. **A Educação Física na roda da capoeira:** entre a tradição e a globalização. 2004. 238f. Dissertação (Mestrado em Educação Física). Universidade Estadual de Campinas, Campinas, 2004.

SILVA, A. M. et. al. Corpo e Experiência: Para pensar as práticas corporais. In: FALCÃO, J. L.S.; SARAIVA, M. C. S. **Práticas Corporais no Contexto Contemporâneo:** (In) Tensas Experiências. Florianópolis: Copiart, 2009.

SILVA, A. M; CARVALHO, I. M. R. (orgs). **Práticas Corporais**. Florianópolis: Naemblu Ciência e Arte, 2005, Vol. 1, 2, 3 e 4.

SIMIONATTO, I. **Gramsci:** Sua Teoria, Incidência no Brasil, Influência no Serviço Social. São Paulo: Cortez, 2004.

STOTZ, M. B. N. **Ritmo & Rebeldia em Jogo**: Só na Luta da Capoeira se Dança? 2010. 181f. Dissertação (Mestrado em Educação Física). Universidade Federal de Santa Catarina, Florianópolis, 2010.

SOARES, C. E. L. **A negregada instituição**: os capoeiras no Rio de Janeiro, 1850-1890. Rio de Janeiro: Secretaria Municipal de Cultura, 1994.

TAFFAREL, C. Z. Capoeira a serviço do social ou do capital!? In: **VI SNUC** (Simpósio Nacional Universitário de Capoeira), Florianópolis, 2004.

_____. Capoeira e Projeto Histórico. In: SILVA A. M. e DAMIANI I. R. (org). **Práticas Corporais:** Gênese de um Movimento Investigativo em Educação Física. Blumenau: Nauemblu Ciência & Arte, 2005.

THOMPSOM, P. **A Voz do Passado**. São Paulo: Paz e Terra, 1992.

TONET, I.; LESSA, S. **Introdução à Filosofia de Marx**. São Paulo: Expressão Popular, 2008.

_____. **Com a Bandeira de Oxalá!**: Trajetórias, práticas e concepções das religiões afro-brasileiras na Grande Florianópolis. Itajaí: UNIVALI, 2001.

TRIVIÑOS, A. **Introdução à pesquisa em ciências sociais**. São Paulo: Atlas, 1987.

WILLIAMS, Raymond. **Cultura e Sociedade**: 1780-1950. São Paulo: Editora Nacional, 1969.

VASQUEZ, A. S. **Filosofia da práxis**. São Paulo: Expressão Popular, 2007.

VIANA, C. **Capoeira**: de luta de negro a exercício de branco. Itabuna/Ilhéus: Via Litterarum, 2006.

VIEIRA, L. R. **O jogo de capoeira**- cultura popular no Brasil. Rio de Janeiro: Sprint, 1995.

I want morebooks!

Buy your books fast and straightforward online - at one of the world's fastest growing online book stores! Environmentally sound due to Print-on-Demand technologies.

Buy your books online at
www.get-morebooks.com

Compre os seus livros mais rápido e diretamente na internet, em uma das livrarias on-line com o maior crescimento no mundo! Produção que protege o meio ambiente através das tecnologias de impressão sob demanda.

Compre os seus livros on-line em
www.morebooks.es

SIA OmniScriptum Publishing
Brivibas gatve 1 97
LV-103 9 Riga, Latvia
Telefax: +371 68620455

info@omniscriptum.com
www.omniscriptum.com

Druck:
Canon Deutschland Business Services GmbH
im Auftrag der KNV-Gruppe
Ferdinand-Jühlke-Str. 7
99095 Erfurt